MW01143612

Diese Auswahl deutscher Gedichte vom Barock bis zur Gegenwart will keinen „ewigen Vorrat deutscher Poesie" bieten. Ihr Ziel ist es vielmehr, an repräsentativen Beispielen Themen, Motive und Formen aus fast 400 Jahren deutscher Lyrik zu zeigen. Diesem bewußt historischen Bezug der Auswahl entspricht auch der Aufbau des Bandes. Die Gedichte sind nach dem Jahr ihres ersten Erscheinens angeordnet. Dieser Verzicht auf eine Gruppierung nach Epochen oder nach Motivkreisen eröffnet überraschende Perspektiven für einen lyrischen Gang durch die Literaturgeschichte. Der Band gibt einen Einblick in die Vielfalt deutschsprachiger Gedichte vom Barock bis zu Beginn der 90er Jahre. Er ist ein ideales Arbeitsbuch zur Einführung in die deutsche Lyrik für Schule und Universität.

Deutsche Lyrik
vom Barock bis zur Gegenwart

Herausgegeben von
Gerhard Hay und Sibylle von Steinsdorff

Deutscher Taschenbuch Verlag

Nachdruck der 6., erweiterten und überarbeiteten
Auflage November 1992

Originalausgabe
Oktober 1980
11. Auflage Juni 2007
© Deutscher Taschenbuch Verlag GmbH & Co. KG,
München
www.dtv.de
Umschlagkonzept: Balk & Brumshagen
Umschlagbild: ›Mythische Figur‹ (1923) von Oskar Schlemmer
(1997 Oskar Schlemmer, Archiv und Familien-Nachlass,
Badenweiler/Photo: C. Raman Schlemmer, Oggebio)
Gesamtherstellung: Druckerei C. H. Beck, Nördlingen
Gedruckt auf säurefreiem, chlorfrei gebleichtem Papier
Printed in Germany · ISBN 978-3-423-12397-6

Inhalt

THEOBALD HÖCK*

Von Art der Deutschen Poeterey.

Die Deutschen haben ein bsonder art vnd weise /
Daß sie der frembden Völcker sprach mit fleisse /
5   Lernen vnnd wöllen erfahrn /
Kein müh nicht sparn /
Jn jhren Jahren.

Wie solches den ist an jhm selbs hoch zloben /
Drauß man jhr geschickligkeit gar wol kan proben /
10   Wenn sie nur auch jhr eygene Sprachen /
Nit vnwerth machen /
Durch solche sachen.

Den ander Nationen also bscheide /
Jhr Sprach vor andern loben vnd preisen weidte /
15   Manch Reimen drin dichten /
So künstlich schlichten /
Vnd zsammen richten.

Wir wundern vns daß die Poeten gschriben /
So künstlich Vers vnnd Meisterstück getrieben /
20   Daß doch nit ist solch wunder /
Weil sie gschrieben bsunder /
Jhr Sprach jetzunder.

Den sein Ouidius vnd Maro Glerte /
Nit gwesen Reimer also hoch geehrte /
25   Die sie in der Mutter Zungen /
Lateinisch gsungen /
Daß jhnen glungen.

Warumb sollen wir den vnser Teutsche sprachen /
Jn gwisse Form vnd Gsatz nit auch mögen machen /
30   Vnd Deutsches Carmen schreiben /
Die Kunst zutreiben /
Bey Mann vnd Weiben.

So doch die Deutsche Sprach vil schwerer eben /
Alß ander all / auch vil mehr müh thut geben /
Drin man muß obseruiren /
Die Silben recht führen /
Den Reim zu zieren.

Man muß die Pedes gleich so wol scandiren,
Den Dactilum vnd auch Spondeum rieren /
Sonst wo das nit würd gehalten /
Da sein dReim gespalten /
Krumb vnd voll falten.

Vnd das nach schwerer ist so sollen die Reime /
Zu letzt grad zsammen gehn vnd gleine /
Das in Lateiner Zungen /
Nit würdt erzwungen /
Nicht dicht noch gsungen.

Drumb ist es vil ein schwerer Kunst recht dichten /
Die Deutsche Reim alls eben Lateinisch schlichten /
Wir mögen new Reym erdencken /
Vnd auch dran hencken /
Die Reim zu lencken.

Niembt sich auch billich ein Poeten nennet /
Wer dGriechisch vnd Lateinisch Sprach nit kennet /
Noch dSingkunst recht thut richen /
Vil Wort von Griechen /
Jns Deutsch her kriechen.

Noch dürffen sich vil Teutsche Poeten rühmen /
Sich also schreiben die besser zügen am Riemen /
Schmiden ein so hinckets Carmen,
Ohn Füß vnnd Armen /
Das zuerbarmen.

Wenn sie nur reimen zsammen die letzte Silben /
Gott geb wie die Wörter sich vberstilben /
Das jrret nicht jhre zotten /
Ein Handt voll Notten /
Jst baldt versotten.

O wenn sie sollen darfür an dHacken greiffen /
Vnd hacken Holtz / wenn es nit khride zu Pfeiffen /
Khridts doch zu Poltzen selber /
Sie trügen doch gelber /
Für Lorber Felber.

35
40
45
50
55
60
65
70

Liedt /

im thon: Ma belle je vous prie.

Ach Liebste laß vns eilen   Wir haben Zeit:
    Es schadet das verweilen   Vns beider seit.
Der schönen Schönheit gaben   Fliehn fuß für fuß
    Daß alles / was wir haben /   Verschwinden muß /
Der Wangen zier verbleichet /   Das Haar wird greiß /
    Der äuglein fewer weichet /   Die flamm wird Eiß.
Das Mündlein von Corallen   Wird vngestallt.
    Die Händ / alß Schnee verfallen / Vnd du wirst Alt.
Drumb laß vns jetz geniessen   Der Jugent frucht /
    Eh dann wir folgen müssen   Der Jahre flucht.
Wo du dich selber liebest /   So liebe mich /
    Gib mir / daß / wann du gibest / Verlier auch ich.

PAUL SCHEDE*

Lied.

Jm thon / ich ging einmal spatziren.

1.

Rot Röslein wolt' ich brechen
    Zum hübschen Krentzelein:
Mich Dörner thaten stechen
    Hart in die finger mein.
Noch wolt' ich nit lan ab.
    Jch gunt mich weiter stecken
    Jn Stauden vnd in Hecken:
Darin mirs wunden gab.

2.

O dorner krum' vnd zacket /
    Wie habt jhr mich zerschrunt?
Wer vnter euch kompt nacket /
    Der ist gar bald verwunt.
Sonst zwar könt jhr nichts mehr:
    Jhr keiner Haut thut schonen /
    Noch nitlicher Personen /
Wans gleich ein Göttin wer.

9

3.

Sie hats wol selbs erfahren /
Die schöne Venus zart /
Als sie stund in gefahren /
Vnd so zerritzet ward.
Daher die Röslein weis
  Von Bluttrieffenden nerben
  Begunten sich zu ferben:
Den man verieht den preis.

4.

Jch thu ein Rose loben /
  Ein Rose tugent voll.
Wolt mich mit jhr verloben /
  Wans jhr gefiehle wol.
Jhrs gleichen find man nicht
  Jn Schwaben vnd in Francken:
  Mich Schwachen vnd sehr Krancken
Sie Tag vnd nacht anficht.

5.

Nach jhr steht mein verlangen /
  Mein sehnlich hertzegird:
Am Creutz last sie mich hangen /
  Meins lebens nimmer wird.
Zwar bald ich tod muß sein.
  Je weiter sie mich neidet /
  Je lenger mein Hertz leidet.
Jst das nit schwere pein?

6.

Ach liebster Schatz auff Erden /
  Warumb mich quelest so?
Zutheil laß dich mir werden /
  Vnd mach mich endlich fro.
Dein wil ich eigen sein.
  Jn lieb vnd trew mich binde /
  Mit deiner hand mir winde
Ein Rosenkrentzelein.

Jhr / Himmel / Lufft vnd Wind / jhr Hügel voll von Schatten /
Jhr Hainen / jhr Gepüsch / vnd du / du edler Wein /
Jhr frischen Brunnen jhr so reich am Wasser seyn /
5   Jhr Wüsten die jhr stets müßt an der Sonnen braten /
Jhr durch den weissen Thaw bereifften schönen Saaten /
Jhr Hölen voller Moß / jhr auffgeritzten Stein' /
Jhr Felder welche ziert der zarten Blumen Schein /
Jhr Felsen wo die Reim' am besten mir gerathen /
10   Weil ich ja Flavien / das ich noch nie thun können /
Muß geben gute Nacht / vnd gleichwol Muth vnd Sinnen
Sich förchten allezeit / vnd weichen hinter sich /
So bitt' ich Himmel / Lüfft / Wind / Hügel / Hainen / Wälder /
Wein / Brunnen / Wüsteney / Saat / Hölen / Steine / Felder
15   Vnd Felsen sagt es jhr / sagt / sagt / sagt jhr vor mich.

1637   ANDREAS GRYPHIUS

Trawrklage des verwüsteten Deutschlandes.

Wir sind doch numehr gantz / ja mehr alß gantz vertorben.
Der frechen Völcker schar / die rasende Posaun /
5   Daß vom Blutt feiste Schwerd / die donnernde Carthaun /
Hat alles diß hinweg / was mancher sawr erworben /
Die alte Redligkeit vnnd Tugend ist gestorben;
Die Kirchen sind vorheert / die Starcken vmbgehawn /
Die Jungfrawn sind geschänd; vnd wo wir hin nur schawn /
10   Jst Fewr / Pest / Mord vnd Todt / hier zwischen Schantz vnd Korben
Dort zwischen Mawr vnd Stad / rint allzeit frisches Blutt
Dreymal sind schon sechs Jahr als vnser Ströme Flutt
Von so viel Leichen schwer / sich langsam fortgedrungen.
Jch schweige noch von dehm / was stärcker als der Todt /
15   (Du Straßburg weist es wol) der grimmen Hungersnoth /
Vnd daß der Seelen-Schatz gar vielen abgezwungen.

Perstet amicitiae semper venerabile Faedus!

[Melodie]

1. Der Mensch hat nichts so eigen
So wol steht jhm nichts an /
Als daß Er Trew erzeigen
Vnd Freundschafft halten kan;
Wann er mit seines gleichen
Soll treten in ein Band /
Verspricht sich nicht zu weichen
Mit Hertzen / Mund vnd Hand.

2. Die Red' ist vns gegeben
Damit wir nicht allein
Vor vns nur sollen leben
Vnd fern von Leuten seyn;
Wir sollen vns befragen
Vnd sehn auff guten Raht /
Das Leid einander klagen
So vns betretten hat.

3. Was kan die Frewde machen
Die Einsamkeit verheelt?
Das gibt ein duppelt Lachen
Was Freunden wird erzehlt;
Der kan sein Leid vergessen
Der es von Hertzen sagt;
Der muß sich selbst aufffressen
Der in geheim sich nagt.

4. Gott stehet mir vor allen /
Die meine Seele liebt;
Dann soll mir auch gefallen
Der mir sich hertzlich giebt /
Mit diesem Bunds-Gesellen
Verlach' ich Pein vnd Noht /
Geh' auff dem Grund der Hellen
Vnd breche durch den Tod.

5. Jch hab' / ich habe Hertzen
So trewe / wie gebührt /
Die Heucheley vnd Schertzen
Nie wissendlich berührt;

Jch bin auch jhnen wieder
Von grund der Seelen hold /
Jch lieb' euch mehr / jhr Brüder /
Als aller Erden Gold.

1640   LUDWIG VON ANHALT-KÖTHEN*

Wenige anleitung zu der Deutzschen Reim-kunst.

1.

Wer eines guten Reims weis' art und maß wil wissen
Jn unsrer Deutzschen Sprach' / aufs erste sey befliessen /
5   Zu schreiben drinnen klar / leicht ungezwungen rein /
An fremde Sprachen sich und Worte ja nicht binde /
Er geh' auch in dem fall' er folgen wil / gelinde /
Biß er der seinen sich befind ein Meister seyn.

2.

Er nehm' in acht die fäll' und solche nit verkehre /   Casus.
10 Und wo verkehret sie ein bessers andern lehre /
Nach wahrer Eigenschaft der Züng' in unserm Land /
Da sie mit reiner zierd' / und deutlich wird getrieben
Jn ungebundner red' / als sie dann auch geschrieben /   Prosa.
Gebunden werden sol / in wolgemeßnem band.   Oratio
                                                     ligata.

3.

15 Das maß der Reim' ich mein' in dem' alleine lieget   Mensura.
Die schöne Wissenschaft zusammen wol gefüget:
    Darbey dan das gehör' am meisten wircken muß /
Die Sylben kurtz und lang gleich auff einander lauffen /   Jambi.
Die kurtzen zwiefach sich zusammen nimmer hauffen /   Dactili.
20   Sonst wird der falsche Thon gebehren nur verdruß.

4.

Es werden lang und kurtz die Sylben auch gesetzet   Trochaei.
Jn sondre Reimen-art / die unsern sinn ergetzet /
    Wann sie Gesanges weiß' und artlich sein gestelt /   Odae.
Die Reime nit zu lang in Sylben überhauffet /
25 Dann ihre kurtze fort wol unterschieden lauffet /
    Und dann so außgemacht dem Leser wol gefelt.

5.

Die endung unsrer Reim' auch werden muß erkleret /   Terminatio.
Dieselb' ist zweyerley / und also wird gelehret:
   Die erste Männlich ist / und mit dem Thone felt /   Masculina,
30 Die Weiblich' in der Sylb' ohn' ein' am letzten stehet /   accentus.
Und in derselben lang gantz prächtig einher gehet /   Foeminina.
   Der Schluß von Mannes art stets doch den preiß behelt.

6.   Vers

Eilff und zehnsylbig seind / die man gemeine nennet /   Communs.
Und in der vierdten wird ihr abschnitt recht erkennet: Caesura.
35   Der Sylben aber zwölff' hat unser' Helden art   Carmen
Und dreyzehn/die man darff mit dreyzehn auch anfangen /   Heroicum.
Mit zweyen zeilen fort zu einen Reim gelangen /
   Und in der Sechsten helt ihr abschnitt seine fahrt.

7.

Die edelst' art ist diß / so unser Deutscher übet /   Vers Alex-
40 Geht hurtig von der Faust / und leichte Reime giebet /   andrins.
   Die andre / vierde Silb / und Sechste lang muß seyn /
Die achte/zehnd/und zwölfft dermassen sich auch zeigen/
Weil unserm Ohrenmaß es klinget und ist eigen /
   Ja mit der deutligkeit sie kömt recht überein.

8.

45 Die Klinggedichte seynd von vierzehn vollen zeilen /   Sonnets.
Die man dermassen sol außbutzen und befeilen /
   Wie euch ist vorgesagt: Jm anfang findet man
Gesetze deren zwey gleich folgen in acht reyen /
Darauf sich können wol die Sechse so verneuen /
50   Wie man bloß nach der lust sie nur wil setzen an.

9.

Gesetze dreyerley im schwange rummer gehen /   Stances.
Von vieren / sechs und acht der zeilen sie bestehen:
   Die erst' und vierdte muß in vieren enden gleich /   Quadrain.
Jn sechsen werden noch zwey zeilen zugeleget   Sixain.
55 Von achten das Gesetz geschrencket dreymal treget   Huictain.
   Den Reim/und einer giebt den schluß und letzten streich.

10.

Man sol auch nie zu sehr ein wort zusammen ziehen /   Contractio.
Dergleichen zwang vielmehr nach müglichkeit stets fliehen/
   Der Sprach' art und Natur damit wird gantz verstelt /
60 Ein hart gezwungnes wird hingegen eingeführet /

Da ihre leuffigkeit man sonsten lieblich spüret
Und wird des rechten Zwegs der anmuht so verfehlt.

11.

Zu letzt wird auch das e zum öfftern außgelassen   Elisio.
Wann ein selblauter folgt / wie dann auch ebner massen / Vocalis.
65   Wann die mitlautre sich gleichförmig treffen an /   Conso-
Der Selblaut e als dan zu rück' und aussen bleibet /   nans.
Er wird geschlucket ein / und gleichsam auf sich reibet /
Wie man baß durch gebrauch diß alles lernen kan.

12.

Wie wol sich finden nun noch mehre Reimenarten /
70 Wie die in endung sich dann in einander Charten /
Jn oberzehlte doch sie meistlich lauffen ein /
Die angezogen seind / ins Deütsche sich die schicken /
Und wann sie recht gesetzt / Hertz und gemüt' erquicken /
Daraus zu nehmen ab / daß diese Kunst nicht klein.

1641   GEORG RODOLF WECKHERLIN

Sonnet. An das Teutschland.

Zerbrich das schwere Joch / darunder du gebunden /
O Teutschland / wach doch auff / faß wider einen muht /
5   Gebrauch dein altes hertz / vnd widersteh der wuht
Die dich / vnd die Freyheit durch dich selbs vberwunden.

Straff nu die Tyranney / die dich schier gar geschunden /
Vnd lösch doch endlich auß die (dich verzöhrend) glut /
Nicht mit dein aignem schwaiß / sondern dem bösen blut
10   Fliessend auß deiner feind vnnd falschen brüder wunden.

Verlassend dich auff Got / folg denen Fürsten nach /
Die sein gerechte hand will (so du wilt) bewahren /
Zu der getrewen trost / zu der trewlosen raach:

So laß nu alle forcht / vnd nicht die zeit hinfahren /
15   Vnd Got wird aller welt / daß nichts dan schand vnd schmach
Des feinds meynaid vnd stoltz gezeuget / offenbahren.

PAUL FLEMING

An sich.

Sey dennoch vnverzagt. Gieb dennoch vnverlohren.
Weich keinem Glücke nicht. Steh' höher als der Neid.
5 Vergnüge dich an dir / vnd acht' es für kein Leid /
Hat sich gleich wieder dich Glück' / Ort vnd Zeit verschworen.
Was dich betrübt vnd labt / halt' alles für erkohren.
Nim dein Verhangnüß an. Laß alles vnbereut.
Thue / was gethan muß seyn / vnd eh man dirs gebeuth.
10 Was du noch hoffen kanst / das wird noch stets gebohren.
Was klagt? Was lobt man doch? Sein Vnglück vnd sein Glücke
Jst jhm ein jeder selbst. Schaw alle Sachen an.
Diß alles ist in dir. Laß deinen eiteln Wahn /
Vnd eh du förder gehst / so geh' in dich zurücke.
15 Wer sein selbst Meister ist / vnd sich beherschen kan /
Dem ist die weite Welt vnd alles vnterthan.

PAUL FLEMING

Gedancken / über der Zeit.

Jhr lebet in der Zeit / und kennt doch keine Zeit /
So wisst Jhr Menschen nicht von / und in was Jhr seyd.
5 Diß wisst Jhr / daß ihr seyd in einer Zeit gebohren.
Und daß ihr werdet auch in einer Zeit verlohren.
Was aber war die Zeit / die euch in sich gebracht?
Und was wird diese seyn / die euch zu nichts mehr macht?
Die Zeit ist was / und nichts. Der Mensch in gleichem Falle.
10 Doch was dasselbe was / und nichts sey / zweifeln alle.
Die Zeit die stirbt in sich / und zeucht sich auch aus sich.
Diß kömmt aus mir und dir / von dem du bist und ich.
Der Mensch ist in der Zeit; sie ist in ihm ingleichen.
Doch aber muß der Mensch / wenn sie noch bleibet / weichen.
15 Die Zeit ist / was ihr seyd / und ihr seyd / was die Zeit /
Nur daß ihr Wenger noch / als was die Zeit ist / seyd.
Ach daß doch jene Zeit / die ohne Zeit ist kähme /
Und uns aus dieser Zeit in ihre Zeiten nähme.
Und aus uns selbsten uns / daß wir gleich köndten seyn /
20 Wie der itzt / jener Zeit / die keine Zeit geht ein!

1643   ANDREAS GRYPHIUS

Threnen des Vatterlandes / Anno 1636.

Wir sindt doch nuhmer gantz / ja mehr den gantz verheret!
  Der frechen völcker schaar / die rasende posaun
5 Das vom blutt fette schwerdt / die donnernde Carthaun
Hatt aller schweis / vnd fleis / vnd vorraht auff gezehret.
Die türme stehn in glutt / die Kirch ist vmbgekehret.
  Das Rahthaus ligt im graus / die starcken sind zerhawn.
  Die Jungfrawn sindt geschändt / vnd wo wir hin nur schawn
10 Jst fewer / pest / vnd todt der hertz vndt geist durchfehret.
  Hier durch die schantz vnd Stadt / rint alzeit frisches blutt.
  Dreymall sindt schon sechs jahr als vnser ströme flutt
Von so viel leichen schwer / sich langsam fortgedrungen.
  Doch schweig ich noch von dem was ärger als der todt.
15   Was grimmer den die pest / vndt glutt vndt hungers noth
Das nun der Selen schatz / so vielen abgezwungen.

1648   PAUL GERHARDT

Mel. O welt / ich muß dich lassen.

1. Nun ruhen alle wälder / Vieh / menschen / städt und felder / Es
schläft die gantze welt: Jhr aber / meine sinnen / Auf / auf / jhr sollt
5 beginnen / Was eurem Schöpffer wol gefällt.

2. Wo bist du / Sonne / blieben? Die nacht hat dich vertrieben / Die
nacht des tages feind: Fahr hin / ein andre Sonne / mein Jesus /
meine wonne Gar hell in meinem hertzen scheint.

3. Der tag ist nu vergangen / Die güldne sternen prangen Am blauen
10 himmelssaal: Also werd ich auch stehen / Wann mich wird heissen
gehen Mein Gott aus diesem jammerthal.

4. Der leib eilt nun zur ruhe / Legt ab das kleid und schuhe / Das bild
der sterblichkeit / Die zieh ich aus: dagegen Wird Christus mir an-
legen Den rock der ehr und herrlichkeit.

15 5. Das haupt / die füß und hände Sind fro / daß nun zum ende Die
arbeit kommen sey. Hertz / freu dich / du solt werden Vom elend
dieser erden / Vnd von der sünden arbeit frey.

17

6. Nun geht ihr matten glieder / Geht hin und legt euch nider / Der betten ihr begehrt: es kommen stund und zeiten / Da man euch
20 wird bereiten Zur ruh ein bettlein in der erd.

7. Mein Augen stehn verdrossen / Jm huy sind sie geschlossen / Wo bleibt dann leib und seel? Nim sie zu deinen gnaden / Sey gut für allem schaden / Du aug und wächter Jsrael.

8. Breit aus die flügel beyde / O Jesu meine freude / Vnd nim dein
25 küchlein ein / Wil satan mich verschlingen / So laß die Englein singen: Dis kind sol unverletzet seyn.

9. Auch euch jhr meine lieben / Sol heinte nit betrüben Ein unfall noch gefar / Gott laß euch selig schlafen / Stell euch die güldne waffen Vmbs bett und seiner Engel schaar.

1650   ANDREAS GRYPHIUS

                        Abend.

    Der schnelle Tag ist hin / die Nacht schwingt jhre fahn /
    Vnd führt die Sternen auff. Der Menschen müde scharen
5   Verlassen feld vnd werck / Wo Thier vnd Vögel waren
        Trawrt jtzt die Einsamkeit. Wie ist die zeit verthan!

    Der port naht mehr vnd mehr sich / zu der glieder Kahn.
    Gleich wie diß licht verfiel / so wird in wenig Jahren
    Jch / du / vnd was man hat / vnd was man siht / hinfahren.
10   Diß Leben kömmt mir vor alß eine renne bahn.

    Laß höchster Gott mich doch nicht auff dem Laufplatz gleiten /
    Laß mich nicht ach / nicht pracht / nicht lust / nicht angst verleiten.
        Dein ewig heller glantz sey vor vnd neben mir /
    Laß / wenn der müde Leib entschläfft / die Seele wachen
15 Vnd wenn der letzte Tag wird mit mir abend machen /
        So reiß mich auß dem thal der Finsternuß zu dir.

Sommergesang.

Mel. Den Herren meine seel erhebt.

1. Geh aus / mein hertz / und suche freud Jn dieser lieben sommer-
zeit An deines Gottes gaben: Schau an der schönen gärten zier
Vnd siehe / wie sie mir und dir Sich außgeschmücket haben.

2. Die bäume stehen voller laub / Das erdreich decket seinen staub
Mit einem grünen kleide Narcissus und die Tulipan / Die ziehen
sich viel schöner an / Als Salomonis seyde.

3. Die lerche schwingt sich in die luft / Das täublein fleugt aus seiner
kluft / Vnd macht sich in die wälder. Die hochbegabte nachtigal
Ergötzt und füllt mit jhrem schall / Berg / hügel / thal und felder.

4. Die glucke führt jhr völcklein aus / Der storch baut und bewohnt
sein haus / Das schwälblein speist die jungen / Der schnelle hirsch / .
das leichte reh Jst froh und kömmt aus seiner höh Jns tiefe graß
gesprungen.

5. Die bächlein rauschen in dem sand Vnd mahlen sich in jhrem
rand / Mit schattenreichen myrthen / Die wiesen ligen hart dabey /
Vnd klingen gantz vom lustgeschrey Der schaf und jhrer hirten.

6. Die unverdroßne bienenschaar Fleucht hin und her / sucht hie und
dar Jhr edle honigspeise. Des süssen weinstocks starcker saft Bringt
täglich neue stärck und kraft / Jn seinem schwachen reise.

7. Der weitzen wächset mit gewalt / Darüber jauchzet jung und alt
Vnd rühmt die grosse güte Des / der so überflüssig labt / Vnd
mit so manchem gut begabt Das menschliche gemüthe.

8. Jch selbsten kan und mag nicht ruhn / Des grossen Gottes grosses
thun Erweckt mir alle sinnen / Jch singe mit / wenn alles singt / Vnd
lasse / was dem Höchsten klingt Aus meinem hertzen rinnen.

9. Ach denck ich / bist du hier so schön Vnd läßst dus uns so lieblich
gehn / Auf dieser armen erden / Was wil doch wol nach dieser
welt / Dort in dem vesten himmelszelt Vnd güldnem schlosse
werden.

10. Welch hohe lust / welch heller schein / Wird wol in Christi
garten seyn / Wie muß es da wol klingen / Da so viel tausent Sera-
phim / Mit unverdroßnem mund und stimm / Jhr Alleluja singen.

19

11. O wär ich da! o stünd ich schon / Ach süsser Gott / für deinem thron Vnd trüge meine palmen: So wolt ich nach der Engel weis / Erhöhen deines Namens preis Mit tausent schönen psalmen.

12. Doch gleichwol wil ich / weil ich noch Hier trage dieses leibes
40 joch / Auch nicht gar stille schweigen / Mein hertze soll sich fort und fort / An diesem und an allem ort Zu deinem lobe neigen.

13. Hilf mir und segne meinen Geist Mit segen / der vom himmel fleußt / Daß ich dir stetig blühe / Gib / daß der sommer deiner gnad Jn meiner seelen früh und spat Viel glaubensfrücht erziehe.

45 **14.** Mach in mir deinem Geiste raum / Daß ich dir werd ein guter baum / Vnd laß mich wol bekleiben / Verleihe / daß zu deinem ruhm Jch deines gartens schöne blum Vnd pflantze möge bleiben.

15. Erwehle mich zum Paradeis Vnd laß mich bis zur letzten reis An leib und seele grünen / So wil ich dir und deiner ehr Allein / und
50 sonsten keinem mehr / Hier und dort ewig dienen.

1654   FRIEDRICH VON LOGAU*

Poeterey.
Es bringt Poeterey zwar nicht viel Brot ins Haus /
Das drinnen aber ist / das wirfft sie auch nicht auß.

Der verfochtene Krieg.
Mars, darff keinen Advocaten
Der jhm außführt seine Thaten;
Keinem hat er nichts genummen /
5   Wo er nichts bey jhm bekummen:
Keinem hat er nichts gestohlen /
Dann er nam es vnverholen:
Keinen hat er je geschlagen /
Der sich ließ beyzeiten jagen:
10   Was er von der Strasse klaubet /
Jst gefunden / nicht geraubet:
Haus / Hof / Scheun vnd Schopff geleeret /
Jst / ein Stücke Brot begehret:
Stat / Land / Mensch vnd Vieh vernichtet /
15   Jst / deß Herren Dienst verrichtet:
Huren / sauffen / spielen / fluchen /

20

Jst / dem Mut Erfrischung suchen:
Mehr kein Mensch seyn an Geberden /
Jst / ein braver Kerle werden:
20 Letzlich dann zum Teuffel fahren /
Jst / den Engeln Müh ersparen.

Auff Virnulam.

Es achtet in der Welt nichts Virnula so sehre /
Wie billich / als die Zucht vnd angeboren Ehre;
Damit sie jhr mit Macht nicht etwa werd entnummen /
5 So hat sie nechst ein Freund von jhr geschenckt bekummen.

Lebens-Satzung.

Leb ich / so leb ich!
Dem Herren hertzlich;
Dem Fürsten treulich;
5 Dem Nechsten redlich;
Sterb ich / so sterb ich!

Träume.

Die Träume sind wol werth daß sie man manchmal achte:
Die Fraw im Traume ward / ward Mutter da sie wachte.

Zungendrescher.

Kein grösser Unrecht wird Juristen angethan
Als wann ein jeder Recht erweiset jederman /
Weil jhnen Unrecht recht: Wann Unrecht wo nicht wär
5 Wär zwar jhr Buch voll Recht / jhr Beutel aber leer.

Auff Cypriam, die so leichte sündiget.

An keinen schweren Fall den sie begangen hätte
Denckt Cypria, sie fällt / offt / aber nur ins Bette:
Sie ist sonst schweren Fall bemüht zu übergehen /
5 Fällt nicht ins Bette sie / vnd fällt? Geschiehts im stehen.

Deß Krieges Buchstaben.

*K*ummer / der das Marck verzehret /
*R*aub / der Hab vnd Gut verheret /
*J*ammer / der den Sinn verkehret /
5 *E*lend / das den Leib beschweret
*G*rausamkeit / die unrecht kehret /
Sind die Frucht die *Krieg* gewehret.

21

Glauben.

Luthrisch / Päbstisch vnd Calvinisch / diese Glauben alle drey
Sind verhanden; doch ist Zweiffel / wo das Christenthum dann sey.

Von den entblösten Brüsten.

Frauen-Volck ist offenhertzig; so wie sie sich kleiden jetzt
Geben sie vom Berg ein Zeichen / daß es in dem Thale hitzt.

Jungfern-Mord.

Gestern war ein Freuden-Fest / drauff ward in der späten Nacht /
Eh es jemand hat gesehn / eine Jungfer vmgebracht:
Einer ist / der sie vermutlich (alle sagens) hat ertödtet /
5 Dann so offt er sie berühret / hat die Leiche sich erröthet.

Reime.

Jch pflege viel zu reimen / doch hab ich nie getraut
Was bessers je zu reimen als Bräutigam auff Braut:
Als Leichen in das Grab: Als guten Wein in Magen:
5 Als Gold in meinen Sack: Als Leben ohne Plagen:
Als Seligkeit auff Tod. Was darff ich mehres sagen?

Von meinen Reimen.

Leser / das du nicht gedenckst / daß ich in der Reimen-Schmiede
Jmmer etwa Tag für Tag / sonst in nichts nicht mich ermüde;
Wisse / daß mich mein Beruff eingespannt in andre Schrancken /
5 Was du hier am Tage sihst / sind gemeinlich Nacht-Gedancken.

Frage.

Wie wilstu weisse Lilien / zu rothen Rosen machen?
Küß eine weisse Galathe, sie wird erröthet lachen.

1657   GEORG NEUMARK

Als Er Jhr Fürstl. Gnaden / Herrn Wilhelmen /
Hertzogen zu Sachsen-Weinmar / etc.
zum ersten mal sahe /
5   und zwar über den Markt reitend.

Wer ist Jener auf dem Markt / welcher dort kömmt hergeritten?
Wer ist doch der tapfre Held / den ich anseh' in der Mitten?
Jst es etwan der *Apollo* / der nach seinem Palmenwald'

Ausspatziret / sich zu laben? Nein / Er ist nicht so gestalt.
10 Denn die strenge Tapferkeit giebt ein Anders zu verstehen.
Jst es denn der Kriegsgott *Mars* / der sich etwan üm-wil-sehen /
Ob auch sey ein Feind vorhanden? Nein / Er kan es auch nicht
sein.
Es ist ja / Gott Lob / nun Friede. Der leutselig' Augenschein
Zeigt uns noch was ädlers an. Hier ist tapferes Geblüte /
15 Und des *Mavors* Heldensinn / mit dem löblichen Gemühte /
So Apollo zeigt / verbunden. Mache mir also den Schluß /
Daß der Held fürwar nicht anders / als *Eubulus* / heissen muß /
Der *Minervens* keusche Brust hat / von Kindheit auf / gesogen /
Und hernach vom *Waffengott* ritterlich ist auferzogen. [bericht:
20 Nein / es ist auch nicht *Eubulus.* Halt! nun werd' ich gleich
Es ist / hör' ich / *Hertzog Wilhelm* / *das berühmte Sachsenlicht.*

1660   JOHANN GEORG SCHOCH

        An sein Vaterland / als Er bey Candien.

Jch sitze / Candia / bey dir in Ruhe hier /
Vnd laß' inzwischen dort das höchstbetrengte Meissen /
5 Mein liebes Vaterland / sich mit sich selbsten schmeissen /
Jndem sich Teutschland müht mit emsiger Begier
Sein Hencker selbst zu seyn. Jch bleibe hier bey dir /
Ein andrer steh für mich in eingeschlossnen Eysen /
Es mag sich auch der Feind umb meine Güter reissen /
10 Du bist mein Losament / du bist mein Hülff-Quartier /
Hier such ich meinen Feind / den kan ich recht bekriegen /
Jch kan in deiner Schoß / O schöne Candia!
So wol / und besser noch / als sie zu Felde liegen /
Ein Kuß ist die Patrol / die Losung eitel Ja /
15 *Die Festung darff bey dir nicht erst beschossen seyn /*
Du läst mich durch Acord mit Sack und Back hinein.

Sterb-Lied.

[Melodie]

1.

Es ist genug! mein matter sinn
   sähnt' sich dahin /
   wo meine Vätter schlaffen.
Jch hab es endlich guten fug /
   Es ist genug!
   ich muß mir rast verschaffen.

2.

Jch bin ermüdt / ich hab geführt
   die Tages bürd:
   es muß einst Abend werden.
Erlös mich / HERR / spann aus den Pflug /
   Es ist genug!
   nim von mir die Beschwerden.

3.

Die grosse Last hat mich gedrückt /
   ja schier erstickt /
   so viele lange Jahre.
Ach laß mich finden / was ich such.
   Es ist genug!
   mit solcher Creutzes-waare.

4.

Nun gute Nacht / ihr meine Freund' /
   ihr meine Feind' /
   ihr Guten und ihr Bösen!
Euch folg die Treu / euch folg der Trug.
   Es ist genug!
   Mein Gott wil mich auflösen.

5.

So nim nun / HERR! hin meine Seel /
   die ich befehl
   in deine Händ' und Pflege.
Schreib sie ein / in dein Lebens-buch.
   Es ist genug!
   daß ich mich schlaffen lege.

6.

Nicht besser soll es mir ergehn /
als wie geschehn
den Vättern / die erworben
durch ihren Tod des Lebens Ruch.
Es ist genug!
Es sey also gestorben!

1668

CHRISTIAN WEISE*

Poeten müssen verliebet seyn.

1.

Sprecht mich nicht weiter an
Um ein verliebtes Lied /
Dann ich bin ausgethan
Wo Lust und Liebe blüht /
Das Gras ist abgemeyht /
Die Rosen sind vergangen /
Der Winter führt das Leid
Und hat sich angefangen.

2.

Jch fühle keine Lust
Die mich zu Versen treibt /
Weil meine kalte Brust
Unangefochten bleibt /
Das harte Silber fleust
Nur bey der grossen Hitze /
Und der Poeten Geist
Wird nur im Lieben nütze.

3.

Wie kan ich itzt betrübt
Und wieder frölich seyn /
Jn dem mir nichts beliebt
Von Anmuth oder Pein /
Soll mein erfrornes Hertz
Von Glut und Flammen singen.
Und soll der kalte Schertz
Die spröde Feder zwingen.

4.

,Ach nein die Aloe /
    Der Zucker und Zibeth /
Macht weder wol noch weh /
    Wann der Geschmack vergeht /
Man muß die Eitelkeit
    Der Liebe noch ertragen /
Will man von Freud und Leid
    Gereimte Reime sagen.

5.

Der ist fürwar nicht klug /
    Der ohn ein Seitenspiel /
Durch einen Selbstbetrug /
    Verschwiegen tantzen will /
Und so wird mein Gedicht
    Ein schlechtes Urtheil fühlen /
Wo die Begierden nicht
    Die Sarabande spielen.

6.

Geh zarte Poesie /
    Du bleibst mir unbewust /
Geh meine süsse Müh /
    Jtzt meine saure Lust /
Jch schreibe was ich kan /
    Jhr aber meine Brüder /
Sprecht mich nicht weiter an
    Um Schertz und Liebes-Lieder.

1669   HANS JACOB CHRISTOFFEL VON GRIMMELSHAUSEN*

Komm Trost der Nacht / Ö Nachtigal /
Laß deine Stimm mit Freudenschall /
Auffs lieblichste erklingen :/:
Komm / komm / und lob den Schöpffer dein /
Weil andre Vöglein schlaffen seyn /
Und nicht mehr mögen singen:
    Laß dein / Stimmlein /
        Laut erschallen / dann vor allen
            Kanstu loben
Gott im Himmel hoch dort oben.

Ob schon ist hin der Sonnenschein /
Und wir im Finstern müssen seyn /
So können wir doch singen :/:
15   Von Gottes Güt und seiner Macht /
Weil uns kan hindern keine Nacht /
Sein Lob zu vollenbringen.
     Drumb dein / Stimmlein /
         Laß erschallen / dann vor allen
20   Kanstu loben /
Gott im Himmel hoch dort oben.

Echo, der wilde Widerhall /
Will seyn bey diesem Freudenschall /
Und lässet sich auch hören :/:
25   Verweist uns alle Müdigkeit /
Der wir ergeben allezeit /
Lehrt uns den Schlaff bethören.
     Drumb dein / Stimmlein / etc.

Die Sterne / so am Himmel stehn /
30   Lassen sich zum Lob Gottes sehn /
Und thun ihm Ehr beweisen :/:
Auch die Eul die nicht singen kan /
Zeigt doch mit ihrem heulen an /
Daß sie Gott auch thu preisen.
35   Drumb dein / Stimmlein / etc.

Nur her mein liebstes Vögelein /
Wir wollen nicht die fäulste seyn /
Und schlaffend ligen bleiben :/:
Sondern biß daß die Morgenröt /
40   Erfreuet diese Wälder öd /
Jm Lob Gottes vertreiben.
     Laß dein / Stimmlein /
         Laut erschallen / dann vor allen
            Kanstu loben /
45   Gott im Himmel hoch dort oben.

Erklärung des Kupferbilds.

Jch schauet' an den Mond / mit geistlichen gedanken /
    und schlieff darüber ein. Mich dünkt' im Traum zu sehn
5   den Mond / als eine Kron / dort vor der Sonne stehn /
doch Erdwarts nicht mit liecht die dunkle Scheibe fanken.
Jch dacht / was diß bedeut? Bald ist mir beygefallen /
    was mir nie fället aus. Diß Bild dein Leiden ist /
    mein höchster Schatz! der du ein Himmel-König bist /
10   in höchsten Glanz und Schein / doch nicht erkennt von allen.

Du sihst den Glauben an / der deine helle Sonne.
 Man sihet deine Kron und Königlichen Pracht:
 der / bey der Eitelkeit ganz dunkel und veracht /
unsichtbar wird gesehn nur von der Glaubens-wonne.
15 Du bist ein König ja der Klarheit / in der Warheit:
 wann schon gebunden du vor jenem·Richter stehst.
 Dein Elend dreht sich üm / wann du vorüber gehst /
und in den Vollmond kommst: dann zeigt sich deine Klarheit /
 Die HimmelKönigs-Kron. Jndeß muß sie im glauben
20 seyn ungesehn beschaut. Unsichtbar aber wahr
 ist deine Herrlichkeit. Das jenig ist ja klar:
was bey der Sonne ist: wer wil den Glanz ihr rauben?

1695   CHRISTIAN HOFMANN VON HOFMANNSWALDAU

Sonnet.
Vergänglichkeit der schönheit.

 Es wird der bleiche todt mit seiner kalten hand
5 Dir endlich mit der zeit um deine brüste streichen /
 Der liebliche corall der lippen wird verbleichen;
 Der schultern warmer schnee wird werden kalter sand /
 Der augen süsser blitz / die kräffte deiner hand /
 Für welchen solches fällt / die werden zeitlich weichen /
10 Das haar / das itzund kan des goldes glantz erreichen /
 Tilgt endlich tag und jahr als ein gemeines band.
 Der wohlgesetzte fuß / die lieblichen gebärden /
 Die werden theils zu staub / theils nichts und nichtig werden /
 Denn opfert keiner mehr der gottheit deiner pracht.
15 Diß und noch mehr als diß muß endlich untergehen /
 Dein hertze kan allein zu aller zeit bestehen /
 Dieweil es die natur aus diamant gemacht.

An Lauretten.

Laurette bleibstu ewig stein?
Soll forthin unverknüpffet seyn
Dein englisch-seyn und dein erbarmen?
  Komm / komm / und öffne deinen schooß
  Und laß uns beyde nackt und bloß
Umgeben seyn mit geist und armen.

  Laß mich auff deiner schwanen-brust
  Die offt-versagte liebes-lust
Hier zwischen furcht und scham geniessen.
  Und laß mich tausend tausendmahl /
  Nach deiner güldnen haare zahl /
Die geister-reichen lippen küssen.

  Laß mich den ausbund deiner pracht /
  Der sammt und rosen nichtig macht /
Mit meiner schlechten haut bedecken;
  Und wenn du deine lenden rührst /
  Und deinen schooß gen himmel führst /
Sich zucker-süsse lust erwecken.

  Und solte durch die heisse brunst /
  Und deine hohe gegen-gunst
Mir auch die seele gleich entfliessen.
  So ist dein zarter leib die bahr /
  Die seele wird drey viertel jahr
Dein himmels-rundter bauch umschliessen.

  Und wer alsdann nach meiner zeit
  Zu lieben dich wird seyn bereit /
Und hören wird / wie ich gestorben /
  Wird sagen: Wer also verdirbt /
  Und in dem zarten schooße stirbt /
Hat einen sanfften tod erworben.

CHRISTIAN WERNICKE*

An unsre teutsche Poëten.

Jhr Teutschen wenn die Lieb aus eurer Feder quill't /
Jhr eure Buhlschafft wolt mit eurem Vers bedienen /
5 So kriegt man gleich zu sehn / *ein marmor-weisses Bild;*
Jhr Aug ist von *Achat* / die Lippen von *Rubienen* /
Die Adern von *Türckies* / die Brüst aus *Alabast:*
Die frembde Buhlschafften sind lang nicht so verhaßt.
Der Welsche betet sie als eine Göttin an /
10 Und sucht so offt er immer kan /
Vor ihr auf seinen Knien zu liegen;
Es macht sie der Frantzos von lauter Witz /
Zur Freundschafft fähig / ja verschwiegen /
Und folgends ein Gefäß ohn eine Ritz;
15 Der Englische der nichts als was natürlich thut /
Der machet sie von lauter Fleisch und Blut;
Jhr aber woll't *Pigmaljons* alle sein
Und machet sie zu *Bilder* oder *Stein.*

JOHANN CASPAR SCHADE

GOTT / du bist mein GOTT.
bistu mein Gott?
Gott du bist mein.
Du Gott bist mein.
5 mein GOTT bist DU.

DU Gott bist mein Gott.
mein Gott / bist Gott.
bist mein Gott / Gott.
10 Gott / Gott bist mein.
Gott mein Gott BIST.

BIST du Gott mein Gott?
mein Gott / du Gott.
du mein Gott / Gott?
15 Gott / du mein Gott.
du Gott / Gott MEIN?

MEIN Gott / bistu Gott?
Gott / du bist Gott.
bistu Gott / GOTT.
Gott / Gott bistu.
Gott / du Gott bist.

Gott / Gott bistu mein?
mein Gott du bist.
bistu / Gott / mein?
Gott / du mein bist.
Gott / mein bistu.
AMEN.

1700   CHRISTIAN HENRICH POSTEL

Aus des vortrefflichen Hispanischen Poeten
D. Luis de Gongora seinen Getichten das IX. Sonnet,
welches anfänget: Mientras por competir &c.

                              Sonnet.

Weil noch der Sonnen Gold mit allen Strahlen weichet
    Dem ungemeinen Glantz auf deinem schönen Haar.
    Weil noch vor deiner Stirn der Liljen Silber-Schaar
Jn blasser Furcht und Scham die weissen Segel streichet.
Weil noch das Sähnen nach den Nelcken sich nicht gleichet
    Der brünstigen Begier nach deiner Lippen Paar.
    Ja weil dem Halse noch des Marmors blancke Wahr
Mit allem Schimmer nicht einmahl das Wasser reichet /
    Laß Haare / Halß und Stirn und Mund gebrauchet sein /
Eh' das was in dem Lentz der Jugend war zu ehren
    Vor Gold / vor Lilien / vor Nelcken / Marmorstein /
Sich wird in Silber-grau und braune Veilgen kehren.
    Ja eh' du selbst dich mit dem Hochmuht dieses Lichts
Verkehrst in Erde / Koht / Staub / Schatten / gar in Nichts.

Wieder die unmäßigen Lobes-Erhebungen der Poeten.
Als Herr J. B. F. die Doctor-Würde zu Jena im Junio 1698. erhielt.

Die Pflicht befiehlt, ich soll bey den erlangten Ehren
5 Ihm, Werthster, seine Lust durch einen Reim vermehren;
Allein, so offt ich nur der Verse Nichtigkeit,
Sein Ruhm-entgegnes Hertz, dann die Gewogenheit,
Und unsrer Freundschafft Band will eigentlich erwegen,
Und wie so wenig ihm an einem Reim gelegen;
10 So offtmals seh ich diß fast für unmöglich an,
Und schreibe diß allein, daß ich nichts schreiben kan.

Denn frey heraus gesagt; Was ist das eitle Dichten?
Ein theurer Cram voll Nichts, ein Laubwerck ohne Früchten,
Ein Werck, so die Natur uns nur zur Straffe giebt,
15 Wenn man durch einen Reim sich in sich selbst verliebt.
Ein etwas, das uns macht nichts hören und nichts fühlen,
Wenn wir wie Sinnen loß im Reim-Register wühlen,
Und da wir, wenn wir uns acht Tage gleich bemüht,
Ein Blat voll Schmeicheley und sonst nichts ausgebrüht:
20 Da muß ein kleines Licht zu einer Sonne werden:
Ein halbgelehrter Mann zum Wunder dieser Erden:
Wer kaum den Feind gesehn, ist Alexandern gleich:
Aus einem kleinen Staat wird gar ein Königreich:
Ein kleiner Brücken-Bau heist Aquæ ductus führen,
25 Und wo wir dann und wann das Mode-Hütgen rühren,
So heist man gleich ein Mann, der in der gantzen Stadt
An Glimpff und Freundligkeit nicht seines gleichen hat.

Das geht vielleicht noch hin; doch wart, es kömmt noch schlimmer:
Sieht ein Poete nur ein freundlich Frauen-Zimmer,
30 So bin ich gut darvor, er schwüre Hals und Bein,
Es müste Venus selbst und nichts gemeines seyn:
Der Ziegel-rothe Mund gleicht Rosen oder Seide:
Da müssen Liljen seyn, wo doch nur weisse Kreide:
Die Augen blitzen stets: der Mund führt süssen Thau,
35 Und auch die Adern selbst sind lauter Himmel-blau:
Ihr Athem darff hier nicht Ziebeth und Ambra weichen:
Die helle Stimme soll den Nachtigallen gleichen,
Und endlich ist denn auch (wie seyd ihr doch bethört!)
Kein Tugend-Spruch so rar, der nicht vor sie gehört.

40 So übermäßig pflegt das Dichter-Volck zu loben.
Ein schlecht Stipendium heist schon die Hand von oben:
Ein Gönner, ein Patron heist Phöbus an der Huld,
Mercur an Fertigkeit, Vulcanus an Geduld,
Saturnus an Verstand, und Jupiter an Gaben:
45 Und wo wir nicht damit genug geheuchelt haben
Für einen Thaler Geld, der uns zum heilgen Christ,
Und etwan halb so viel zur Zeit, gewidmet ist,
So muß der Weinrich her und die bekandten Trichter,
Da schmieget sich der Kiel, da biegen sich die Dichter,
50 Und daß wir nicht umsonst voraus bezahlet seyn,
So nimmt das Lob-Gedicht wol dreyßig Blätter ein.

Wie aber würde man wol bey Promotionen,
Da man die Verse häufft, der armen Titel schonen?
Ich lese keinen Verß auf unser Doctorat,
55 Der nicht mehr Lobens ist, als Zeilen in sich hat.
Da prangen überall gemahlte Sieges-Reiser:
Da heist der Candidat in beyden Rechten Käyser:
Ja Baldus, Bartolus, und selbst Justinian
Die haben zwar wol viel, doch nicht so viel gethan:
60 Da heists: sein kluger Geist muß allzeit oben schweben:
Er könte manchem Rath noch aufzurathen geben:
Das Hoff-Gericht ist froh, daß er erscheinen soll,
Und jeder Bauer rufft: Der Doctor lebe wohl!

Demnach so hab ich wol mit Rechte Scheu getragen,
65 Sein wolverdientes Lob ihm selber für zu sagen,
Und da er alles sonst, nur dieses nicht, verträgt,
So wird die Schuld von mir zur Helffte kaum erlegt.
Wiewol es könte mir an Ruhme sonst nicht fehlen,
Da sich Gelehrsamkeit und Witz bey ihm vermählen,
70 Und da er biß anher so grossen Fleiß bezeigt,
Daß auch gantz Dreßden nicht von seinem Ruhme schweigt;
Nechst diesen könt ich auch mit leichter Müh beschauen
Die gute Wissenschafft vom Feld- und Acker-bauen,
Ja von dem Lande selbst, die Bau-Erfahrenheit,
75 Und was das erste war, die seltne Frömmigkeit.
Von diesem und was ihn, mein Vetter, annoch zieret,
Da hätt ich leicht davon zwey Bogen voll geschmieret:
Allein das Loben steht den Freunden nicht wohl an,
Und wo ich ja die Pflicht nicht anders zeigen kan,
80 So wird er mir, mein Freund, aufs wenigste vergönnen,
Daß ich frey öffentlich ihn darff bescheiden nennen,

Dieweil er selbst ein Feind von seinem eignen Ruhm,
Und also Demuth doch sein gröstes Eigenthum.

Wolan, die Demuth siegt; Er kan die Würd erjagen,
85 Den Purpur, den vor ihm drey Väter schon getragen,
Den Huth, den Saal-Athen ihm willigst aufgesetzt,
Da manch Cliente längst ihn dessen werth geschätzt.
Ein kurtzer Wunsch soll noch das kurtze Blat begleiten:

Sein Stamm muß sich dereinst in solche Zweige breiten,
90 Die so, wie er, gelehrt, fromm und verständig seyn,
So geht in Sachsen nie die wahre Praxis ein.

1715   JOHANN CHRISTIAN GÜNTHER

        Abschied von seiner ungetreuen Liebsten

                Wie gedacht,
                Vor geliebt, jezt ausgelacht.
5   Gestern in die Schoos gerißen,
                Heute von der Brust geschmißen,
                Morgen in die Gruft gebracht.
                Wie gedacht,
                Vor geliebt, jezt ausgelacht.

10   Dieses ist
                Aller Jungfern Hinterlist:
                Viel versprechen, wenig halten;
                Sie entzünden und erkalten
                Öfters, eh ein Tag verfliest.
15   Dieses ist
                Aller Jungfern Hinterlist.

                Dein Betrug,
                Falsche Seele, macht mich klug;
                Keine soll mich mehr umfaßen,
20   Keine soll mich mehr verlaßen,
                Einmahl ist vorwahr genug.
                Dein Betrug,
                Falsche Seele, macht mich klug.

                Dencke nur,
25   Ungetreue Creatur,

                                                35

Dencke, sag ich, nur zurücke
Und betrachte deine Tücke
Und erwege deinen Schwur.
Dencke nur,
30   Ungetreue Creatur!

Hastu nicht
Ein Gewißen, das dich sticht,
Wenn die Treue meines Herzens,
Wenn die Größe meines Schmerzens
35   Deinem Wechsel widerspricht?
Hastu nicht
Ein Gewißen, das dich sticht?

Bringt mein Kuß
Dir so eilends Überdruß,
40   Ey so geh und küße diesen,
Welcher dir sein Geld gewiesen,
Das dich warlich blenden muß,
Bringt mein Kuß
Dir so eilends Überdruß.

45   Bin ich arm,
Dieses macht mir wenig Harm;
Tugend steckt nicht in dem Beuthel,
Gold und Schmuck macht nur die Scheitel,
Aber nicht die Liebe warm.
50   Bin ich arm,
Dieses macht mir wenig Harm.

Und wie bald
Mißt die Schönheit die Gestalt!
Rühmstu gleich von deiner Farbe,
55   Daß sie ihres gleichen darbe,
Auch die Rosen werden alt.
Und wie bald
Mißt die Schönheit die Gestalt!

Weg mit dir,
60   Falsches Herze, weg von mir!
Ich zerreiße deine Kette,
Denn die kluge Henriette
Stellet mir was Beßers für.
Weg mit dir,
65   Falsches Herze, weg von mir!

Studentenlied

Brüder, last uns lustig seyn,
Weil der Frühling währet
5 Und der Jugend Sonnenschein
Unser Laub verkläret.
Grab und Baare warthen nicht;
Wer die Rosen jezo bricht,
Dem ist der Kranz bescheeret.

10 Unsers Lebens schnelle Flucht
Leidet keinen Zügel,
Und des Schicksals Eifersucht
Macht ihr stetig Flügel.
Zeit und Jahre fliehn davon,
15 Und vielleichte schnizt man schon
An unsers Grabes Riegel.

Wo sind diese, sagt es mir,
Die vor wenig Jahren
Eben also, gleich wie wir,
20 Jung und fröhlich waren?
Ihre Leiber deckt der Sand,
Sie sind in ein ander Land
Aus dieser Welt gefahren.

Wer nach unsern Vätern forscht,
25 Mag den Kirchhof fragen;
Ihr Gebein, so längst vermorscht,
Wird ihm Antwort sagen.
Kan uns doch der Himmel bald,
Eh die Morgenglocke schallt,
30 In unsre Gräber tragen.

Unterdeßen seyd vergnügt,
Last den Himmel walten,
Trinckt, bis euch das Bier besiegt,
Nach Manier der Alten!
35 Fort! Mir wäßert schon das Maul,
Und, ihr andern, seyd nicht faul,
Die Mode zu erhalten.

Dieses Gläschen bring ich dir,
Daß die Liebste lebe
Und der Nachwelt bald von dir
Einen Abriß gebe.
Sezt ihr andern gleichfalls an,
Und wenn dieses ist gethan,
So lebt der edle Rebe.

BARTHOLD HEINRICH BROCKES

Die Nachtigall /
und derselben Wett-Streit gegen einander.

Es rührt zu dieser Zeit das Inn're meiner Selen
Der Büsche Königinn / die holde Nachtigall /
Die / aus so enger Brust / und mit so kleiner Kehlen /
Die grösten Wälder füllt durch ihren Wunder-Schall.
Derselben Fertigkeit / die Kunst / der Fleiß / die Stärke /
Veränd'rung / Stimm' und Ton sind lauter Wunder-Werke
Der wirkenden Natur / die solchen starken Klang
In ein par Federchen / die kaum zu sehen / senket /
Und einen das Gehör bezaubernden Gesang
In solche dünne Haut und zarten Schnabel schrenket.
Ihr Hälsgen ist am Ton so unerschöpflich reich /
Daß sie tief / hoch / gelind und stark auf einmal singet.
Die kleine Gurgel lockt und zischt und pfeift zugleich /
Daß sie / wie Quellen rauscht / wie tausend Glocken / klinget.
Sie zwitschert / stimmt und schlägt mit solcher Anmuth an /
Mit solchem nach der Kunst gekräuselten Geschwirre /
Daß man darob erstaunt / und nicht begreifen kann /
Ob sie nicht seufzend lach' / ob sie nicht lachend girre.
Ihr Stimm'chen ziehet sich in einer holen Länge
Von unten in die Höh / fällt / steigt aufs neu' empor /
Und schwebt nach Maß und Zeit; bald drängt sich eine Menge
Verschied'ner Tön' aus ihr / als wie ein Strom / hervor.
Sie dreht und dehnt den Ton / zerreisst und füg't ihn wieder;
Singt sanft / singt ungestüm / bald klar / bald grob / bald hell.
Kein Pfeil verfliegt so rasch; kein Blitz verstreicht so schnell;
Die Winde können nicht so streng' im Stürmen wehen /
Als ihre schmeichelnde verwunderliche Lieder /
Mit wirbelndem Geräusch / sich ändern / sich verdrehen.

Ein flötend Glucken quillt aus ihrer holen Brust;
Ein murmelnd pfeifen labt der stillen Hörer Herzen.
Doch dieß verdoppelt noch und mehrt die frohe Lust /
35   Wenn etwan ihrer zwo zugleich zusammen scherzen.
Die singt / wenn jene ruft; wann diese lockt / singt jene
Mit solch-anmuhtigem bezaubernden Getöne;
Daß diese wiederum / aus Miß-Gunst / als ergrimmt /
In einen andern Ton die schlanke Zunge stimmt.
40   Die andre horcht indeß / und lauscht / voll Unvergnügen /
Ja fängt / zu ihres Feinds und Gegen-Sängers Hon /
Um / durch noch künstlichern Gesang ihn zu besiegen /
Von neuem wieder an / in solchem scharfen Ton /
Mit solchem feurigen empfindlich-hellem Klang /
45   Mit solch gewaltigen oft wiederholtem Schlagen /
Daß / so durchdringenden und heftigen Gesang /
Das menschliche Gehör kaum mächtig zu ertragen.
Wer nun so süssen Ton im frohen Frühling' hört /
Und nicht des Schöpfers Macht / voll Brunst und Andacht / ehrt /
50   Der Luft Beschaffenheit / das Wunder unsrer Ohren /
Bewundernd nicht bedenkt; ist nur umsonst gebohren /
Und folglich nicht der Luft / nicht seiner Ohren / wehrt.

1724   BARTHOLD HEINRICH BROCKES

Ach HERR! eröffne mein Verständniß!
Ach gieb mir Weisheit und Erkäntniß,
Der Dinge Wesen zu betrachten,
5   Und in denselben Dich zu achten,
Weil alles, Dich zu ehren, lehrt.
Nicht nur der Himmel Raum, nicht nur der Sonnen Schein,
Nicht der Planeten Gröss' allein;
Ein Stäubchen, ist bewunderns wehrt.

BARTHOLD HEINRICH BROCKES

Frühlings-Seufzer.

Grosser Gott, in dieser Pracht
Seh' ich Deine Wunder-Macht
5   Aus vergnügter Seelen an.
Es gereiche Dir zu Ehren,
Daß ich sehen, daß ich hören,
Fülen, schmecken, riechen kann!

1732   ALBRECHT VON HALLER*

Morgen-Gedanken.

Der Mond verbirget sich / der Nebeln grauer Schleyer
  Dekt Lufft und Erde nicht mehr zu;
5 Der Sternen Glanz verschwindt / der Sonne reges Feuer /
  Stört alle Wesen aus der Ruh.

Der Himmel färbet sich mit Purpur und Saphiren /
  Die frühe Morgen-Röhte lacht;
Und vor der Rosen Glanz / die ihre Stirne zieren /
10   Entflieht das blasse Heer der Nacht.

Durch's rothe Morgen-Thor der heitern Sternen-Bühne
  Naht das verklärte Aug der Welt;
Der Wolken Schimmel glänzt von blizendem Rubine
  Und glühend Gold bedeckt das Feld.

15 Die Rose öffnet sich / und spiegelt an der Sonne
  Des frühen Morgens Perlen-Thau;
Der Lilgen Ambra-Dampff belebt zu unsrer Wonne
  Der zarten Blätter Atlas grau.

Der wache Akers-Mann eilt in die rauhen Felder /
20   Und treibet den gewohnten Pflug;
Der Vögeln rege Schaar erfüllet Lufft und Wälder /
  Mit ihrer Stimm und frühem Flug.

O Schöpffer! was ich sieh / sind Deiner Allmacht Werke /
  Durch Dich belebt sich die Natur;
25 Der Sternen Lauff und Licht / der Sonne Glanz und Stärke /
  Sind Deiner Hand Geschöpf und Spuhr.

Du zünd'st die Fakel an / die in der Sonne leuchtet /
    Du giebst den Winden Flügel zu;
Du leyhst dem Mond den Thau / damit er uns befeuchtet /
30   Du theilst der Sternen Lauff und Ruh.

Du hast der Bergen Talg aus Thon und Staub gedrehet /
    Der Grüfften Erzt aus Sand geschmelzt;
Du hast das Firmament an seinen Ort erhöhet /
    Der Wolken Kleid darum geweltzt.

35 Dem Fisch der Ströme bläßt / und mit dem Schwanze stürmet
    Hast Du die Adern ausgehöhlt;
Du hast den Elefant aus Erden aufgethürmet /
    Und seinen Knochen-Berg beseelt.

Des weiten Himmel-Raums saphirene Gewölber
40   Sind Deiner Händen leichtes Spil;
Das ungemeßne All / begränzt nur durch sich selber
    Kost dich nichts als das Wort: Ich will.

Doch dreymahl grosser GOtt / es sind erschaffne Seelen /
    Vor Deine Thaten viel zu klein;
45 Sie sind unendlich groß / und wer sie will erzehlen /
    Muß wie DU ohne Ende seyn.

O ewigs Wesen-Quell! ich bleib in meinen Schranken /
    Du Sonne blend'st mein schwaches Licht;
Und wem der Himmel selbst / sein Wesen hat zu danken /
50   Braucht eines Wurmes Lob-Spruch nicht.

1735   NIKOLAUS LUDWIG GRAF VON ZINZENDORF

Abend-Gedancken.[a])

Du Vater aller Geister,
Du Strahl der Ewigkeit,
5   Du wunderbahrer Meister,
Du Innbegriff der Zeit,
Du hast der Menschen Seelen
In deine Hand geprägt:
Wem kans an Ruhe fehlen,
10   Der hie sich schlafen legt.

[a]) Im Octobr.

Es ziehn der Sonnen Blicke,
Mit ihrem hellen Strich
Sich nach und nach zurücke,
Die Lufft verfinstert sich,
Der dunckle Mond erleuchtet
Uns mit erborgtem Schein,
Der Thau, der alles feuchtet,
Dringt in die Erden ein.

Das Wild in wüsten Wäldern
Geht hungrig auf den Raub;
Das Vieh in stillen Feldern
Sucht Ruh in Busch und Laub;
Der Mensch von schweren Lasten
Der Arbeit unterdrückt,
Begehret auszurasten,
Steht schläffrig und gebückt.

Der Winde Ungeheuer
Stürmt auf die Häuser an,
Wo ein verschloßnes Feuer
Sich kaum erhalten kan:
Wenn sich die Nebel sencken,
Verliehrt man alle Spuhr,
Die Regen Ströhm' erträncken
Der flachen Felder Fluhr.

Da fällt man billig nieder
Vor GOttes Majestät,
Und übergibt ihm wieder,
Was man von ihm empfäht:
Die gantze Krafft der Sinnen
Senckt sich in den hinein,
Durch welchen sie beginnen,
Und dem sie eigen seyn.

Das heist den Tag vollenden,
Das heist sich wohl gelegt:
Man ruht in dessen Händen,
Der alles hebt und trägt.
Die Himmel mögen zittern,
Daß ünsre Veste kracht,
Die Elemente wittern;
So sind wir wol bewacht.

Lehrgedichte.
Daß der Mensch selbst an seiner Verdammung Schuld ist.
Bey Gelegenheit eines Donnerwetters.
1718.

So fahrt nur immerfort in eurer Sicherheit!
Versäumet unverschämt die kurze Gnadenzeit,
Verzagte Sterbliche! die ihr den Höchsten hasset,
Und euer blindes Herz den Sünden überlasset.
Wie läuft doch euer Fuß so hurtig höllenwerts,
Erweichet doch einmal das felsenharte Herz.
Die Gnade Gottes will auch euch zum Himmel bringen,
Doch keinen mit Gewalt zum frommen Leben zwingen.

Gott hat uns insgesammt zween Wege vorgelegt,
Wo einer dornicht ist, der andre Rosen trägt;
Der eine führet uns zum unverwelkten Leben,
Der andre kan uns nichts, als Tod und Marter, geben.
Er läßt im übrigen uns Menschen allzumal
Die unumschränkte Macht, die mehr als freye Wahl,
Den Rosen hold zu seyn, die Dornen auszulesen,
Der Höllen zu zu gehn, und ewig zu genesen.
So ist die Schuld alsdann nur unser ganz allein,
Wenn wir so bosheitsvoll, so thöricht wollen seyn,
Daß der verirrte Geist den Himmel von sich schiebet,
Und nach verkehrter Art die gröbsten Laster liebet.

Dem allen ungeacht, ist Gott so liebesvoll,
Wenn sein ergrimmter Arm die Sünder strafen soll,
Daß er die Missethat nicht gleich so völlig lohnet,
Und erst die Leiber straft, die Seelen noch verschonet.
Gewiß, es mangelt ihm an schweren Strafen nicht;
Er weis so manche Qval zu seinem Zorngericht.
Es fehlt dem Höchsten nie an scharfen Donnerschlägen,
Ein ungehorsam Volk ins schwarze Grab zu legen.

Drum denkt, ihr Sünder denkt, was ihr für Greuel thut!
Macht euren Glauben rein und euren Wandel gut,
Sonst möchte Gott, der Herr, mit gleichen Schwefelkeilen
Zum wohlverdienten Lohn begangner Sünden eilen.

Über die Tyranney
der deütschen Dichtkunst. [a]

Ihr Musen helft! Der Verse Tyranney
Ist allzu schwär. O macht uns endlich frey!
Uns plagt ja schon mit seinem Schellenklang
Der Feind von Geist und Witz, der Reim, zu lang,
Der, von den rauhen Barden ausgeheckt,
Die strenge Herrschaft bis auf uns erstreckt.
Was schreibt doch noch der deütsche Dichter-Chor
Für eine Versart sich zur Strafe vor;
Ein Doppelvers, erdacht zu unsrer Pein!
Zu groß für Einen und für Zween zu klein.
Je mehr er hat, je mehr ihm stets gebricht.
Zwelf Füsse helfen ihm zum lauffen nicht.
Ihn macht dem Ohr kein Wechsel angenem,
Und kein geschicktes Maß dem Sinn bequem.
Er trabt betrübt daher mit schwärem Schritt.
Ein gleicher Tact bestimmt ihm jeden Tritt.
Beym Sechsten stellt auch, wenn er lauffen will,
Das strenge Reimgesätz ihn immer still.
Vernunft und Witz entweicht vor seinem Zwang,
Und findt ihn bald zu kurz, und bald zu lang;
Und, wenn sein Tic und Tac beständig schallt,
Gleich einer Glocke, so entschläft man bald.
Schau, wie so oft ein Dichter ängstlich ringt,
Bis nach den Regeln ihm ein Vers gelingt!
Er martert sich, verdreht, versetzt, verschränkt;
Der Sinn wird schwach; die Sprache wird gekränkt.
Ein Einfall fließt. Doch kan er nicht bestehn.
Warum; Zween Füsse fehlen noch zu Zehn.
Was ist zu tuhn? Ein Flickwort kömmt herbey,
Daß die geschworne Zahl nur richtig sey.
Die Zahl ist ganz. Das Werk will doch nicht fort.
Der Abschnidt fällt nicht recht auf seinen Ort.
Nach langer Müh gebihrt man eine Brut,
Von Wind und Luft erfüllt, für Geist und Blut.

a) Ist eine Nachahmung des Englischen Vers- und Zahlmasses; Wer sich nach solchem richten wollte, könnte, um mehrerer Lieblichkeit willen, den Abwechsel der steigenden und fallenden Verse beybehalten.

Und ist sie nicht an Kraft und Geiste leer,
So zeigt ihr Leib den Zwang nur desto mehr.
40 Was Wunder! daß der Britten feiner Ohr
Ein Reimgebände sich vorlängst erkohr,
Das, nicht so sehr vom Regelzwang beschränkt,
Sich nach des Dichters Wunsch bequemer lenkt,
Bald hier, bald dort den Abschnidt wechselnd stellt,
45 Und, wie die Regung will, so läufft, als hält.

1744   ELIAS CASPAR REICHARD

Die Verbindung der Dichtkunst
mit der Gottesfurcht und Weltweisheit
Eine Cantate zu der den 27 Januar 1741. bey dem Antritte meines
5 Professorats gehaltenen Rede verfertiget. in die Musik gesetzt und
aufgeführet von Herrn Georg Philip Telemann.

Vor der Rede.
Aria.
Hinkende Dichter am Helikons Rande,
10 Klettert, und stürzet! dem Hochmuth zur Schande,
Und den erhabnen Poeten zum Ruhm!
Ehr ist auf Verdienst gegründet,
Kränze, die Apollo windet,
Sind der Tugend Eigenthum.   Von forn.

15 Ersprießlichs Band!
Vereinigung, die Lust und Heil verspricht!
Die Dichtkunst gibt der Weltweisheit die Hand,
Und beyd umstralt der Weisheit helles Licht.
In diesem schönen Bunde
20 Steht die gepriesne Poesie
Auf einem unbeweglich festen Grunde.
In der Gesellschaft singet sie
Mit einem herzbezwingerischen Munde.
So wird sie ohne Müh
25 Den Spott, das Unrecht und die Kränkung rächen,
Die man ihr zugefügt,
Da man, in Meynung, daß man sie vergnügt,
Sich recht bemühet hat, ihr Hohn zu sprechen.

Aria.

30 Du hast ja Schmach genug gelitten,
Gekränkte Dichtkunst siege nun!
Neid, Unvernunft und Thorheit sind bestritten,
Auf Streit und Sieg folgt ein Triumph.
Die Waffen deiner Feinde,
35 Und falschgeglaubten Freunde,
Sind gegen deine Kräfte stumpf.
Du kanst nun in der Mitten
Der Tugend und der Weisheit ruhn,
Und, wenn du siegest, Wunder thun.   Von forn.

40 Ja, ja, sie siegt,
Und wird noch ferner triumphirend siegen;
Die magre Reimkunst liegt,
Und ächzet in den letzten Zügen.
Der hirn- und tugendlose Schwarm
45 Der brodbegiergen Sylbenhenker,
Wird zaghaft, hungrig, matt und arm,
Und ärgert sich von Tag zu Tage kränker.
Ihr Unglück geht mir nah!
Ist keine Hülfe für sie da?
50 Noch ist die Hoffnung nicht verloren.
Schickt nur die Thoren
Gleich nach Anticyra!

Aria.

Tugend, Witz, Verstand und Feuer
55 Stimmen die poetsche Leyer,
Nützlich, reizend, stark und rein.
Dichter, die nach Ruhm und Leben
Bey der klugen Nachwelt streben,
Müssen GOtt die Herzen weihn,
60 Müssen Philosophen seyn.   Von forn.

Nach der Rede.
Aria.

Nehmt hin den Schmuck für eure Scheitel
Ihr Söhne der Melpomene!
65 Entreißt euch dem Pöbel der kriechenden Dichter,
Und werdet derselben erbarmende Richter,
Thut niemand, als der Bosheit weh!
Und machet die hämische Tadelsucht eitel.   Von forn.

Die Weisheit lacht und winket euch,
70 Euch ihre Gunst,
Euch ihre Schätze mitzutheilen.
O welch ein Glück für eure Kunst!
Ich seh euch schon in ihren Tempel eilen,
Ich seh euch schon an ihren Gütern reich.
75 Was wird, wenn eure Geister sich zugleich,
Von GOtt entzündt,
Das liebenswürdge Himmelskind,
Die reine Tugend anvermählen,
Sagt mir, was wird alsdenn wol euch
80 Und euren Poesien fehlen?

Aria.
Reizende Töne, bezaubernde Lieder,
Schaffet der Dichtkunst die Hochachtung wieder,
Welche die Anmuth und Nutzbarkeit zeugt!
85 Bessert und gefallet,
Wenn ihr itzt erschallet,
Daß der Menschen Herz und Ohr,
Auf ein lieblich lockend Rohr,
Sich zur Tugend und zur Weisheit neigt.   Von forn.

1744   JOHANN WILHELM LUDWIG GLEIM*

Anakreon.

Anakreon, mein Lehrer,
Singt nur von Wein und Liebe;
5 Er salbt den Bart mit Salben,
Und singt von Wein und Liebe;
Er krönt sein Haupt mit Rosen,
Und singt von Wein und Liebe;
Er paaret sich im Garten,
10 Und singt von Wein und Liebe;
Er wird beim Trunk ein König,
Und singt von Wein und Liebe;
Er spielt mit seinen Göttern,
Er lacht mit seinen Freunden,
15 Vertreibt sich Gram und Sorgen,
Verschmäht den reichen Pöbel,

Verwirft das Lob der Helden,
Und singt von Wein und Liebe;
Soll denn sein treuer Schüler
20   Von Haß und Wasser singen?

1746   CHRISTIAN FÜRCHTEGOTT GELLERT

Die Nachtigall und die Lerche.

Die Nachtigall sang einst mit vieler Kunst;
Ihr Lied erwarb der ganzen Gegend Gunst,
5   Die Blätter in den Gipfeln schwiegen,
Und fühlten ein geheim Vergnügen.
Der Vögel Chor vergaß der Ruh,
Und hörte Philomelen zu.
Aurora selbst verzog am Horizonte,
10   Weil sie die Sängerinn nicht gnug bewundern konnte.
Denn auch die Götter rührt der Schall
Der angenehmen Nachtigall;
Und ihr, der Göttinn, ihr zu Ehren,
Ließ Philomele sich noch zweymal schöner hören.
15   Sie schweigt darauf. Die Lerche naht sich ihr,
Und spricht: Du singst viel reizender, als wir;
Dir wird mit Recht der Vorzug zugesprochen:
Doch eins gefällt uns nicht an dir,
Du singst das ganze Jahr nicht mehr, als wenig Wochen.

20   Doch Philomele lacht und spricht:
Dein bittrer Vorwurf kränkt mich nicht,
Und wird mir ewig Ehre bringen.
Ich singe kurze Zeit. Warum? Um schön zu singen.
Ich folg im Singen der Natur;
25   So lange sie gebeut, so lange sing ich nur;
So bald sie nicht gebeut, so hör ich auf zu singen;
Denn die Natur läßt sich nicht zwingen.

                    *

O Dichter, denkt an Philomelen,
Singt nicht, so lang ihr singen wollt.
30   Natur und Geist, die euch beseelen,
Sind euch nur wenig Jahre hold.

Soll euer Witz die Welt entzücken:
So singt, so lang ihr feurig seyd,
Und öffnet euch mit Meisterstücken
Den Eingang in die Ewigkeit.
Singt geistreich der Natur zu Ehren,
Und scheint euch die nicht mehr geneigt:
So eilt, um rühmlich aufzuhören,
Eh ihr zu spät mit Schande schweigt.
Wer, sprecht ihr, will den Dichter zwingen?
Er bindet sich an keine Zeit.
So fahrt denn fort, noch alt zu singen,
Und singt euch um die Ewigkeit.

1747   FRIEDRICH VON HAGEDORN*

An die Dichtkunst.

Gespielinn meiner Neben-Stunden,
Bey der ein Theil der Zeit verschwunden,
Die mir, nicht andern, zugehört:
O Dichtkunst, die das Leben lindert!
Wie manchen Gram hast du vermindert,
Wie manche Fröhlichkeit vermehrt!

Die Kraft, der Helden Trefflichkeiten
Mit tapfern Worten auszubreiten,
Verdankt Homer und Maro dir.
Die Fähigkeit, von hohen Dingen
Den Ewigkeiten vorzusingen,
Verliehst du ihnen, und nicht mir.

Die Lust, vom Wahn mich zu entfernen
Und deinem Flaccus abzulernen,
Wie man durch echten Witz gefällt;
Die Lust, den Alten nachzustreben,
Ist mir im Zorn von dir gegeben,
Wenn nicht mein Wunsch das Ziel erhält.

Zu eitel ist das Lob der Freunde:
Und drohen in der Nachwelt Feinde,
Die finden unsre Grösse klein.
Den itzt an Liedern reichen Zeiten

49

Empfehl ich diese Kleinigkeiten:
Sie wollen nicht unsterblich seyn.

1748   MAGNUS GOTTFRIED LICHTWER*

                    Der Mohr und der Weisse.

                Ein Mohr und Weisser zanckten sich
                Der Weisse sprach zu dem Bengalen,
5   Wär ich wie du, ich liesse mich
                Zeit meines Lebens niemals mahlen.

                Besieh dein Pech-Gesichte nur
                Und sage mir, du schwartzes Wesen,
                Ob dich die spielende Natur,
10   Nicht uns zum Scheusal auserlesen.

                Gut, sprach der Mohr, hat denn ihr Fleiß
                Sich deiner besser angenommen?
                Unausgebratner Naseweis,
                Du bist noch ziemlich unvollkommen.

15   Die Welt, in der wir Menschen sind
                Gleicht einem ungeheuren Baume,
                Darauf bist du, mein liebes Kind,
                Die noch nicht reif gewordne Pflaume.

                Sie zanckten sich noch lange Zeit
20   Und weil sich keiner geben wollte,
                Beschlossen sie, daß ihren Streit
                Ein kluger Richter schlichten sollte.

                Als nun der Weisse Recht behielt,
                Da sprach das schwartze Kind der Mohren,
25   Du siegst, ich habe hier verspielt,
                In Tunis hättest du verlohren.

                              *

                So manches Land, so mancher Wahn,
                Es kömmt bey allen Nationen,
                Der Vorzug auf den Ort mit an,
30   Schön ist, was da gilt, wo wir wohnen.

Elegie.

Dir nur, liebendes Herz, euch, meine vertraulichsten Thränen,
Sing ich traurig allein dieses wehmüthige Lied.
5 Nur mein Auge soll es mit schmachtendem Feuer durchirren,
Und, an Klagen verwöhnt, hör es mein zärtliches Ohr!
Bis, wie Byblis einst in jungfräuliche Thränen dahin floß,
Mein zu weichliches Herz voller Empfindung zerfließt.
Ach! warum, o Natur, warum, unzärtliche Mutter,
10 Gabst du zur Empfindung mir ein zu biegsames Herz?
Und ins biegsame Herz die unbezwingliche Liebe,
Ewiges Verlangen, keine Geliebte dazu?
Die du künftig mich liebst, (wenn anders zu meinen Thränen
Einst das Schicksal erweicht eine Geliebte mir giebt!)
15 Die du künftig mich liebst, o du vor allen erlesen,
Sprich, wo dein fliehender Fuß ohne mich einsam itzt irrt?
Nur mit einem verräthrischen Laut, nur mit einem der Töne,
Die, wenn du lachst, dir entfliehn, sag es, o Göttliche, mir!
Fühlst du, wie ich, der Liebe Gewalt, verlangst du nach mir hin,
20 Ohne daß du mich kennst; o so verheele mirs nicht!
Sag es mit einem durchdringenden Ach, das meinem Ach gleichet,
Das aus innerster Brust zitternd dem Munde zuflieht.
Durch die Mitternacht hin klagt mein sanftthränendes Auge,
Daß du, Göttliche, mir immer noch unsichtbar bist!
25 Durch die Mitternacht hin streckt sich mein zitternder Arm aus,
Und umfasset ein Bild, das vielleicht ähnlich dir ist!
Ach! wo such ich dich doch? Wo werd ich endlich dich finden?
O du, die meine Begier stark und unsterblich verlangt!
Wo ist der Ort, der dich hält? Wo fließt der segnende Himmel,
30 Welcher dein Aug umwölbt, heiter und lächelnd vorbey?
Dürft ich mein Auge zu dir einst, seeliger Himmel, erheben,
Und umarmet die sehn, die du von Jugend auf sahst!
Aber ich kenne dich nicht! Vielleicht gieng die fernere Sonne
Meinen Thränen daselbst niemals nicht unter und auf.
35 Soll ich dich niemals, o Himmel, erblicken? Führt niemals im
　　　　　　　　　　　　　　　　　　　　　　Frühling
Meine sanftzitternde Hand Sie durch ein blühendes Thal?
Sinkt Sie, von süsser Gewalt der allmächtigen Liebe bezwungen,
Nie, wenn der Abendstern kömmt, mir an die bebende Brust?
Ach, wie schlägt mir mein Herz! Wie zittern durch meine Gebeine
40 Freud und Hoffnung, dem Schmerz unüberwindlich, dahin!

Unbesingbare Lust, ein süsser prophetischer Schauer,
   Eine Thräne, die mir still von den Wangen entfiel;
Und ein Anblick geliebter mitweinender weiblicher Zähren,
   Ein mir lispelnder Hauch, und ein erschütterndes Ach;
45 Ein mich segnender Laut, der mir rief, wie ein liebender Schatten
   Seiner Entschlafenen ruft; weissagt dich, Göttliche, mir.
O du, die du Sie mir und meiner Liebe gebahrest,
   Hältst du Sie, Mutter, umarmt; dreymal gesegnet sey mir!
Dreymal gesegnet sey mir dein gleich empfindendes Herze,
50   Das der Tochter zuerst weibliche Zärtlichkeit gab!
Aber laß Sie itzt frey! Sie eilt in den Garten, und will da
   Keinem Zeugen behorcht, keinem beobachtet seyn.
Eile nicht so! doch mit welchem Nahmen soll ich dich nennen,
   Die du unaussprechlich meinem Verlangen gefällst?
55 Eile nicht so, damit kein Dorn des vergangenen Winters
   Deinen zu flüchtigen Fuß, indem du eilest, verletzt;
Daß kein schädlicher Duft des werdenden Frühlings dich anhaucht;
   Daß sich dem blühenden Mund reinere Lüfte nur nahn.
Aber du gehst denkend und langsam, das Auge voll Zähren,
60   Und jungfräulicher Ernst deckt dein verschönert Gesicht.
Täuschte dich iemand? Und weinst du, weil deiner Gespielinnen eine
   Nicht, wie du von ihr geglaubt, redlich und tugendhaft war?
Oder liebst du, wie ich? Erwacht mit unsterblicher Sehnsucht,
   Wie sie mein Herz mir empört, in dir die starke Natur?
65 Was sagt dieser erseufzende Mund? Was sagt mir dieß Auge,
   Das mit verlangendem Blick zärtlich gen Himmel hin sieht?
Was entdeckt mir die brünstige Stellung, als wenn du umarmtest,
   Als wenn du ans Herz eines Glückseligen sänkst?
Ach du liebest! So wahr die Natur kein erhabenes Herz nicht
70   Ohne den heiligsten Trieb derer, die ewig sind, schuf!
Göttliche, du liebest! Ach wenn du den doch auch kenntest,
   Dessen liebendes Herz unbemerkt zärtlich dir schlägt!
Dessen Seufzer dich ewig verlangen, dich bang vom Geschicke
   Fordern; von dem Geschick, das unbeweglich sie hört.
75 Wehten dir doch sanftrauschende Winde sein brünstig Verlangen,
   Seiner Seufzer Getön, seiner Gesänge Laut, zu!
Wie die Winde des goldenen Alters vom Ohre des Schäfers
   Mit der Schäferinn Ach hoch zu der Götter Ohr flohn.
Eilet, Winde, mit meinem Verlangen zu ihr in die Laube,
80   Schauert durch den Wald hin, rauscht, und verkündigt mich ihr!
Ich bin redlich! Mir gab die Natur Gefühle zur Tugend;
   Aber zur Liebe gab sie noch ein gewaltigers mir;
Zu der Liebe, der schönsten der Tugenden, wie sies den Menschen

In der Jugend der Welt edler und mächtiger gab.
85 Alles empfind ich von dir; kein halb nur begegnendes Lächeln;
Kein unvollendetes Wort, welches in Seufzer verflog;
Keine stille mich fliehende Thräne, kein leises Verlangen,
Kein Gedanke, der sich mir in der Ferne nur zeigt;
Kein halb stammelnder Blick voll unaussprechlicher Reden,
90 Wenn er den ewigen Bund süsser Umarmungen schwört;
Auch der Tugenden keine, die du mir sittsam verbirgest,
Eilet unausgeforscht mir und unempfunden vorbey!
Ach, wie will ich dich, Göttliche, lieben! Das sagt uns kein Dichter,
Selbst wir entzückt im Geschwätz trunkner Beredsamkeit nicht.
95 Kaum daß noch die Unsterbliche selbst, die fühlende Seele,
Ganz die volle Gewalt dieser Empfindungen faßt!

1750   FRIEDRICH GOTTLIEB KLOPSTOCK

Zweyte Ode
von der Fahrt auf der Zürcher See.

Schön ist, Mutter Natur, deiner Erfindung Pracht,
5   Auf die Fluhren verstreut; schöner ein froh Gesichte
Das den großen Gedanken
Deiner Schöpfung noch einmahl denkt.

Von der schimmernden See weinvollen Ufer her,
Oder, flohest du schon wieder zum Himmel auf,
10   Komm im röthenden Strale,
Auf den Flügeln der Abendluft;

Komm, und lehre mein Lied jugendlich heiter seyn,
Süße Freude, wie du! gleich dem aufwallenden
Vollen Jauchzen des Jünglings!
15   Sanft, der fühlenden Sch - - inn gleich.

Schon lag hinter uns weit Uto, an dessen Fuß
Zürch in ruhigem Thal freye Bewohner nährt;
Schon war manches Gebirge
Voll von Reben vorbey geflohn;

20   Jetzt entwölkte sich fern silberner Alpen Höh;
Und der Jünglinge Herz schlug schon empfindender;
Schon verrieth es beredter
Sich der schönen Begleiterinn.

Hallers Doris sang uns selber des Liedes Werth
25 Hirzels Daphne, den Kleist zärtlich, wie Gleimen, liebt;
    Und wir Jünglinge sangen
      Und empfanden wie Hagedorn.

Jetzt empfing uns die Au in die beschattenden
Kühlen Arme des Walds, welcher die Insel krönt:
30   Da, da kamst du, o Freude!
      Ganz in vollem Maaß über uns

Göttinn Freude! du selbst! dich, dich empfanden wir!
Ja du warest es selbst, Schwester der Menschlichkeit,
    Deiner Unschuld Gespielinn,
35   Die sich über uns ganz ergoß!

Süß ist, frölicher Lenz, deiner Begeisterung Hauch,
Wenn die Flur dir gebiert, wenn sich dein Odem sanft
    In der Jünglinge Seufzer,
      Und ins Herze der Mädchen gießt.

40 Durch dich wird das Gefühl jauchzender, durch dich steigt
Jede blühende Brust schöner und bebender,
    Durch dich reden die Lippen
      Der verstummenden Liebe laut!

Lieblich winket der Wein, wenn er Empfindungen,
45 Wenn er sanftere Lust, wenn er Gedanken winkt,
    Im sokratischen Becher,
      Von der thauenden Ros umkränzt;

Wenn er an das Herz dringt, und zu Entschließungen,
Die der Säufer verkennt, jeden Gedanken weckt,
50   Wenn er lehrt verachten,
      Was des Weisen nicht würdig ist.

Reizend klinget des Ruhms lockender Silberthon,
In das schlagende Herz, und die Unsterblichkeit,
    Ist ein großer Gedanke,
55   Ist des Schweißes der Edlen werth.

Durch der Lieder Gewalt bey der Urenkelinn
Sohn und Tochter noch seyn; mit der Entzückung Thon,
    Oft beym Namen genennet,
      Oft gerufen vom Grabe her;

60 Da ihr sanfteres Herz bilden, und, Liebe, dich,
Fromme Tugend, dich auch genießen ins sanfte Herz,

Ist, beym Himmel! nicht wenig!
Ist des Schweißes der Edlen werth.

Aber süßer ists noch, schöner, und reizender,
65   In dem Arme des Freunds wissen, ein Freund zu seyn!
So das Leben genießen,
    Nicht unwürdig der Ewigkeit!

Treuer Zärtlichkeit voll in den Umschattungen,
In den Lüften des Walds, und mit gesenkten Blick,
70   Auf die silbernen Wellen,
    That mein Herz den frommen Wunsch:

Möchtet ihr auch hier seyn, die ihr mich ferne liebt,
In des Vaterlands Schoos einsam von mir verstreut,
    Die in seligen Stunden
75   Meine suchende Seele fand.

O! so wollten wir hier Hütten der Freundschaft baun,
Ewig wohnten wir hier, ewig! wir nennten dann
    Jenen Schatten-Wald, Tempe,
    Diese Thäler, Elysium.

CHRISTIAN FÜRCHTEGOTT GELLERT

1751

Ein junger Mensch, der, wenn er Briefe schrieb,
Die Sachen kunstreich übertrieb,
Und wenig gern mit stolzen Formeln sagte,
5   Las einem klugen Mann ein Trauerschreiben vor,
Darinn er einen Freund beklagte,
Der seine Frau durch frühen Tod verlor,
Und ihm mit vielem Schulwitz sagte,
Daß nichts gewisser wär, als daß er ihn beklagte.

10   Ihr Brief, fiel ihm der Kenner ein,
Scheint mir zu schwer und zu studirt zu seyn.
Was haben Sie denn sagen wollen?
„Daß mich der Fall des guten Freunds betrübt;
„Daß er ein Weib verlor, die er mit Recht geliebt,
15   „Und meinem Wunsche nach stets hätte haben sollen;
„Daß ich von Lieb und Mitleid voll,
„Nicht weis, wie ich ihn trösten soll.
„Dieß ungefähr, dieß hab ich sagen wollen.

Mein Herr, fiel ihm der Kenner wieder ein,
20   Warum sind Sie sich denn durch Ihre Kunst zuwider?
O schreiben Sie doch nur, was Sie mir sagten, nieder:
So wird Ihr Brief natürlich seyn.

1751   GOTTHOLD EPHRAIM LESSING*

                    Die verschlimmerten Zeiten.

          Anakreon trank, liebte, scherzte,
          Anakreon trank, spielte, herzte,
5   Anakreon trank, schlief, und träumte
          Was sich zu Wein und Liebe reimte,
          Und hieß mit Recht der Weise.

          Wir Brüder trinken, lieben, scherzen,
          Wir Brüder trinken, spielen, herzen,
10   Wir Brüder trinken, schlafen, träumen
          Wozu sich Wein und Liebe reimen,
          Und heissen nicht die Weisen.

          Da seht den Neid von unsern Zeiten!
          Uns diesen Namen abzustreiten.
15   O Brüder! lernet hieraus schliessen,
          Daß sie sich stets verschlimmern müssen,
          Sie nennen uns nicht weise.

1755   ABRAHAM GOTTHELF KÄSTNER

               Über einige Pflichten eines Dichters.

          Verlangst du, daß dein Lied den Ruhm von Deutschlands Witze
          Einst vor der Nachwelt Schmach, und ietzt vor Frankreichs schütze:
5   So sey nie durch das Lob des Pöbels so ergötzt,
          Als wenn ein Kluger dich des Tadels würdig schätzt.
          Nimm für den Dichtertrieb nicht Leichtigkeit zu Reimen,
          An kühnen Einfalls statt, ein Heer von wilden Träumen.
          Kenn erst die Dichtkunst recht, eh ihr dein Fleiß sich weiht.
10   Wiß, ihrem Werthe gleicht nur ihre Schwierigkeit.

Nicht, daß dein schmeichelnd Lob des Reichen Stolz bereimet,
Daß der verletzte Thor bey deinem Lachen schäumet,
Und, daß ein Mägdchenherz durch deinen Vers zerfließt:
Nicht dadurch zeig es nur, daß du ein Dichter bist.
15 Weit über deinen Ruhm wird Nürnbergs Künstler steigen,
Der, tändelt er gleich oft, doch oft kann Nutzen zeigen.
Viel besser ist dein Lied der Arbeit Augspurgs gleich,
Durch äußern Zierrath schön, am innern Wehrte reich.

Der Tugend ernster Blick schreckt unsre leichten Triebe;
20 Wenn er noch Ehrfurcht wirkt, wirkt er doch keine Liebe.
Und wenn sie in die Hand des trocknen Weisen fällt,
Giebt er ihr einen Putz, der sie noch mehr verstellt.
Doch du, bemühe dich, sie prächtig auszuschmücken;
Durch sie befiehlst du uns, sie muß durch dich entzücken.

25 Auch ihrer Schwester Reiz ist deiner Lieder werth,
Der dienet keiner recht, der beyde nicht verehrt;
Die Wahrheit; sollten sie nur alle Geister kennen!
Es würden bald für sie auch alle Geister brennen.
Sie kann, wenn du sie schmückst, noch manchen an sich ziehn,
30 Dem sie nicht schön genug, und viel zu spröde schien,
Und der, wenn ihn dein Vers auch nicht zum Leibnitz machet,
Doch die Vernunft gebraucht, und falschen Wahn verlachet.

Von Tugend sey dein Herz, der Geist von Kenntniß voll,
Wofern uns dein Bemühn ergötzend nützen soll,
35 Und setze mehr dir vor, als ein Poet zu werden;
Sonst kriechst du Lebenslang mit Reimern auf der Erden.
Sieh auf den Boberfeld, den Schul und Hof erhob;
Der Dichtkunst Vater seyn, das war sein kleinstes Lob.
Geschäffte, Wissenschaft, Erfahrung, Umgang, Reisen,
40 Die bilden einen Geist, wie wir am Opitz preisen.
Wie kömmts, daß unter ihm der muntre Günther steht?
Weil ihn die Dichtkunst nur, und sonsten nichts erhöht.
Umsonst, daß Dichterglut in einem Sinne brennet,
Der nicht des Staatsmanns Welt, die Welt des Weisen kennet.
45 Der von Gedanken leer, nie dem Verstande singt,
Und nur ein leichtes Blut in kurzes Wallen bringt.
Aufs höchste mag sein Spiel ein Mägdchen noch ergötzen,
Die wenig gnug versteht, ihn für gelehrt zu schätzen,
Und einen Augenblick des Putzes Tand vergißt,
50 Was ernstlichers zu thun, indem sie Verse liest.

Laß dich den Pöbel nicht zur Unvernunft verführen.
Dein Lied muß den Geschmack, nicht der dein Lied regieren.
Sey sanftem Klange hold, doch starkem Ausdruck mehr;
Nur daß das Herze fühlt, ergötze das Gehör.
55 Schreib, daß dich die verstehn, die Witz und Dichtkunst kennen;
Wer jedes Carmen liest, den laß dich dunkel nennen.
Dein Scherz sey von der Art, die den Verstand auch rührt,
Dein Ernst sey allemal durch muntern Witz geziert.
Voll Feuer, voll Vernunft, bemüh dich, daß dein Spielen
60 Die Schöne denken lehrt, den Philosophen fühlen.
Dir sey der Fremden Kunst, der Alten Geist bekannt;
Dann rühmt der Stutzer dich, und schimpft dich kein Pedant.
Soll dir der Richter Lob wahrhaftig Ehre bringen:
Erschmeichle dir es nicht, du kanst es dir erzwingen.
65 Auch schreib, von wilder Glut der Jugend angeflammt,
Kein Werk, das einst vielleicht dein reifrer Geist verdammt.
So bist du Deutschlands Ruhm, und Deutschland wird dich ehren,
Die Donau wird dein Lied, so wie die Neva, hören.
Und schließen, was du schreibst, nur wenig Bogen ein,
70 Du wirst doch allemal der größte Dichter seyn.
Verstärkt zeigt sich in dir den Deutschen Opitz wieder,
Ein Blatt von dir gilt mehr, als alle Schäferlieder.

1759   FRIEDRICH GOTTLIEB KLOPSTOCK

ODE
über die ernsthaften Vergnügungen
des Landlebens.

5   Nicht in den Ocean
         Der Welten alle
         Will ich mich stürzen!
         Nicht schweben, wo die ersten Erschafnen,
         Wo die Jubelchöre der Söhne des Lichts
10   Anbeten, tief anbeten,
         Und in Entzückung vergehn!

         Nur um den Tropfen am Eimer,
         Um die Erde nur, will ich schweben,
         Und anbeten!

Halleluja! Halleluja!
Auch der Tropfen am Eimer
Rann aus der Hand des Allmächtigen!

Da aus der Hand des Allmächtigen
Die grössern Erden quollen,
Da die Ströme des Lichts
Rauschten, und Orionen wurden;
Da rann der Tropfen
Aus der Hand des Allmächtigen!

Wer sind die tausendmal tausend,
Die myriadenmal hundert tausend,
Die den Tropfen bewohnen?
Und bewohnten?
Wer bin ich?
Halleluja dem Schaffenden!
Mehr, als die Erden, die quollen!
Mehr, als die Orionen,
Die aus Strahlen zusammenströmten!

Aber, du Frühlingswürmchen,
Das grünlichgolden
Neben mir spielt,
Du lebst;
Und bist, vielleicht - -
Ach, nicht unsterblich!

Ich bin herausgegangen,
Anzubeten;
Und ich weine?

Vergieb, vergieb dem Endlichen
Auch diese Thränen,
O du, der seyn wird!

Du wirst sie alle mir enthüllen
Die Zweifel alle
O du, der mich durchs dunkle Thal
Des Todes führen wird!

Dann werd ich es wissen:
Ob das goldne Würmchen
Eine Seele hatte?

Warest du nur gebildeter Staub,
Würmchen, so werde denn
Wieder verfliegender Staub,
Oder was sonst der Ewige will!

Ergeuß von neuem, du mein Auge,
Freudenthränen!
Du, meine Harfe,
Preise den Herrn!

Umwunden, wieder von Palmen umwunden
Ist meine Harfe!
Ich singe dem Herrn!

Hier steh ich.
Rund um mich ist Alles Allmacht!
Ist Alles Wunder!

Mit tiefer Ehrfurcht,
Schau ich die Schöpfung an!
Denn Du!
Namenlosester, Du!
Erschufst sie!

Lüfte, die um mich wehn,
Und süsse Kühlung
Auf mein glühendes Angesicht giessen,
Euch, wunderbare Lüfte,
Sendet der Herr? Der Unendliche?

Aber itzt werden sie still; kaum athmen sie!
Die Morgensonne wird schwül!
Wolken strömen herauf!
Das ist sichtbar der Ewige,
Der kömmt!
Nun fliegen, und wirbeln, und rauschen die Winde!
Wie beugt sich der bebende Wald!
Wie hebt sich der Strom!
Sichtbar, wie du es Sterblichen seyn kannst,
Ja, das bist du sichtbar, Unendlicher!

Der Wald neigt sich!
Der Strom flieht!
Und ich falle nicht auf mein Angesicht?

Herr! Herr! Gott! barmherzig! und gnädig!
Du Naher!
Erbarme dich meiner!

Zürnest du, Herr, weil Nacht dein Gewand ist?
Diese Nacht ist Seegen der Erde!
Du zürnest nicht, Vater!
Sie kömmt, Erfrischung auszuschütten
Über den stärkenden Halm!
Über die herzerfreuende Traube!
Vater! Du zürnest nicht!

Alles ist stille vor dir, du Naher!
Ringsum ist Alles stille!
Auch das goldne Würmchen merkt auf!
Ist es vielleicht nicht seelenlos?
Ist es unsterblich?

Ach vermöcht ich dich, Herr, wie ich dürste, zu preisen!
Immer herrlicher offenbarst du dich!
Immer dunkler wird, Herr, die Nacht um dich!
Und voller von Seegen!

Seht ihr den Zeugen des Nahen, den zückenden Blitz?
Hört ihr den Donner Jehovah?
Hört ihr ihn?
Hört ihr ihn?
Den erschütternden Donner des Herrn?

Herr! Herr! Gott! barmherzig und gnädig!
Angebetet, gepriesen
Sey dein herrlicher Name!

Und die Gewitterwinde? Sie tragen den Donner!
Wie sie rauschen! Wie sie die Wälder durchrauschen!
Und nun schweigen sie! Majestätischer
Wandeln die Wolken herauf!

Seht ihr den neuen Zeugen des Nahen,
Seht ihr den fliegenden Blitz?
Hört ihr, hoch in den Wolken, den Donner des Herrn?
Er ruft Jehovah!
Jehovah!
Jehovah!
Und der gesplitterte Wald dampft!

Aber nicht unsre Hütte!
Unser Vater gebot
Seinem Verderber
130   Vor unsrer Hütte vorüberzugehn!

Ach schon rauschet, schon rauschet
Himmel und Erde vom gnädigen Regen!
Nun ist, wie dürstete sie! Die Erd erquickt,
Und der Himmel der Fülle des Seegens entladen!

135   Siehe, nun kömmt Jehovah nicht mehr im Wetter!
Im stillen, sanften Säuseln
Kömmt Jehovah!
Und unter ihm neigt sich der Bogen des Friedens.

1767   JOHANN KASPAR LAVATER*

                   Wilhelm Tell.

        Nein! vor dem aufgestekten Hut,
           Du Mörderangesicht!
5   Bükt sich kein Mann voll Heldenmuth,
           Bükt *Wilhelm Tell* sich nicht!

        Knirsch immer, du Tyrannenzahn!
           Wer frey ist, bleibet frey!
        Und wenn er nichts mehr haben kann,
10   Hat er noch Muth und Treu!

        Der Landvogt voll von Raache schnaubt
           Ihn an, „Schieß deinem Kind
        „Schnell einen Apfel weg vom Haupt;
           „Sonst würg ich dich geschwind!„

15   *Tell* hörts und seufzt – „Ach der Tyrann
           „Ich sterbe Sohn, für dich!
        „Doch Sohn! – ich schiesse – ja ich kann
           Erretten dich und mich!

        Drükt an die Brust ihn – welch ein Schmerz!
20   Und lispelt ihm: „Steh still!
        „Eh schlägt nicht mehr mein Vaterherz,
           „Eh ich dich trefen will!“‘

Und führt ihn sanft an einen Baum,
  Drükt ihm den Apfel auf
Und legt den angewiesnen Raum
  Zurük im schnellen Lauf,

Nimmt eilends Pfeil und Bogen – spannt
  Blikt scharf – fest steht der Knab
Und drükt mit unbewegter Hand.
  Es knällt – den Apfel ab!

Voll jugendlicher Munterkeit
  Sucht ihn der Knab; in Eil
Bringt er dem Vater voller Freud
  Am Apfel seinen Pfeil.

Hätt der ihm nur ein Haar gefehlt,
  Der zweyte träfe doch!
Wen? *Geßler*, dich! du lägst entseelt,
  Und *Tell* wär, frey vom Joch!

Der Vogt, von Raach, und Wuth entflammt
  Bindt schnell ihm Händ' und Füß'
Und schäumt und stampfet und verdammt
  Den *Tell* zur Finsterniß.

Gebunden bleibt der Held ein Held,
  In Ketten *Tell* noch *Tell*.
Gott, dem die Freyheit stets gefällt,
  Sieht ihn und hilft ihm schnell.

Er ruft dem Sturm! der Sturm braust her,
  Die Schiffer stehn erblaßt,
Sehn bebend keine Rettung mehr,
  Wenn *Tell* das Steur nicht faßt.

Des Helden losgebundner Arm:
  Arbeitet fort zum Strand:
Tell springt und steht von Freyheit warm
  (Das Schiff prellt weg) – am Land!

Die Wogen rauschen fürchterlich
  In des Tyrannen Ohr,
Tell sieht zu Gott auf, stärket sich
  Und läuft ihm schnell zuvor!

Er kömmt, auf seiner Stirne Zorn,
60   Verwirrung im Gehirn;
Tell sieht ihn hinter einem Dorn,
    Sieht Tod auf seiner Stirn'.

Da zielt er, drükte, – Heil dir! – los
    Der Pfeil zischt in die Brust,
65 Des Mörders schwarzes Blut zerfloß;
    Das sahe *Tell* mit Lust;

Die Freyheit seines Vaterlands
    Steht auf mit *Geßlers* Fall,
Und bald verbreitet sich ihr Glanz,
70   Bald strahlt sie überall.

1770   FRIEDRICH GOTTLIEB KLOPSTOCK

Lied von Klopstock.

Ich bin ein deutsches Mädchen!
Mein Aug ist blau, und sanft mein Blick.
5 Ich hab ein Herz
Das edel ist und stolz und gut.

Ich bin ein deutsches Mädchen!
Zorn blickt mein blaues Aug auf den;
Es haßt mein Herz
10 Den, der sein Vaterland verkennt.

Ich bin ein deutsches Mädchen!
Mein hohes Auge blickt auch Spott,
Blickt Spott auf den,
Der Säumens macht bey dieser Wahl.

15 Ich bin ein deutsches Mädchen!
Erköre mir kein ander Land
Zum Vaterland,
Wär mir auch frey die große Wahl.

Du bist kein deutscher Jüngling!
20 Bist dieses lauen Säumens werth,
Des Vaterlands
Nicht werth, wenn du's nicht liebst, wie ich.

Ich bin ein deutsches Mädchen!
Mein gutes, edles, stolzes Herz
25 Schlägt laut empor
Beym süssen Namen Vaterland.

1771   MATTHIAS CLAUDIUS*

                    Auch ein Lied.

Ich bin ein deutscher Jüngling!
Mein Haar ist kraus, breit meine Brust;
5 Mein Vater war
Ein edler Mann, ich bin es auch.

Wenn mein Aug' Unrecht siehet,
Sträubt sich mein krauses Haar empor,
Und meine Hand
10 Schwellt auf und zuckt, und greift ans Schwerdt.

Ich bin ein deutscher Jüngling!
Beym süssen Nahmen Vaterland
Schlägt mir das Herz,
Und mein Gesicht wird feuerroth. –

15 Ich weiß ein deutsches Mädchen!
Ihr Aug ist blau, und sanft ihr Blick,
Und gut ihr Herz,
Und blau, o Hertha, blau ihr Aug'!

Wer nicht stammt vom Thuiskon,
20 Der blicke nach dem Mädchen nicht!
Er blicke nicht,
Wenn er nicht vom Thuiskon stammt!

Denn ihres blauen Auges
Soll sich ein edler Jüngling freun!
25 Sie soll geliebt,
Soll eines edlen Jünglings seyn!

Ich bin ein deutscher Jüngling!
Und schaue kalt und kühn umher,
Ob einer sey,
30 Der nach dem Mädchen blicken will.

FRIEDRICH GOTTLIEB KLOPSTOCK*

Die Sommernacht.

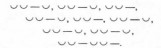

5

Wenn der Schimmer von dem Monde nun herab
In die Wälder sich ergießt, und Gerüche
Mit den Düften von der Linde
10   In den Kühlungen wehn;

So umschatten mich Gedanken an das Grab
Der Geliebten, und ich seh in dem Walde
Nur es dämmern, und es weht mir
Von der Blüthe nicht her.

15   Ich genoß einst, o ihr Todten, es mit euch!
Wie umwehten uns der Duft und die Kühlung,
Wie verschön warst von dem Monde,
Du o schöne Natur!

1773   LUDWIG CHRISTOPH HEINRICH HÖLTY

An die Phantasie.

Rosenwangichte Phantasie,
Die du Bilder ins Herz deiner Vertrauten malst,
5   Die Vergangenheit aus dem Schooß
Ihrer Mitternacht rufst, hinter den Schleyer blickst,
Der das Auge der Zukunft deckt,
Dich gen Himmel erhebst, unter Verklärten wallst,
In die Harfen der Engel singst,
10   Und den blendenden Thron Gottes von ferne schaust;
Leih mir immer den Schwanenarm!
Reiß mich, flügelgeschwind, über die Wolkenbahn,
In den goldenen Sternensaal!
Oder wandle mit mir, holde Begleiterinn,
15   In die Tage des Flügelkleids,
Die, im scherzenden Tanz, über mein Haupt entflohn,

In die Tage der ersten Glut! – –
Rollt mein Leben zurück? Zauberinn Phantasie,
  Wohin zauberst du meinen Tritt? –
20 Gaukelnd hüpf' ich dahin, hasche den Schmetterling,
  Der am Busen der Rose trinkt,
Baue Hütten mir auf, flügle den bunten Ball
  Durch die Bläue der Sommerluft! – –
Welche Göttergestalt! Unschuld, die Minnerinn
25 Dieser friedlichen Schäferflur,
Führt ein Mädchen am Arm. Heller und röther blühn
  Alle Wangen des Blumenvolks,
Das den schmeichelnden Kuß ihres Gewandes fühlt.
  Itzt, itzt schlüpft sie dahin, und mir
30 Lacht ihr Seelenblick! mir! – – Seh' ich die Laube dort,
  Wo mein Busen, an Agathons
Busen, fröhliger schlug, wo wir den Abendstern
  Oft den Himmel besteigen sahn?
Reizend bist du mir stets, schattendes Rebendach,
35 Wo dein Wonnegespräch, o Freund,
Dein geselliger Scherz Flügel des Augenblicks
  Mancher seligen Stunde gab! – –
Flieh das blumichte Grab, flüchtige Führerinn,
  Wo die göttliche Lilla schläft!
40 Flieh, sonst bricht mir das Herz! – Schwinge dich wolkenan,
  Und bewalle mit mir den Stern,
Wo, im Morgengewölk, röthlich und licht, ihr Geist
  An melodischen Quellen irrt,
Und den Strom des Gesangs, welcher den goldenen
45 Engelharfen entrauschet, trinkt! – –
Wonne! Wonne! Die Welt taumelt zurück! Ich bin
  Am Gestade des lichten Sterns!
Lilla hüpfet heran, leitet mich an der Hand
  Unter Chöre der Seligen.
50 Engel stehen umher, werfen mir Kronen zu,
  Winden Palmen mir um den Schlaf – –
Weil auf diesem Gestirn immer, o Phantasie!

Johann Gottfried Herder*

U. L. F. Litteratura.

Das Reich der Wissenschaft ist Florens großem Reich
Voll Gras und Kraut und Blumen gleich.
Die kommen da die bunten Auen
Nur höflichst anzuschauen!
Der reißt die Faust voll Kraut und Gras
Und hat nun – was?
Der dürret preßet sehr genau
Sich – dürres Heu und Thau!
Der vierte gar poßierlich ist
Sogar das Gras er frißt!
Der tändelt und der spielet gern
Mit Farben und Gerüchen
Für Damen und für Herrn
Holt sich Bouquette nah und fern
Bis Blümlein all verblichen.
Der kränzt sich, Eia! selbst sein Haar
Der gräbt sich ein in Blumen gar
Und modert in Gerüchen!
Viel sind, sehr viel der Herren zwar –
– – – – – – – – – – – – –
Doch dort kommt eine andre Schaar
Schwirrt frölich hin zur Blumenau
Die Morgenröthe lacht!
Die holden Bräute stehn im Thau
Und duften süsse Pracht!
Die Bienlein laben sich im Thau
Verschmähen nichts auf weiter Au,
Zerstören nichts, gehn gar genau,
Sie rauben sanft, der süsse Raub
Wird Honig und war Blumenstaub,
Sie schwirren fort – die Sonn' erwacht!
Sieh wie die Aue lacht.

Ballade.

Ich träumte, wie zu Mitternacht
Mein Falscher mir erschien;
Fast schwür' ich, daß ich hell gewacht,
So hell erblickt' ich ihn.

Er zog den Treuring von der Hand,
Und, ach! zerbrach ihn mir;
Ein wasserhelles Perlenband
Warf er mir hin dafür.

Drauf ging ich wol an's Gartenbeet,
Zu schaun mein Myrtenreis,
Das ich zum Kränzchen pflanzen thät,
Und pflegen thät mit Fleiß.

Da riß entzwey mein Perlenband;
Und, eh' ich mich's versah,
Entrollten all' in Erd' und Sand,
Und keine war mehr da! –

Ich suchte wol mit Angst und Schweiß,
Fand keine mehr; da schien
Verwandelt mein geliebtes Reis
In dunklen Rosmarin. –

Erfüllt ist längst dieß Nachtgesicht,
Ach! längst erfüllt, genau!
Kein Traumbuch frag' ich weiter nicht,
Und keine weise Frau.

Nun brich, o Herz! der Ring ist hin!
Die Perlen sind geweint!
Statt Myrt' erwuchs dir Rosmarin! –
Der Traum hat Tod gemeynt! –

Brich, armes Herz! zur Todtenkron'
Erwuchs dir Rosmarin!
Verweint sind deine Perlen schon!
Der Ring, der Ring ist hin!

Deutschland.
An Friedrich Leopold Graf zu Stolberg.

Was flogst du, Stolz des Deutschen, zur Sternenhöh',
Und blickest lächelnd nieder auf alles Volk,
   Vom Aufgang bis zum Niedergange,
      Welchem du König' und Feldherrn sandtest?

Hörst du der Sklavenkette Gerassel nicht,
Die uns der Franke, (Fluch dir, o Mönch, der ihn
   Den Großen pries!) um unsern Nacken
      Warf, als, mit triefendem Stal der Herrschsucht,

Er, Gottes Sache lügend, ein frommes Volk
Samt seinen Priestern schlachtet', und Wittekind,
   Statt Wodans unsichtbarer Gottheit[a]
      Wurmigen Götzen Geruch zu streun zwang?

Nicht deutsches Herzens; Vater der Knechte dort,
Thuiskons Abart! kroch er zum stolzen Stul
   Des Pfaffen Roms, und schenkt', o Hermann,
      Deine Cherusker dem Bann des Wütrichs!

Nicht deutsches Herzens; Erbe des Julischen
Tyrannenthrones, gab er zur Armengift
   Den Freyheitssang altdeutscher Tugend,
      Welchem die Adler in Winfeld sanken!

Jetzt starb die Freyheit unter Despotenfuß;
Vernunft und Tugend floh vor dem Geyerblick
   Der feisten Mönch'; entmannte Harfen
      Fröhnten dem Wahn und dem goldnen Laster!

O weine, Stolberg! Weine! Sie rasselt noch
Des Franken Kette! Wenige mochte nur,
   Von Gott zum Heiland ausgerüstet,
      Luther dem schimpflichen Joch' entreissen!

Ruf nicht dem Britten, daß er in stralender
Urväter Heimath spähe der Tugend Sitz!
   Still traurt ein kleiner Rest des Samens,
      Welchen der Nachen des Angeln führte!

a) Tac. de Mor. Germ. 8.

Nach Wollust schnaubt der lodernde Jüngling jetzt;
Der Mann nach Gold; in lauer Gebüsche Nacht
Lustwandeln freche Mädchenchöre,
Schmachtend in Galliens weichsten Tönen.

40 O dichtet ihnen, Sänger Germania's,
Ein neues Buhllied! Singet den Horchenden
Des Rosenbetts geheime Zauber,
Oder die taumelnden Lustgelage!

Ein lautes Händeklatschen erwartet euch! –
45 Ihr wollt nicht? Weiht der Tugend das ernste Spiel? –
Ha! flieht, und sucht im fernen Norden
Eurem verbannten Gesange Hörer!

Vertilgt auf ewig seyst du, o Schauernacht,
Da ich Jehovahs Dienste die Harfe schwur!
50 Vertilgt, ihr Thränen, so ich einsam
An den unsterblichen Malen weinte!

Der, mit des Seraphs Stimme, Meßias, dich
Den Söhnen Teuts sang; siehe, den lohnt der Frost
Des ungeschlachten Volks, den lohnen
55 Hämische Winke des stummen Neides!

1775 FRIEDRICH LEOPOLD GRAF ZU STOLBERG

Mein Vaterland.
An Klopstock.

⏑—⏑—⏑, —⏑⏑—,
5 ⏑—⏑—⏑, —⏑⏑—,
—⏑⏑—⏑⏑—⏑,
—⏑—⏑⏑—⏑‿.

Das Herz gebeut mir! Siehe, schon schwebt,
Voll Vaterlandes, stolz mein Gesang!
10 Stürmender schwingen sich Adler
Nicht, und Schwäne nicht tönender!

An fernem Ufer rauschet sein Flug!
Deß staunt der Belt, und zürnet, und hebt
Donnernde, schäumende Wogen;
15 Denn ich singe mein Vaterland!

Ich achte nicht der scheltenden Flut,
Der tiefen nicht, der thürmenden nicht!
   Mitten im kreisenden Strudel
     Sänge Stolberg sein Vaterland!

₂₀ O Land der alten Treue! Voll Muths
Sind deine Männer, sanft und gerecht;
   Rosicht die Mädchen und sittsam;
     Blize Gottes die Jünglinge!

In deinen Hütten sichert die Zucht
₂₅ Den Bund der Ehe! Rein ist das Bett
   Zärtlicher Gatten, und fruchtbar
     Ihre keuschen Umarmungen!

Vom Segen Gottes triefet dein Thal,
Und Freude reift am Rebengebirg;
₃₀   Singenden Schnittern entgegen
     Rauscht die wankende Halmensaat.

Kolumbia, du weintest, gehüllt
Im Trauerschleyer, über den Fluch,
   Welchen der lachende Mörder
₃₅   Öden Fluren zum Erbe ließ.

Da sandte Deutschland Segen und Volk;
Der Schooß der Jammererde gebar,
   Staunte der schwellenden Ähren,
     Und der schaffenden Fremdlinge!

₄₀ Nach fernem Golde dürstete nie
Der Deutsche, Sklaven fesselt' er nie;
   Immer ein Schild des Verfolgten,
     Und des Drängenden Untergang!

Ich bin ein Deutscher! (Stürzet herab,
₄₅ Der Freude Thränen, daß ich es bin!)
   Fühlte die erbliche Tugend
     In den Jahren des Kindes schon!

Von dir entfernet, weih' ich mich dir
Mit jedem Wunsche, heiliges Land!
₅₀   Grüsse den südlichen Himmel
     Oft, und denke des Vaterlands!

Auch greifet oft mein nervichter Arm
Zur linken Hüfte; manches Phantom

Blutiger Schlachten umflattert
Dann die Seele des Sehnenden!

Ich höre schon der Reisigen Huf,
Und Kriegsdrommeten! sehe mich schon,
Liegend im blutigen Staube,
Rühmlich sterben für's Vaterland!

1775   JOHANN WOLFGANG GOETHE*

Mir schlug das Herz; geschwind zu Pferde,
Und fort, wild, wie ein Held zur Schlacht!
Der Abend wiegte schon die Erde,
Und an den Bergen hieng die Nacht;
Schon stund im Nebelkleid die Eiche,
Ein aufgethürmter Riese, da,
Wo Finsterniß aus dem Gesträuche
Mit hundert schwarzen Augen sah.

Der Mond von seinem Wolkenhügel,
Schien kläglich aus dem Duft hervor;
Die Winde schwangen leise Flügel,
Umsausten schauerlich mein Ohr;
Die Nacht schuf tausend Ungeheuer –
Doch tausendfacher war mein Muth;
Mein Geist war ein verzehrend Feuer,
Mein ganzes Herz zerfloß in Gluth.

Ich sah dich, und die milde Freude
Floß aus dem süßen Blick auf mich.
Ganz war mein Herz an deiner Seite,
Und ieder Athemzug für dich.
Ein rosenfarbes Frühlings Wetter
Lag auf dem lieblichen Gesicht,
Und Zärtlichkeit für mich, ihr Götter!
Ich hoft' es, ich verdient' es nicht.

Der Abschied, wie bedrängt, wie trübe!
Aus deinen Blicken sprach dein Herz.
In deinen Küßen, welche Liebe,
O welche Wonne, welcher Schmerz!
Du giengst, ich stund, und sah zur Erden,
Und sah dir nach mit naßem Blick;

Und doch, welch Glück! geliebt zu werden,
Und lieben, Götter, welch ein Glück!

1776   FRIEDRICH LEOPOLD GRAF ZU STOLBERG

Homer.
An Bodmer.

Heil dir Homer!
Freudiger, entflammter, weinender Dank
    Bebt auf der Lippe,
    Schimmert im Auge,
    Träufelt wie Thau
Hinab in deines Gesanges heiligen Strom!

    Ihn goß von Ida's geweihtem Gipfel
        Mutter Natur!
    Freute sich der strömenden Fluth,
        Die, voll Gottheit,
    Wie der Sonnenbesäte Gürtel der Nacht,
    Tönend mit himmlischen Harmonieen,
Wälzet ihre Wogen in das hallende Thal!
    Es freute sich die Natur,
    Rief ihre goldgelockte Töchter,
Wahrheit und Schönheit beugten sich über den Strom,
Und erkannten in jeder Welle staunend ihr Bild!

    Es liebte dich früh
    Die heilige Natur!
    Da deine Mutter im Thale dich gebahr,
    Wo Simois in den Skamander sich ergeust,
Und ermattet dich ließ fallen in der Blumen Thau,
    Blicktest du schon mit Dichtergefühl
        Der sinkenden Sonne,
    Die vom Thrazischen Schneegebürg
    Über purpurne Wallungen des Hellesponts
    Dich begrüßte, in ihr flammendes Gesicht!
    Und es strebten sie zu greifen
    Deine zarten Hände,
Vor ihrem Glanze röthlich, in die Luft empor!

    Da lächelte die Natur,
Weihte dich und säugte dich an ihrer Brust!

Bildete, wie sie bildete den Himmel,
  Wie sie bildete die Rose
Und den Thau, der vom Himmel in die Rose träuft,
Bildete sorgsam den Knaben und den Jüngling so!
40   Gab dir der Empfindung
        Flammenden Blick!
    Gab was nur ihren Schößlingen sie giebt,
        Thränen jegliches Gefühls!
    Die stürzende, welche glühende Wangen nezt,
45   Und die sanftre, die von zitternder Wimper
        Rinnt aufs erbleichte Gesicht!
        Gab deiner Seele
Einfalt der Tauben und des Adlers Kraft!
        Gleich deinem Liede
50 Sanft nun, wie Quellen in des Mondes Schein,
Donnernd und stark nun, wie der Katarakte Sturz!

1776   CHRISTIAN FRIEDRICH DANIEL SCHUBART*

        Das teutsche Mädchen.
    Ich bin ein teutsches Mädchen!
    Mein Aug ist blau, und sanft mein Blick,
5   Ich hab ein Herz,
    Das edel ist und stolz und gut.

        Das gnädige Fräulein.
    Ich bin ein gnädigs Fräulein!
    Mein Aug ist schwarz, und wild mein Blick.
10 Ich hab ein Herz
    Voll Zärtlichkeit und Sentiment.

        Das teutsche Mädchen.
    Ich bin ein teutsches Mädchen!
    Zorn blickt mein blaues Aug auf den,
15 Es haßt mein Herz
    Den, der sein Vaterland verkennt.

        Das gnädige Fräulein.
    Ich bin ein gnädigs Fräulein
    Zorn blickt mein schwarzes Aug auf den,
20 Den haßt mein Herz,
    Der Ahnenlos, der Pöbel ist.

Das teutsche Mädchen.
Ich bin ein teutsches Mädchen!
Erköre mir kein ander Land
Zum Vaterland;
Wär mir auch frey die große Wahl!

Das gnädige Fräulein.
Ich bin ein gnädigs Fräulein!
Erköre mir Franzosenland
Zum Vaterland;
Wär mir nun frey die große Wahl!

Das teutsche Mädchen.
Ich bin ein teutsches Mädchen!
Mein hohes Auge blickt auch Spott,
Blickt Spott auf den,
Der Säumens macht bey dieser Wahl!

Das gnädige Fräulein.
Ich bin ein gnädigs Fräulein!
Mein hohes Auge blickt auch Spott,
Blickt Spott auf den,
Der nicht Paris – Paris gesehn.

Das teutsche Mädchen.
Du bist kein teutscher Jüngling,
Bist diesen lauen Säumens werth,
Des Vaterlands
Nicht werth, wenn du's nicht liebst, wie ich.

Das gnädige Fräulein.
Ich bin ein gnädigs Fräulein,
Von gallischem Esprit genährt.
Zur Göttinn macht
Lyonerroth und Kopfputz mich.

Das teutsche Mädchen.
Du bist kein teutscher Jüngling!
Mein ganzes Herz verachtet dich,
Ders Vaterland
Verkennt, dich Fremdling und dich Thor!

Das gnädige Fräulein.
Du bist ein rauher Teutscher!
Bist meines Hohngelächters werth;
Des hohen Blicks
Nicht werth, der siegreich Sklaven macht.

Das teutsche Mädchen.
Ich bin ein teutsches Mädchen!
Mein gutes, edles, stolzes Herz
Schlägt laut empor
Beym süßen Namen: Vaterland!

Das gnädige Fräulein.
Ich bin ein gnädigs Fräulein!
Bald schlägt mein eitles, stolzes Herz
Auch laut empor
Beym süßen Namen: Gnädge Frau!

Das teutsche Mädgen.
So schlägt mirs einst beym Namen
Des Jünglings nur, der stolz wie ich
Aufs Vaterland,
Gut, edel ist, ein Teutscher ist!

Das gnädige Fräulein.
Mein Herze schlägt beym Namen
Des Jünglings nur, der hüpft, wie ich,
Und singt, wie ich,
Der teutsche Sitte schmäht, wie ich.

1777   Jakob Michael Reinhold Lenz

An das Herz.

Kleines Ding, um uns zu quälen,
Hier in diese Brust gelegt!
Ach wers vorsäh, was er trägt,
Würde wünschen, thätst ihm fehlen!

Deine Schläge, wie so selten
Mischt sich Lust in sie hinein!
Und wie Augenblicks vergelten
Sie ihm jede Lust mit Pein!

Ach! und weder Lust noch Qualen
Sind ihm schrecklicher, als das:
Kalt und fühllos! O ihr Stralen,
Schmelzt es lieber mir zu Glas!

Lieben, hassen, fürchten, zittern,
Hoffen, zagen bis ins Mark,
Kann das Leben zwar verbittern;
Aber ohne sie wärs Quark!

1777   LUDWIG CHRISTOPH HEINRICH HÖLTY

Das Landleben.

Flumina amem silvasque inglorius.

VIRG.

Wunderseliger Mann, welcher der Stadt entfloh!
Jedes Säuseln des Baums, jedes Geräusch des Bachs,
   Jeder blinkende Kiesel
     Predigt Tugend und Weisheit ihm!

Jedes Schattengesträuch ist ihm ein heiliger
Tempel, wo ihm sein Gott näher vorüberwallt;
   Jeder Rasen ein Altar,
     Wo er vor dem Erhabnen kniet.

Seine Nachtigall tönt Schlummer herab auf ihn,
Seine Nachtigall weckt flötend ihn wieder auf,
   Wann das liebliche Frühroth
     Durch die Bäum' auf sein Bette scheint.

Dann bewundert er dich, Gott, in der Morgenflur,
In der steigenden Pracht deiner Verkünderin,
   Deiner herrlichen Sonne,
     Dich im Wurm und im Knospenzweig;·

Ruht im wehenden Gras, wann sich die Kühl' ergießt,
Oder strömet den Quell über die Blumen aus;
   Trinkt den Athem der Blüthe,
     Trinkt die Milde der Abendluft.

Sein bestrohetes Dach, wo sich das Taubenvolk
Sonnt und spielet und hüpft, winket ihm süssre Rast,
   Als dem Städter der Goldsaal,
     Als der Polster der Städterin.

Und der spielende Trupp schwirret zu ihm herab,
Gurrt und säuselt ihn an, flattert ihm auf den Korb,

Picket Krumen und Erbsen,
Picket Körner ihm aus der Hand.

Einsam wandelt er oft, Sterbegedanken voll,
Durch die Gräber des Dorfs, sezet sich auf ein Grab,
Und beschauet die Kreuze
Und den wehenden Todtenkranz.

Wunderseliger Mann, welcher der Stadt entfloh!
Engel segneten ihn, als er geboren ward,
Streuten Blumen des Himmels
Auf die Wiege des Knaben aus!

1779   AUGUST GOTTLIEB MEISSNER

Unter Lessings Bildniß.

Er kam; – da dämmert' es in Deutschland!
Er sprach; – da ward es Licht.
O Muse, die du Deutschland liebst!
Laß, wenn er künftig schweigt,
Es nicht von neuem dämmern!
Nicht unsrer Dichtkunst Tag
Mit seinem Tag' entfliehn.

1779   GOTTLIEB VON LEON

Vaterlandslied.

Ich bin ein deutscher Biedermann,
Mit Mannheit stattlich angethan:
Mein Aug ist blau, mein Blick ist warm,
Und eisenstark mein Nervenarm.

Mein Sinn ist biedervest und klug,
Mein Herz fleugt hohen Adlerflug:
Für Freyheit, Gott und Vaterland
Blitzt dieser Stahl in meiner Hand.

Du bist ein deutsches Biederweib,
Schön, wohlgethan und schlank vom Leib:

79

Dein Aug ist blau, dein Blick ist warm,
Und voll und rund dein Schwanenarm.

15

Dein Sinn trägt schönen Edelmuth,
Die Keuschheit ist dein höchstes Gut,
Und ha! für deutsche Lieb' und Treu
Schlägt deine Brust so stolz und frey.

Komm, Jungfrau, du bist meine Lust!

20

Schleuß dich an diese Heldenbrust;
Ich bin der deutsche Mann für dich,
Du bist das deutsche Weib für mich.

Komm, schling um mich dein keusches Band!
Ha! dann sollst du, mein Vaterland,

25

Herzbrave Söhn' und Töchter sehn,
Gleich deinen Eichen, hoch und schön.

1779   JOHANN WOLFGANG GOETHE

Der Fischer.

[Melodie]

Das Wasser rauscht', das Wasser schwoll,

5

Ein Fischer saß daran;
Sah nach dem Angel ruhevoll,
Kühl bis an's Herz hinan;
Und wie er sitzt und wie er lauscht,
Theilt sich die Fluth empor:

10

Aus dem bewegten Wasser rauscht
Ein feuchtes Weib hervor.

Sie sang zu ihm und sprach zu ihm:
Was lockst du meine Brut
Mit Menschenwitz und Menschenlist

15

Hinauf in Todes Glut?
Ach, wüstest du, wie's Fischlein ist
So wohlig auf dem Grund,
Du kämst herunter wie du bist
Und würdest erst gesund.

20

Labt sich die liebe Sonne nicht
Der Mond sich nicht im Meer?

Kehrt wellenathmend ihr Gesicht
Nicht doppelt schöner her?
Lockt dich der tiefe Himmel nicht
25   Das feucht verklärte Blau?
Lockt nicht dein eigen Angesicht
Dich her in ewgen Thau?

Das Wasser rauscht', das Wasser schwoll,
Netzt ihm den nackten Fuß;
30   Sein Herz wuchs ihm so sehnensvoll
Wie bey der Liebsten Gruß.
Sie sprach zu ihm – sie sang zu ihm –
Da wars um ihn geschehn –
Halb zog sie ihn, halb sank er hin
35   Und ward nicht mehr gesehn.

1779   JOHANN WOLFGANG GOETHE*

Röschen auf der Heide.
Deutsch.

Es sah ein Knab ein Röslein stehn,
5   Röslein auf der Haiden:
Sah, es war so frisch und schön,
Und blieb stehn es anzusehn,
Und stand in süssen Freuden:
    Röslein, Röslein, Röslein roth,
10   Röslein auf der Haiden!

Der Knabe sprach: ich breche dich,
Röslein auf der Haiden!
Röslein sprach: ich steche dich,
Daß du ewig denkst an mich,
15   Daß ichs nicht will leiden.
    Röslein, Röslein, Röslein roth,
    Röslein auf der Haiden.

Doch der wilde Knabe brach
Das Röslein auf der Haiden;
20   Röslein wehrte sich und stach,
Aber er vergaß darnach

Beim Genuß das Leiden.
Röslein, Röslein, Röslein roth,
Röslein auf der Haiden.

FRIEDRICH SCHILLER*

1782   Hymne an den Unendlichen.

Zwischen Himmel und Erd, hoch in der Lüfte Meer,
In der Wiege des Sturms trägt mich ein Zakenfels,
5   Wolken thürmen
    Unter mir sich zu Stürmen,
Schwindelnd gaukelt der Blik umher
  Und ich denke dich, Ewiger.

Deinen schauernden Pomp borge dem Endlichen
10 Ungeheure Natur! Du der Unendlichkeit
    Riesentochter!
    Sei mir Spiegel Jehovahs!
Seinen Gott dem vernünftgen Wurm
  Orgle prächtig, Gewittersturm!

15 Horch! er orgelt – Den Fels wie er herunterdrönt!
Brüllend spricht der Orkan Zebaoths Namen aus.
    Hingeschrieben
    Mit dem Griffel des Blizes:
Kreaturen, erkennt ihr mich?
20 Schone, Herr! wir erkennen dich.

1784 CHRISTIAN FRIEDRICH DANIEL SCHUBART*

Der Bettelsoldat.

[Melodie]

Mit jammervollem Blike,
 Von tausend Sorgen schwer,
5 Hink' ich an meiner Krüke
 Die weite Welt umher.

Gott weiß, hab viel gelitten,
  Hab manchen harten Kampf
Im Preussenkrieg gestritten,
  Gehüllt in Pulverdampf.

Sah manchen Kameraden
  An meiner Seite tod
Und mußt' im Blute waten,
  Wann es mein Herr gebot.

Oft drohten mir Geschüze
  Den fürchterlichsten Tod;
Oft trank ich aus der Pfüze;
  Oft aß ich schimmlicht Brod.

Ich stand in Sturm und Regen,
  In grauser Mitternacht,
Bei Bliz und Donnerschlägen
  Oft einsam auf der Wacht.

Und nun nach so viel Schonung –
  Noch fern von meinem Grab,
Empfang' ich die Belohnung –
  Mit diesem Bettelstab.

Ihr Söhne, bei der Krüke,
  An der mein Leib sich beugt,
Bei diesem Thränenblike,
  Der sich zum Grabe neigt,

Beschwör' ich euch, ihr Söhne;
  O flieht der Trommel Thon
Und Kriegsdrommetentöne;
  Sonst kriegt ihr meinen Lohn.

1785   JOHANN GAUDENZ VON SALIS-SEEWIS

    Einladung auf das Land.

Sieh, der Wald ist schon so grün,
und die Bäume blühen:
Nachtigallen flöten wieder,
in dem Busche ihre Lieder!
Laß die Stadt uns fliehen!

Komm mit mir zum stillen Bach,
unter hohen Buchen!
Städter mögen in Palästen,
und bey lauten Taumelfesten,
eitle Freuden suchen.

Mehr als Oper und Concert,
sind mir Haingesänge.
Süßer ist's, Natur, dich sehen,
als bey Spiel und Assambleen,
leeres Hofgepränge!

Schöner in der Sommernacht,
durch die Fluren gehen;
sehen Mond und Sterne glänzen,
als im Kerzensaal, in Tänzen
taumelnd sich zu drehen.

Laß uns fliehn den Modetand,
und des Zwanges Bande!
In der Moos-bewachsnen Hütte,
ist noch biedre Einfalt Sitte;
Tugend keine Schande.

Unschuldsvoller Mädchen Kuß,
dort auf stillen Auen,
reizt das sehnende Verlangen,
mehr als übertünchte Wangen,
Hochgebohrner Frauen.

Veilchen will und Majoran,
ich zu Sträußen binden;
Mischen mich in ihre Reihen,
bey dem Klange der Schalmeyen,
Sonntags, bey den Linden.

An dem frohen Hochzeitschmauß,
schmücken bunte Bänder,
mich, wie jeden ihrer Gäste:
und am lauten Erntefeste
spiel' ich mit um Pfänder.

Bey euch, Kinder der Natur,
find' ich, was ich suche:
weil ich lebe, eine Hütte,
und zuletzt in eurer Mitte,
in dem Grabe, Ruhe.

Unsre Sprache.
Ode.

—∪∪—∪∪—∪—,
∪—∪∪—∪∪—∪—,
∪∪—, —∪∪—, —∪—,
∪∪—, —∪∪—, —∪∪—.

Ferner Gestade, die Woge schnell,
Dem Blicke gehellt bis zum Kiesel ist,
(Das Gehölz blinket er durch, oder wallt
In die Luft, hohes Gewölk duftend,) der Strom;

Wirbelchen drehn mit ihm fort. So strömt
Die Sprache, die, Hermann, dein Ursohn spricht.
O auch du gleichest dem Strom, Mann des Volks,
Da dir Roms steigender Damm lockert', und brach!

Tieferen Quellen entströmet sie.
Erst wenige Zeit, da der eine Quell
Noch in Sand floß, sich verlor. Säumend jezt,
Und mit Eil' hallte der jezt aus den Geklüft;

Aber er rann in den Kies. Nun kam
Der Glücklichen einer, und leitet' ihn
In den Strom. Schatten umher pflanzt man schon
An der Kluft; weilen da schon Wanderer gern,

Stehen und sinnen: „Versiegt vielleicht
Ein ähnlicher Quell in dem Sand' auch uns?
Und gebricht Leitung ihm nur?" Doch verweht
Wird ihr Wunsch; Doppelgekling bleibet ihr Lied.

Sage verbreitet, es schweb' umher
Wie Griechengestalten bei Nacht am Quell:
Und behorcht werde sein Fall, werd' es, wie
Der Erguß töne Verein; hadre mit ihm.

Hader ist tiefes Geheimniß, trifts
Zur Weise, wie Orpheus der Celt' es traf.
Dem Verein kommt nur der Wald: aber rauscht
Der Genoß in den Gesang; wandelt der Hain.

Herbstlied.

Bunt sind schon die Wälder,
Gelb die Stoppelfelder;
Und der Herbst beginnt!
Rothe Blätter fallen;
Graue Nebel wallen;
Kühler weht der Wind!

Wie die volle Traube,
Aus dem Rebenlaube,
Purpurfarbig strahlt!
Am Geländer reifen
Pfirsiche, mit Streifen,
Roth und weiß, bemalt!

Dort, im grünen Baume
Hängt die blaue Pflaume,
Am gebognen Ast.
Gelbe Birnen winken,
Daß die Zweige sinken
Unter ihrer Last.

Welch ein Apfelregen
Rauscht vom Baum! Es legen
In ihr Körbchen sie
Mädchen, leicht geschürzet,
Und ihr Röckchen kürzet
Sich bis an das Knie.

Winzer, füllt die Fässer!
Eimer, krumme Messer,
Butten sind bereit!
Lohn für Müh' und Plage
Sind die frohen Tage
In der Lesezeit!

Unsre Mädchen singen,
Und die Träger springen;
Alles ist so froh:
Bunte Bänder schweben,
Zwischen hohen Reben,
Auf dem Hut von Stroh.

Geige tönt und Flöte,
40   Bei der Abendröthe,
Und bei Mondenglanz:
Schöne Winzerinnen
Winken und beginnen
Deutschen Ringeltanz!

FRIEDRICH VON MATTHISSON

Elegie, am Genfersee geschrieben.
1788.

Ille terrarum mihi praeter omnes Angulus ridet.
Hor.

Einst wälzte, wo im Abendlichte dort,
Geneva, deine Zinnen sich erheben,
Der Rhodan seine Wogen traurend fort,
Von schauervoller Haine Nacht umgeben.

Da hörte deine Paradiesesflur,
Du stilles Thal, voll blühender Gehege,
Die großen Harmonien der Wildnis nur,
Orkan und Thiergeheul und Donnerschläge.

Kein Lustgesang der Traubenleserin,
Kein Erntejubel, keines Hirten Flöte,
Kein schmetternd Horn aus reicher Wälder Grün,
Begrüßte da den Stern der Abendröthe.

Die Öde schwieg; wenn auf verwachsnem Pfad,
Wo nur der Bär in Felsenklüften hauste,
Nicht etwa noch des Sees gewohntem Bad
Ein Uhr mit wilder Lust entgegenbrauste.

Als senkte sich sein zweifelhafter Schein
Auf eines Weltballs ausgebrannte Trümmer,
So goß der Mond auf diese Wüstenein,
Voll trüber Nebeldämmrung, seine Schimmer.

Da hieß aus dieses Chaos alter Nacht
Der Herr, so weit des Lemans Fluten wallten,

Voll sanfter Anmut, voll erhabner Pracht,
Sich zauberisch dies Paradies entfalten:

30 Dies stolzumthürmte Land, gleich Tempes Flur,
Mit jedem Reiz der Schöpfung übergossen,
Dies Wunderwerk der göttlichen Natur,
Von Schönheit, wie von Glanz die Sonn', umflossen.

Und wär' ich selbst mit Hallers Wissenschaft,
35 Von Grönlands Eis bis zu Tayti's Wogen,
Mit Gesners Blick, mit Ansons Heldenkraft,
Mit Claude Lorrains Kunst, die Erd' umflogen:

Doch weiht' ich ewig, im Erinnrungstraum,
Nur dir der Sehnsucht und des Dankes Thränen;
40 Doch würd' ich mich in jedem Schöpfungsraum,
O See! verbannt aus deinen Himmeln wähnen!

An diesem Hain, vom Felsenquell durchtanzt,
Ein Gärtchen nur vor einer kleinen Hütte,
Mit schlanken Pappeln malerisch umpflanzt,
45 Ist alles, was ich vom Geschick erbitte.

Hier würde mir die Weisheit Rosen streun,
Des Himmels Friede meinen Geist umfließen,
Und einst, o goldnes Bild, im Abendschein
Die Freundschaft mir die Augen weinend schließen.

50 Hell würde sich des reinsten Glückes Spur
Mir dann entwölken, fern vom Weltgetümmel;
Wo Liebe, Freundschaft, Weisheit und Natur
In frommer Eintracht wohnen, ist der Himmel!

1789   FRIEDRICH GOTTLIEB KLOPSTOCK

Les Etats Generaux.
(Im Dezemb. 1788.)

Der kühne Reichstag Galliens dämmert schon;
Der Morgenschauer dringet den Wartenden
5   Durch Mark und Bein: o komm, du neue,
        Labende, selbst nicht geträumte Sonne!

Gesegnet sei mir du, das mein Haupt bedeckt,
Mein graues Haar, die Kraft, die nach Sechzigen
   Fortdauert; denn sie war's, so weit hin
      Brachte sie mich, daß ich dies erlebte!

Verzeiht, o Franken! (Name der Brüder ist
Der edle Name) daß ich den Deutschen oft
   Zurufte, das zu fliehn, warum ich
      Ihnen jezt flehe, euch nachzuahmen.

Die gröste Handlung dieses Jahrhunderts sei,
So dacht' ich sonst, wie Herkules Friederich
   Die Keule führte, von Europas
      Herschern bekämpft, und den Herscherinnen.

So denk' ich jezt nicht: Gallien flicht und sezt
Sich einen Bürgerkranz auf, wie keiner war!
   Der glänzet heller, und verdient es,
      Schöner als Lorbeern, die Blut entschimmert.[a]

a) D. i. deren Schimmer Blut entstellt.

1789   JOHANN WOLFGANG GOETHE

                      Heidenröslein.

            Sah ein Knab' ein Röslein stehn,
            Röslein auf der Heiden,
            War so jung und morgenschön,
            Lief er schnell es nah zu sehn,
            Sah's mit vielen Freuden.
            Röslein, Röslein, Röslein roth,
            Röslein auf der Heiden.

            Knabe sprach: ich breche dich,
            Röslein auf der Heiden!
            Röslein sprach: ich steche dich,
            Daß du ewig denkst an mich,
            Und ich will's nicht leiden.
            Röslein, Röslein, Röslein roth,
            Röslein auf der Heiden.

Und der wilde Knabe brach
's Röslein auf der Heiden;
Röslein wehrte sich und stach,
Half ihr doch kein Weh und Ach,
20   Mußte es eben leiden.
Röslein, Röslein, Röslein roth,
Röslein auf der Heiden.

1789   Johann Wolfgang Goethe

Gesang der Geister über den Wassern.

Des Menschen Seele
Gleicht dem Wasser:
Vom Himmel kommt es,
5   Zum Himmel steigt es,
Und wieder nieder
Zur Erde muß es,
Ewig wechselnd.

10   Strömt von der hohen,
Steilen Felswand
Der reine Strahl,
Dann stäubt er lieblich
In Wolkenwellen
15   Zum glatten Fels,
Und leicht empfangen,
Wallt er verschleyernd,
Leisrauschend,
Zur Tiefe nieder.

20   Ragen Klippen
Dem Sturze entgegen,
Schäumt er unmuthig
Stufenweise
Zum Abgrund.

25   Im flachen Bette
Schleicht er das Wiesenthal hin,
Und in dem glatten See
Weiden ihr Antlitz
Alle Gestirne.

30 Wind ist der Welle
    Lieblicher Buhler;
    Wind mischt vom Grund aus
    Schäumende Wogen.

    Seele des Menschen,
35 Wie gleichst du dem Wasser!
    Schicksal des Menschen,
    Wie gleichst du dem Wind!

1790   JOHANN WILHELM LUDWIG GLEIM

            Auch Les Etats généraux.
            An Frankreichs Demokraten.

    Nicht mehr, als etwa nur zwölfhundert
5   Despoten wollt ihr? Ha! Mich wundert,
    Daß ihr, der Despotie so hold!
    Nicht mehr noch ihrer haben wollt?

    Zwölf hundert woll'n, anstatt des Einen,
    Das ist, ihr Herrn! ich sollt' es meinen
10 Gar viel nicht schlimmer, als das Woll'n,
    (Nehmt mir's nicht übel) eines Tolln!

    Den *Einen*, macht' er's euch zu toll,
    Den, dächt' ich, zwänge man noch wohl;
    Auch ist des *Einen* Wuth nicht erblich:
15 Zwölf *hundert* aber sind nicht sterblich!

    Der Weise, dächt' ich, sollt' ich meinen,
    Der hielt' es immer mit dem *Einen*!

Auch les Etats généraux.
An Hrn. Kanonikus Gleim.

Barde Germaniens, vormals des Großen Friederichs Sänger,
5 Als mit herkulischen Kämpfen Er, der Beschützer der Freiheit,
Fremdem Joche die Brennen entrissen, – ach, Du betrübst mich,
Nennest den tapfern Willen der tausend Fränkischen Edlen:
Wahnsinn! – O, Du vergissest, daß zahlreich der Griechen
                                                    Versammlung,
Zahlreich das heilige Chor der römischen Väter war, zahlreich,
10 Hohes Britannien, deine Senate sind! – Wenige Männer
Sind die Triumvirs. Einer von Zehnen, der Rechte, der Unschuld
Arger Verhöhner, ist Appius[a]). Wenig die Sechzehn, Lutetiens
Dunkle Despoten[b]). Einzig war Karl, der schwärzesten aller
Nächte Verbreiter[c]). Einzig auch Ludwig der Stolze, nicht Große,
15 Sterblich, (ja, sterblich, trotz der prahlenden Inschrift des
                                                    Schmeichlers[d])!
Doch, unaufhaltsam, die lange Geißel der Gallischen Völker,
Er, der eigne Kinder verfolgte, die Tempel zerstörte[e]).
Unvergeßlich, nach einem vollen Jahrhundert, den Deutschen,
Zünden, mit Fakkeln des Orkus, des Königs grausame Krieger
20 Wehrlose Hütten an, blühende Städte[f]) der friedlichen Nachbarn.
Einzig war Ludwig[g]), des sinkenden Zepters schläfriger Führer,
Er, der seines gedrükten Volkes tiefere Wunden
Wahrlich nicht heilte. – Glichen die Fürsten, glichen sie alle
Heinrich[h]), dem guten verzeihenden Vater verblendeter Kinder,
25 Glichen sie alle dem göttlichen Friedrich, dem Schutzgeist der
                                                    Brennen;
O, dann würde der Wille des Einen die Völker beglükken!

a) Der Decemvir Appius, der ungerechte Richter in der Sache Virgi-
niens.   b) Die Ligue des Seize im 16. Jahrhundert in Paris.   c) Karl IX.,
Urheber der Bartholomäusnacht 1572.   d) Des Marschalls de la Feuillade:
Viro immortali, unter der Bildsäule Ludwigs XIV.   e) Die Verfolgungen
der Reformirten.   f) Speier, Worms, Oppenheim u. s. w. welche im Jahre
1689 nicht etwa durch Belagerungen, sondern vorsetzlich, auf Befehl Ludwigs XIV., angezündet wurden.   g) Der XV.   h) Dem IV.

Emsig wallet der Pilger! Wird er den Heiligen finden?
Hören und sehen den Mann welcher die Wunder gethan?
Nein, es führte die Zeit ihn hinweg, du findest nur Reste,
5   Seinen Schädel, ein Paar seiner Gebeine verwahrt.
Wir sind alle Pilger die wir Italien suchen,
Nur ein zerstreutes Gebein ehren wir gläubig und froh.

Diese Gondel vergleich ich der Wiege, sie schaukelt gefällig
Und das Kästchen darauf scheint ein geräumlicher Sarg.
Recht so! Zwischen Sarg und Wiege wir schwanken und schweben
Auf dem großen Kanal sorglos durchs Leben dahin.

1791   KARL PHILIPP CONZ

Naturlaut.

Bebet meine Harfe von selber?
Rauschen deine stärkeren,
5   Wehen deine linderen Lispel darein,
O Allmutter Natur?
Unsichtbare, Sichtbare!
Überall Hörbare, überall Fühlbare!
Wo dein melodischer Laut mir tönt,
10   Wo deines himmlischen Lächelns Widerstrahl
Über der Fläche der Erde schwebt,
Wenn du dein Zaubergewand dem Frühling
Um die schwellenden Hüften wirfst,
Wann du in tausend Vögelkehlen
15   Deine schöne Seele hauchst,
Und von schwanken Ästen nieder
Der Accent der Liebe schwebt,
Und der aromatische Duft im Hain
Und der Balsamathem des Blüthenzweigs
20   Die unsichtbare Göttinn verräth,
Alle die Kinder deiner Liebe
Die Wesen alle dir zeugen,
Wann aus vergeudendem Füllhorn

Der braune Sommer,
25 Der falbere Herbst
Deinen Segen,
Deiner Fruchtbarkeit Fülle spendet,
Und still erhaben
Der feyrende Winter
30 (So ist die Ruhe des großen Mannes
Fruchtbarer Thaten Beginn)
Deine schlafende Ruhe verkündet,
Überall, du Allschöpferinn,
Wo du säuselst im West,
35 Wo du wandelst im Sturm,
Schmetterst im Donner,
Und in der wilden Woge zürnend brausest,
Überall verfolgt dich mein Aug'
Und ich sehe dich nicht, erkenne dich nicht, ahnde dich nur:
40 In deine stille Grotte,
Wo du sinnend sitzest,
Zu deiner Rechten tausende der Leben zu tausenden gereiht,
Immer schaffest, immer zerstörest,
Nie zernichtest,
45 Schwindelt hinab mein Blick,
Und die ergriffene Seele schwankt:
Denn deinen Schleyer hat
Kein Endlicher noch aufgedeckt;
Laß mich dich anbeten! Immer,
50 Mög' harmonisch mein Leben seyn, wie du!
Und wann ich mich vereine wieder mit dir,
Soll der edlere Hauch,
Den du mir einbliesest,
Ewig tönen zu deinem ewigen
55 Gleich großen gleich harmonischen Concert.

Straflied
beim schlechten Kriegsanfange der Gallier.

Wer nicht für Freiheit sterben kann,
5　　Der ist der Kette werth.
Ihn peitsche Pfaff' und Edelmann
Um seinen eignen Herd!

O Franzen, eure Rednerey
Ist mir ein Gräuel nun.
10　　Nicht prahlen, daß man tapfer sey,
Nein, tapfer muß man thun.

Zwar wissen wir, um Blut erkauft
Der Sieg sich immer nicht;
Doch daß ihr wie Gesindel lauft,
15　　Drob zürnt mein Strafgedicht.

Ha, glaubt ihr, daß man feigen Sinn
Durch Tigerthaten birgt?
Schmach euch, die ihr den Feldherrn hin,
Hin den Gefangnen würgt!

20　　Wie war mein freies Herz entbrannt,
Getäuscht durch Adelschein,
Selbst gegen Hermanns Vaterland
Tyrtäus euch zu seyn!

Nun wend' ich meines Liedes Pfeil,
25　　Von Unmuth rasch beschwingt;
Und rufe jedem Sieg und Heil,
Der Euch die Fessel bringt.

Wer nicht für Freiheit sterben kann,
Der ist der Kette werth.
30　　Ihn peitsche Pfaff' und Edelmann
Um seinen eignen Herd!

Der Wilde.

Ein Amerikaner, der Europens
Übertünchte Höflichkeit nicht kannte,
5 Und ein Herz, wie Gott es ihm gegeben,
Von Kultur noch frey im Busen trug,
Brachte einst, was seines Bogens Sehne
Fern in Qvebeks übereißten Wäldern
Auf der Jagd erbeutet, zum Verkaufe.
10 Als er ohne schlaue Rednerkünste
So wie man ihm bot die Felsenvögel
Um ein kleines hingegeben hatte,
Eilt er froh mit dem geringen Lohne
Heim zu seiner tiefverdeckten Horde
15 In die Arme seiner braunen Gattin.
Aber ferne noch von seiner Hütte
Überfiel ihn unter freiem Himmel
Schnell der schrecklichste der Regenstürme.
Aus dem langen raabenschwarzen Haare
20 Trof der Guß herab auf seinen Gürtel,
Und das grobe Haartuch seines Kleides
Klebte rund an seinem hagern Leibe.
Schaurig zitternd unter kaltem Regen
Eilt der gute brave wackre Wilde
25 In ein Haus, das er von fern erblickte.
Herr, ach laßt mich, bis der Sturm sich leget,
Bat er mit der herzlichsten Geberde
Den civilisirten Eigenthümer,
Hier in euerm Hause Obdach finden.
30 Willst du, mißgestaltes Ungeheuer,
Schrie ergrimmt der Pflanzer ihm entgegen,
Willst du Diebsgesicht mir aus dem Hause;
Und ergriff den schweren Stock im Winkel.
Traurig schritt der ehrliche Hurone
35 Fort von seiner unwirthbaren Schwelle,
Bis durch Sturm und Guß der späte Abend
Ihn in seine friedliche Behausung
Und zu seiner braunen Gattin brachte.
Naß und müde setzt er bey dem Feuer
40 Sich zu seinen nakten Kleinen nieder,
Und erzählte von den bunten Städtern

Und den Kriegern, die den Donner tragen,
Und dem harten Sinn des Europäers.
Und sie schlossen sich um seine Kniee,
45 Hiengen aufmerksam an seinem Nacken,
Trockneten die langen schwarzen Haare,
Und durchsuchten seine Waidmannstasche,
Bis sie die versprochnen Schätze fanden.
Kurze Zeit darauf war unser Pflanzer
50 Auf der Jagd im Walde irr' gegangen.
Über Stock und Stein durch Thal und Bäche
Stieg er schwer auf manchen jähen Felsen
Um sich umzusehen nach dem Pfade,
Der ihn tief in diese Wildniß brachte.
55 Doch sein Spähn und Rufen war vergebens;
Nichts vernahm er als das hohle Echo
Längs den hohen schwarzen Felsenwänden.
Ängstlich gieng er bis zur zwölften Stunde,
Wo er an dem Fuße eines Berges
60 Noch ein kleines schwaches Licht erblickte.
Furcht und Freude schlug in seinem Herzen;
Er ermannte sich, und nahte leise.
Wer ist draußen? brach mit Schreckentone
Eine Stimme aus der tiefen Höle,
65 Und ein Mann trat aus der kleinen Wohnung.
Freund, im Walde hab ich mich verirret;
Sprach der feine Europäer schmeichelnd,
Gönnet mir die Nacht hier zuzubringen,
Und zeigt morgen früh, ich werd euch danken,
70 Nach der Stadt mir die gewissen Wege.
Kommt herein, versetzt der Unbekannte,
Wärmt euch, noch ist Feuer in der Hütte!
Und er führt ihn auf das mooss'ge Lager,
Schreitet finster trotzig in den Winkel,
75 Hohlt den Rest von seinem Abendmahle,
Hummer, Lachs, und frischen Bärenschinken,
Um den späten Fremdling zu bewirthen.
Mit dem Hunger eines Waidmanns speiste
Festlich wie bey einem Klosterschmausse
80 Neben seinem Wirth der Europäer,
Fest und ernsthaft schaute der Hurone
Seinem Gaste spähend ins Gesichte,
Der mit tiefem Schnitt den Schinken trennte
Und mit Wollust trank vom Honigtranke,

85 Den in einer großen Muschelschaale
   Er ihm wirthlich bey dem Male reichte.
   Eine Bärenhaut auf weichem Moose
   War des Pflanzers gute Lagerstätte,
   Und er schlief bis in die hohe Sonne.
90 Wie der wilden Zone wildster Krieger
   Schrecklich stand mit Köcher, Pfeil und Bogen
   Der Hurone jetzt vor seinem Gaste,
   Und erweckte ihn; der Europäer
   Griff bestürzt nach seinem Jagdgewehre,
95 Und der Wilde gab ihm eine Schaale,
   Angefüllt mit süßem Morgentranke.
   Als er lächelnd seinen Gast gelabet,
   Bracht er ihn durch manche lange Windung
   Über Stock und Stein, durch Thal und Bäche
100 Durch den Dickicht auf die rechte Straße.
   Höflich dankte fein der Europäer;
   Finsterblickend blieb der Wilde stehen,
   Sahe starr dem Pflanzer ins Gesichte,
   Sprach: Herr, habt ihr mich noch nicht gesehen?
105 Wie vom Blitz getroffen stand der Jäger,
   Und erkannte in dem edlen Manne
   Jenen Mann, den er vor wenig Wochen
   In dem Sturmwind aus dem Hause jagte,
   Stammelte verwirrt Entschuldigungen.
110 Ruhig ernsthaft sagte der Hurone:
   Seht, ihr fremden, klugen, weisen, Leute,
   Seht, wir Wilden sind doch beßre Menschen;
   Und er schlug sich seitwärts ins Gebüsche.

JOHANN WOLFGANG GOETHE

Erste Elegie.

Saget Steine mir an, o! sprecht, ihr hohen Palläste.
   Straßen redet ein Wort! Genius regst du dich nicht?
5 Ja es ist alles beseelt in deinen heiligen Mauern
   Ewige Roma, nur mir schweiget noch alles so still.
   O! wer flüstert mir zu, an welchem Fenster erblick ich
   Einst das holde Geschöpf, das mich versengt und erquickt?
   Ahnd' ich die Wege noch nicht, durch die ich immer und immer,
10 Zu ihr und von ihr zu gehn, opfre die köstliche Zeit.

98

Noch betracht' ich Palläst und Kirchen, Ruinen und Säulen,
    Wie ein bedächtiger Mann sich auf der Reise beträgt.
Doch bald ist es vorbey, dann wird ein einziger Tempel,
    Amors Tempel nur seyn, der den Geweihten empfängt.
15 Eine Welt zwar bist du, o Rom, doch ohne die Liebe
    Wäre die Welt nicht die Welt, wäre denn Rom auch nicht Rom.

1795   FRIEDRICH SCHILLER

Die Dichter
der alten und neuen Welt.

Sagt, wo sind die Vortreflichen hin, wo find ich die Sänger,
5   Die mit dem lebenden Wort horchende Völker entzückt,
Die vom Himmel den Gott, zum Himmel den Menschen gesungen,
    Und getragen den Geist hoch auf den Flügeln des Lieds?
Ach, die Sänger leben noch jetzt, nur fehlen die Thaten
    Würdig der Leyer, es fehlt ach! ein empfangendes Ohr.
10 Glückliche Dichter der glücklichen Welt! Von Munde zu Munde
    Flog, von Geschlecht zu Geschlecht euer empfundenes Lied!
Jeder, als wär ihm ein Sohn gebohren, empfieng mit Entzücken,
    Was der Genius ihm, redend und bildend, erschuf.
An der Glut des Gesangs entbrannten des Hörers Gefühle,
15   An des Hörers Gefühl nährte der Sänger die Glut,
Nährte und reinigte sie! Der Glückliche dem in des Volkes
    Stimme der weisen Natur neues Orakel noch klang,
Dem noch von aussen das Wort der richtenden Wahrheit erschallte,
    Das der Neuere kaum – kaum noch im Busen vernimmt.
20 Weh ihm, wenn er von aussen es jetzt noch glaubt zu vernehmen,
    Und ein betrogenes Ohr leyht dem verführenden Ruf!
Aus der Welt um ihn her sprach zu dem Alten die Muse,
    Kaum noch erscheint sie dem Neu'n, wenn er die seine – vergißt.

Ich denke dein.

Ich denke dein, wenn sich im Blütenregen
   Der Frühling mahlt,
Und wenn des Sommers mildgereifter Segen
   In Ähren stralt.

Ich denke dein, wenn sich das Weltmeer tönend
   Gen Himmel hebt,
Und vor der Wogen Wut das Ufer stöhnend
   Zurücke bebt.

Ich denke dein, wann sich der Abend röthend
   Im Hain verliert,
Und Filomelens Klage leise flötend
   Die Seele rührt.

Beim trüben Lampenschein in bittren Leiden
   Gedacht ich dein;
Die bange Seele flehte nah am Scheiden:
   Gedenke mein!

Ich denke dein, bis wehende Cypressen
   Mein Grab umziehn;
Und auch in Tempe's Hain soll unvergessen
   Dein Name blühn.

Die Macht des Gesanges.

Ein Regenstrom aus Felsenrissen,
Er kommt mit Donners Ungestüm,
Bergtrümmer folgen seinen Güssen,
Und Eichen stürzen unter ihm.
Erstaunt mit wollustvollem Grausen
Hört ihn der Wanderer und lauscht,
Er hört die Flut vom Felsen brausen,
Doch weiß er nicht, woher sie rauscht;
So strömen des Gesanges Wellen
Hervor aus nie entdeckten Quellen.

Verbündet mit den furchtbarn Wesen,
Die still des Lebens Faden drehn,
Wer kann des Sängers Zauber lösen,
Wer seinen Tönen widerstehn?
Wie mit dem Stab des Götterboten
Beherrscht er das bewegte Herz,
Er taucht es in das Reich der Todten,
Er hebt es staunend himmelwärts,
Und wiegt es zwischen Ernst und Spiele
Auf schwanker Leiter der Gefühle.

Wie wenn auf einmal in die Kreise
Der Freude, mit Gigantenschritt,
Geheimnißvoll nach Geisterweise
Ein ungeheures Schicksal tritt.
Da beugt sich jede Erdengröße
Dem Fremdling aus der andern Welt,
Des Jubels nichtiges Getöse
Verstummt, und jede Larve fällt,
Und vor der Wahrheit mächt'gem Siege
Verschwindet jedes Werk der Lüge.

So raft von jeder eiteln Bürde,
Wenn des Gesanges Ruf erschallt,
Der Mensch sich auf zur Geisterwürde,
Und tritt in heilige Gewalt;
Den hohen Göttern ist er eigen,
Ihm darf nichts irrdisches sich nahn,
Und jede andre Macht muß schweigen,
Und kein Verhängniß fällt ihn an,
Es schwinden jedes Kummers Falten,
So lang des Liedes Zauber walten.

Und wie nach hofnungslosem Sehnen,
Nach langer Trennung bitterm Schmerz,
Ein Kind mit heißen Reuethränen
Sich stürzt an seiner Mutter Herz,
So führt zu seiner Jugend Hütten,
Zu seiner Unschuld reinem Glück,
Vom fernen Ausland fremder Sitten
Den Flüchtling der Gesang zurück,
In der Natur getreuen Armen
Von kalten Regeln zu erwarmen.

Nähe des Geliebten.

Ich denke dein, wenn mir der Sonne Schimmer
    Vom Meere strahlt.
Ich denke dein, wenn sich des Mondes Flimmer
    In Quellen mahlt.

Ich sehe dich, wenn auf dem fernen Wege
    Der Staub sich hebt,
In tiefer Nacht, wenn auf dem schmalen Stege
    Der Wandrer bebt.

Ich höre dich, wenn dort mit dumpfem Rauschen
    Die Welle steigt.
Im stillen Haine geh ich oft zu lauschen,
    Wenn alles schweigt.

Ich bin bei dir, du seyst auch noch so ferne,
    Du bist mir nah.
Die Sonne sinkt, bald leuchten nur die Sterne,
    O! wärst du da!

Das Mädchen
aus der Fremde.

In einem Thal bey armen Hirten
    Erschien mit jedem jungen Jahr,
Sobald die ersten Lerchen schwirrten,
    Ein Mädchen, schön und wunderbar.

Sie war nicht in dem Thal gebohren,
    Man wußte nicht, woher sie kam,
Und schnell war ihre Spur verloren,
    Sobald das Mädchen Abschied nahm.

Beseligend war ihre Nähe
    Und alle Herzen wurden weit,
Doch eine Würde, eine Höhe
    Entfernte die Vertraulichkeit.

Sie brachte Blumen mit und Früchte,
  Gereift auf einer andern Flur,
In einem andern Sonnenlichte,
  In einer glücklichern Natur.

20 Und theilte jedem eine Gabe,
  Dem Früchte, jenem Blumen aus,
Der Jüngling und der Greis am Stabe,
  Ein jeder gieng beschenkt nach Haus.

Willkommen waren alle Gäste,
25   Doch nahte sich ein liebend Paar,
Dem reichte sie der Gaben beste,
  Der Blumen allerschönste dar.

1797   FRIEDRICH SCHILLER

Der epische Hexameter.

Schwindelnd trägt er dich fort auf rastlos strömenden Wogen,
  Hinter dir siehst du, du siehst vor dir nur Himmel und Meer.

Das Distichon.

Im Hexameter steigt des Springquells silberne Säule,
  Im Pentameter drauf fällt sie melodisch herab.

Die achtzeilige Stanze.

Stanze, dich schuf die Liebe, die zärtlich schmachtende. Dreymal
  Fliehest du schaamhaft und kehrst dreymal verlangend zurück.

103

JOHANN WOLFGANG GOETHE*
und
FRIEDRICH SCHILLER*

Sprache.

5 Warum kann der lebendige Geist dem Geist nicht erscheinen!
Spricht die Seele so spricht ach! schon die *Seele* nicht mehr.

An den Dichter.

Laß die Sprache dir seyn, was der Körper den Liebenden; *er* nur
Ists, der die Wesen trennt und der die Wesen vereint.

Dilettant.

Weil ein Vers dir gelingt in einer gebildeten Sprache,
    Die für dich dichtet und denkt, glaubst du schon Dichter zu
                                                            seyn.

Die Kunstschwätzer.

Gutes in Künsten verlangt ihr? Seid ihr denn würdig des Guten,
Das nur der ewige Krieg gegen euch selber erzeugt?

Waldeinsamkeit
Die mich erfreut,
So morgen wie heut
In ewger Zeit,
O wie mich freut
Waldeinsamkeit.

[. . .]

Waldeinsamkeit
Wie liegst du weit!
O Dir gereut
Einst mit der Zeit.
Ach einzge Freud
Waldeinsamkeit!

[. . .]

Waldeinsamkeit
Mich wieder freut,
Mir geschieht kein Leid,
Hier wohnt kein Neid
Von neuem mich freut
Waldeinsamkeit.

1797   WILHELM HEINRICH WACKENRODER*

Erstes Bild.
Die heilige Jungfrau mit dem Christuskinde,
und der kleine Johannes.

Maria.
Warum bin ich doch so überselig,
Und zum allerhöchsten Glück erlesen,
Das die Erde jemals tragen mag?
Ich verzage bey dem großen Glücke,
Und ich weiß nicht Dank dafür zu sagen,
Nicht mit Thränen, nicht mit lauter Freude.
Nur mit Lächeln und mit tiefer Wehmuth

Kann ich auf dem Götterkinde ruhen,
Und mein Blick vermag es nicht, zum Himmel,
Und zum güt'gen Vater aufzusteigen.
Nimmer werden meine Augen müde,
Dieses Kind, das mir im Schooße spielet,
Anzusehn mit tiefer Herzensfreude.
Ach! und welche fremde, große Dinge,
Die das unschuldvolle Kind nicht ahndet,
Leuchten aus den klugen blauen Augen,
Und aus all' den kleinen Gaukeleyen!
Ach! ich weiß nicht was ich sagen soll!
Dünkt michs doch, ich sey nicht mehr auf dieser Erde,
Wenn ich in mir recht lebendig denke:
Ich, ich bin die Mutter dieses Kindes.

Das Jesuskind.
Hübsch und bunt ist die Welt um mich her!
Doch ist's mir nicht wie den andern Kindern,
Doch kann ich nicht recht spielen,
Nichts fest angreifen mit der Hand,
Nicht lautjauchzend frohlocken.
Was sich lebendig
Vor meinen Augen regt und bewegt,
Kommt mir vor, wie vorbeygehend Schattenbild
Und artiges Blendwerk.
Aber innerlich bin ich froh,
Und denke mir innerlich schönere Sachen,
Die ich nicht sagen kann.

Der kleine Johannes.
Ach! wie bet' ich es an, das Jesuskindlein!
Ach wie lieblich und voller Unschuld
Gaukelt es in der Mutter Schooß! –
Lieber Gott im Himmel, wie bet' ich heimlich zu Dir,
Und danke Dir,
Und preise Dich um Deine große Gnade,
Und flehe Deinen Segen herab auch für mich!

Herbstlied.

Feldeinwärts flog ein Vögelein
Und sang im muntern Sonnenschein
Mit süßen wunderbaren Ton:
Ade! ich fliege nun davon,
    Weit, weit,
    Reis' ich noch heut.

Ich horchte auf den Feldgesang,
Mir ward so wohl und doch so bang,
Mit frohem Schmerz, mit trüber Lust
Stieg wechselnd bald und sank die Brust,
    Herz, Herz,
    Brichst du vor Wonn' oder Schmerz?

Doch als ich Blätter fallen sah,
Da sagt' ich: ach! der Herbst ist da,
Der Sommergast, die Schwalbe zieht,
Vielleicht so Lieb' und Sehnsucht flieht
    Weit, weit,
    Rasch mit der Zeit.

Doch rückwärts kam der Sonnenschein.
Dicht zu mir drauf das Vögelein,
Es sah mein thränend Angesicht
Und sang: die Liebe wintert nicht,
    Nein! nein!
    Ist und bleibt Frühlingsschein!

1799   JOHANN CHRISTIAN FRIEDRICH HÖLDERLIN

An unsre Dichter.

Des Ganges Ufer hörten des Freudengotts
Triumph, als alleroberND vom Indus her
Der junge Bacchus kam, mit heilgem
    Weine vom Schlafe die Völker weckend.

O weckt, ihr Dichter! weckt sie vom Schlummer auch,
Die jetzt noch schlafen, gebt die Gesetze, gebt
Uns Leben, siegt, Heroen! ihr nur
Habt der Eroberung Recht, wie Bacchus.

1799   JOHANN CHRISTIAN FRIEDRICH HÖLDERLIN

An die Parzen.

Nur Einen Sommer gönnt, ihr Gewaltigen!
Und einen Herbst zu reifem Gesange mir,
    Daß williger mein Herz, vom süssen
        Spiele gesättiget, dann mir sterbe.

Die Seele, der im Leben ihr göttlich Recht
Nicht ward, sie ruht auch drunten im Orkus nicht;
    Doch ist mir einst das Heil'ge, das am
        Herzen mir liegt, das Gedicht gelungen;

Willkommen dann, o Stille der Schattenwelt!
Zufrieden bin ich, wenn auch mein Saitenspiel
    Mich nicht hinabgeleitet; Einmal
        Lebt' ich, wie Götter, und mehr bedarfs nicht.

1800   FRIEDRICH SCHILLER

Nänie

Auch das Schöne muß sterben! Das Menschen und Götter
                                bezwinget,
    Nicht die eherne Brust rührt es des stygischen Zeus.
Einmal nur erweichte die Liebe den Schattenbeherrscher,
    Und an der Schwelle noch, streng, rief er zurük sein Geschenk.
Nicht stillt Afrodite dem schönen Knaben die Wunde,
    Die in den zierlichen Leib grausam der Eber geritzt.
Nicht errettet den göttlichen Held die unsterbliche Mutter,
    Wann er, am skäischen Thor fallend, sein Schicksal erfüllt.
Aber sie steigt aus dem Meer mit allen Töchtern des Nereus,
    Und die Klage hebt an um den verherrlichten Sohn.
Siehe! Da weinen die Götter, es weinen die Göttinnen alle,

Daß das Schöne vergeht, daß das Vollkommene stirbt.
15 Auch ein Klaglied zu seyn im Mund der Geliebten ist herrlich,
Denn das Gemeine geht klanglos zum Orkus hinab.

1800   FRIEDRICH HÖLDERLIN

                    Sonnenuntergang.

        Wo bist du? trunken dämmert die Seele mir
        Von aller deiner Wonne; denn eben ist's,
5   Daß ich gelauscht, wie, goldner Töne
            Voll, der entzückende Sonnenjüngling

        Sein Abendlied auf himmlischer Leyer spielt';
        Es tönten rings die Wälder und Hügel nach.
            Doch fern ist er zu frommen Völkern,
10   Die ihn noch ehren, hinweggegangen.

1800   FRIEDRICH HÖLDERLIN

                    Der Zeitgeist.

        Zu lang schon waltest über dem Haupte mir
        Du in der dunkeln Wolke, du Gott der Zeit!
5   Zu wild, zu bang ist's ringsum, und es
            Trümmert und wankt ja, wohin ich blicke.

        Ach! wie ein Knabe, seh' ich zu Boden oft,
        Such' in der Höhle Rettung vor dir, und möcht'
            Ich Blöder, eine Stelle finden,
10   Alleserschütt'rer! wo du nicht wärest.

        Lass' endlich, Vater! offenen Aug's mich dir
        Begegnen! hast denn du nicht zuerst den Geist
            Mit deinem Strahl aus mir geweckt? mich
            Herrlich an's Leben gebracht, o Vater! –

15   Wohl keimt aus jungen Reben uns heil'ge Kraft;
        In milder Luft begegnet den Sterblichen,
            Und wenn sie still im Haine wandeln,
            Heiternd ein Gott; doch allmächt'ger weckst du

Die reine Seele Jünglingen auf, und lehrst
20 Die Alten weise Künste; der Schlimme nur
Wird schlimmer, daß er bälder ende,
Wenn du, Erschütterer! ihn ergreiffest.

1800   FRIEDRICH HÖLDERLIN

Abendphantasie.

Vor seiner Hütte ruhig im Schatten sizt
Der Pflüger, dem Genügsamen raucht sein Herd.
5   Gastfreundlich tönt dem Wanderer im
Friedlichen Dorfe die Abendglocke.

Wohl kehren izt die Schiffer zum Hafen auch,
In fernen Städten, fröhlich verrauscht des Markts
Geschäft'ger Lärm; in stiller Laube
10   Glänzt das gesellige Mahl den Freunden.

Wohin denn ich? Es leben die Sterblichen
Von Lohn u. Arbeit; wechselnd in Müh' u. Ruh'
Ist alles freudig; warum schläft denn
Nimmer nur mir in der Brust der Stachel?

15   Am Abendhimmel blühet ein Frühling auf;
Unzählig blühen die Rosen und ruhig scheint
Die goldne Welt; o dorthin nimmt mich
Purpurne Wolken! und möge droben

In Licht u. Luft zerrinnen mir Lieb' u. Leid! –
20   Doch, wie verscheucht von thöriger Bitte, flieht
Der Zauber; dunkel wirds und einsam
Unter dem Himmel, wie immer, bin ich –

Komm du nun, sanfter Schlummer! zu viel begehrt
Das Herz; doch endlich, Jugend! verglühst du ja,
25   Du ruhelose, träumerische!
Friedlich und heiter ist dann das Alter.

Heidelberg.

Lange lieb' ich dich schon, möchte dich, mir zur Lust,
  Mutter nennen, und dir schenken ein kunstlos Lied,
5   Du, der Vaterlandsstädte
      Ländlichschönste, so viel ich sah.

Wie der Vogel des Walds über die Gipfel fliegt,
  Schwingt sich über den Strom, wo er vorbei dir glänzt,
     Leicht und kräftig die Brücke,
10   Die von Wagen und Menschen tönt.

Wie von Göttern gesandt, fesselt' ein Zauber einst
  Auf die Brücke mich an, da ich vorüber ging,
     Und herein in die Berge
      Mir die reitzende Ferne schien,

15 Und der Jüngling, der Strom, fort in die Ebne zog,
  Traurigfroh, wie das Herz, wenn es, sich selbst zu schön,
     Liebend unterzugehen,
      In die Fluthen der Zeit sich wirft.

Quellen hattest du ihm, hattest dem Flüchtigen
20 Kühle Schatten geschenkt, und die Gestade sahn
     All' ihm nach, und es bebte
      Aus den Wellen ihr lieblich Bild.

Aber schwer in das Thal hing die gigantische,
  Schicksalskundige Burg nieder bis auf den Grund,
25   Von den Wettern zerrissen;
      Doch die ewige Sonne goß

Ihr verjüngendes Licht über das alternde
  Riesenbild, und umher grünte lebendiger
     Epheu; freundliche Wälder
30   Rauschten über die Burg herab.

Sträuche blühten herab, bis wo im heitern Thal,
  An den Hügel gelehnt, oder dem Ufer hold,
     Deine fröhlichen Gassen
      Unter duftenden Gärten ruhn.

Sprich aus der Ferne
Heimliche Welt,
Die sich so gerne
5   Zu mir gesellt.

Wenn das Abendroth niedergesunken,
Keine freudige Farbe mehr spricht,
Und die Kränze stillleuchtender Funken
Die Nacht um die schattigte Stirne flicht:

10   Wehet der Sterne
Heiliger Sinn
Leis' durch die Ferne
Bis zu mir hin.

Wenn des Mondes still lindernde Thränen
15   Lösen der Nächte verborgenes Weh;
Dann wehet Friede. In goldenen Kähnen
Schiffen die Geister im himmlischen See.

Glänzender Lieder
Klingender Lauf
20   Ringelt sich nieder,
Wallet hinauf.

Wenn der Mitternacht heiliges Grauen
Bang durch die dunklen Wälder hinschleicht,
Und die Büsche gar wundersam schauen,
25   Alles sich finster tiefsinnig bezeugt:
Wandelt im Dunkeln
Freundliches Spiel,
Still Lichter funkeln
Schimmerndes Ziel.

30   Alles ist freundlich wohlwollend verbunden,
Bietet sich tröstend und traurend die Hand,
Sind durch die Nächte die Lichter gewunden,
Alles ist ewig im Innern verwandt.

Sprich aus der Ferne
Heimliche Welt,
35   Die sich so gerne
Zu mir gesellt.

Zu Bacharach am Rheine
Wohnt eine Zauberin,
Sie war so schön und feine
Und riß viel Herzen hin.

Und brachte viel zu schanden
Der Männer rings umher,
Aus ihren Liebesbanden
War keine Rettung mehr.

Der Bischoff ließ sie laden
Vor geistliche Gewalt –
Und mußte sie begnaden,
So schön war ihr' Gestalt.

Er sprach zu ihr gerühret:
„Du arme Lore Lay!
„Wer hat dich denn verführet
„Zu böser Zauberei?

„Herr Bischoff laßt mich sterben,
„Ich bin des Lebens müd,
„Weil jeder muß verderben,
„Der meine Augen sieht.

„Die Augen sind zwei Flammen,
„Mein Arm ein Zauberstab –
„O legt mich in die Flammen!
„O brechet mir den Stab!

„Ich kann dich nicht verdammen,
„Bis du mir erst bekennt,
„Warum in diesen Flammen
„Mein eigen Herz schon brennt.

„Den Stab kann ich nicht brechen,
„Du schöne Lore Lay!
„Ich müßte dann zerbrechen
„Mein eigen Herz entzwei.

„Herr Bischoff mit mir Armen
„Treibt nicht so bösen Spott,
„Und bittet um Erbarmen,
„Für mich den lieben Gott.

„Ich darf nicht länger leben,
„Ich liebe keinen mehr –
40 „Den Tod sollt Ihr mir geben,
„Drum kam ich zu Euch her. –

„Mein Schatz hat mich betrogen,
„Hat sich von mir gewandt,
„Ist fort von hier gezogen,
45 „Fort in ein fremdes Land.

„Die Augen sanft und wilde,
„Die Wangen roth und weiß,
„Die Worte still und milde
„Das ist mein Zauberkreis.

50 „Ich selbst muß drinn verderben,
„Das Herz thut mir so weh,
„Vor Schmerzen möcht ich sterben,
„Wenn ich mein Bildniß seh.

„Drum laßt mein Recht mich finden,
55 „Mich sterben, wie ein Christ,
„Denn alles muß verschwinden,
„Weil er nicht bey mir ist.

Drei Ritter läßt er holen:
„Bringt sie ins Kloster hin,
60 „Geh Lore! – Gott befohlen
„Sey dein berückter Sinn.

„Du sollst ein Nönnchen werden,
„Ein Nönnchen schwarz und weiß,
„Bereite dich auf Erden
65 „Zu deines Todes Reis'.

Zum Kloster sie nun ritten,
Die Ritter alle drei,
Und traurig in der Mitten
Die schöne Lore Lay.

70 „O Ritter laßt mich gehen,
„Auf diesen Felsen groß,
„Ich will noch einmal sehen
„Nach meines Lieben Schloß.

„Ich will noch einmal sehen
„Wol in den tiefen Rhein,
„Und dann ins Kloster gehen
„Und Gottes Jungfrau seyn.

Der Felsen ist so jähe,
So steil ist seine Wand,
Doch klimmt sie in die Höhe,
Bis daß sie oben stand.

Es binden die drei Ritter,
Die Rosse unten an,
Und klettern immer weiter,
Zum Felsen auch hinan.

Die Jungfrau sprach: „da gehet
„Ein Schifflein auf dem Rhein,
„Der in dem Schifflein stehet,
„Der soll mein Liebster seyn.

„Mein Herz wird mir so munter,
„Er muß mein Liebster seyn! –
Da lehnt sie sich hinunter
Und stürzet in den Rhein.

Die Ritter mußten sterben,
Sie konnten nicht hinab,
Sie mußten all verderben,
Ohn Priester und ohn Grab.

Wer hat dies Lied gesungen?
Ein Schiffer auf dem Rhein,
Und immer hats geklungen
Von dem drei Ritterstein:[a]

> Lore Lay
> Lore Lay
> Lore Lay

Als wären es meiner drei.

a) Bei Bacharach steht dieser Felsen, Lore Lay genannt, alle vorbeifahrende
Schiffer rufen ihn an, und freuen sich des vielfachen Echo's.

An Tieck.

Ein Kind voll Wehmuth und voll Treue,
Verstoßen in ein fremdes Land,
Ließ gern das Glänzende und Neue,
Und blieb dem Alten zugewandt.

Nach langem Suchen, langem Warten,
Nach manchem mühevollen Gang,
Fand es in einem öden Garten
Auf einer längst verfallnen Bank

Ein altes Buch mit Gold verschlossen,
Und nie gehörte Worte drinn;
Und, wie des Frühlings zarte Sprossen,
So wuchs in ihm ein innrer Sinn.

Und wie es sitzt, und liest, und schauet
In den Krystall der neuen Welt,
An Gras und Sternen sich erbauet,
Und dankbar auf die Kniee fällt:

So hebt sich sacht aus Gras und Kräutern
Bedächtiglich ein alter Mann,
Im schlichten Rock, und kommt mit heiterm
Gesicht ans fromme Kind heran.

Bekannt doch heimlich sind die Züge,
So kindlich und so wunderbar;
Es spielt die Frühlingsluft der Wiege
Gar seltsam mit dem Silberhaar.

Das Kind faßt bebend seine Hände,
Es ist des Buches hoher Geist,
Der ihm der sauern Wallfahrt Ende
Und seines Vaters Wohnung weis't.

Du kniest auf meinem öden Grabe,
So öffnet sich der heilge Mund,
Du bist der Erbe meiner Habe,
Dir werde Gottes Tiefe kund.

Auf jenem Berg als armer Knabe
Hab' ich ein himmlisch Buch gesehn,

Und konnte nun durch diese Gabe
In alle Kreaturen sehn.

40 Es sind an mir durch Gottes Gnade
Der höchsten Wunder viel geschehn;
Des neuen Bunds geheime Lade
Sahn meine Augen offen stehn.

Ich habe treulich aufgeschrieben,
Was innre Lust mir offenbart,
45 Und bin verkannt und arm geblieben,
Bis ich zu Gott gerufen ward.

Die Zeit ist da, und nicht verborgen
Soll das Mysterium mehr seyn.
In diesem Buche bricht der Morgen
50 Gewaltig in die Zeit hinein.

Verkündiger der Morgenröthe,
Des Friedens Bote sollst du seyn.
Sanft wie die Luft in Harf' und Flöte
Hauch' ich dir meinen Athem ein.

55 Gott sey mit dir, geh hin und wasche
Die Augen dir mit Morgenthau.
Sey treu dem Buch und meiner Asche,
Und bade dich im ewgen Blau.

Du wirst das letzte Reich verkünden,
60 Was tausend Jahre soll bestehn;
Wirst überschwenglich Wesen finden,
Und Jakob Böhmen wiedersehn.

1802   LUDWIG TIECK

An Novalis.

I.

Wer in den Blumen, Wäldern, Bergesreihen,
Im klaren Fluß, der sich mit Bäumen schmücket,
5 Nur Endliches, Vergängliches erblicket,
Der traure tief im hellsten Glanz des Maien.

Nur der kann sich der heil'gen Schöne freuen,
Den Blume, Wald und Strom zur Tief' entrücket,
Wo unvergänglich ihn die Blüth' entzücket,
Dem ew'gen Glanze keine Schatten dräuen.

Noch schöner deutet nach dem hohen Ziele
Des Menschen Blick, erhabene Gebehrde,
Des Busens Ahnden, Sehnsucht nach dem Frieden.

Seit ich dich sah, vertraut' ich dem Gefühle,
Du müßtest von uns gehn und dieser Erde.
Du gingst: fahr wohl; wir sind ja nicht geschieden.

II.

Wann sich die Pflanz' entfaltet aus dem Keime,
Sind Frühlingslüfte liebliche Genossen,
Kommt goldner Sonnenschein herabgeflossen,
Sie grünt und wächst, empfindet süße Träume.

Bald regt sie sich, in Ängsten, daß sie säume,
Luft, Sonne, Wasser, die sie schön genossen,
Macht quellend Leben und den Kelch erschlossen;
Nun ist es Nacht, sie schaut die Sternenräume.

Da fühlt sie Liebe, und den stillen Lüften
Giebt sie, von tiefer Inbrunst angesogen,
Den Blumengeist und stirbt in süßen Düften.

So wurdest du zum Himmel hingezogen,
Sanft in Musik schiedst du in Freundesarmen,
Der Frühling wich, und Klagen ziemt uns Armen.

FRIEDRICH LEOPOLD FREIHERR VON HARDENBERG*

1802   Hymne.

Wenige wissen
Das Geheimniß der Liebe,
Fühlen Unersättlichkeit
Und ewigen Durst.
Des Abendmahls
Göttliche Bedeutung
Ist den irdischen Sinnen Räthsel;

Aber wer jemals
        Von heißen, geliebten Lippen
        Athem des Lebens sog,
        Wem heilige Gluth
        In zitternde Wellen das Herz schmolz,
Wem das Auge aufging,
        Daß er des Himmels
        Unergründliche Tiefe maß,
        Wird essen von seinem Leibe
        Und trinken von seinem Blute
Ewiglich.
        Wer hat des irdischen Leibes
        Hohen Sinn errathen?
        Wer kann sagen,
        Daß er das Blut versteht?
Einst ist alles Leib,
        Ein Leib,
        In himmlischem Blute
        Schwimmt das selige Paar. –
        O! daß das Weltmeer
Schon erröthete,
        Und in duftiges Fleisch
        Aufquölle der Fels!
        Nie endet das süße Mahl,
        Nie sättigt die Liebe sich.
Nicht innig, nicht eigen genug
        Kann sie haben den Geliebten.
        Von immer zärteren Lippen
        Verwandelt wird das Genossene
        Inniglicher und näher.
Heißere Wollust
        Durchbebt die Seele.
        Durstiger und hungriger
        Wird das Herz:
        Und so währet der Liebe Genuß
Von Ewigkeit zu Ewigkeit.
        Hätten die Nüchternen
        Einmal gekostet,
        Alles verließen sie,
        Und setzten sich zu uns
An den Tisch der Sehnsucht,
        Der nie leer wird.
        Sie erkennten der Liebe

Unendliche Fülle,
Und priesen die Nahrung
55   Von Leib und Blut.

1802   FRIEDRICH SCHILLER

                            An ***.

        Edler Freund! Wo öfnet sich dem Frieden,
            Wo der Freiheit sich ein Zufluchtsort?
5   Das Jahrhundert ist im Sturm geschieden,
            Und das neue öfnet sich mit Mord.

        Und die Grenzen aller Länder wanken,
            Und die alten Formen stürzen ein,
        Nicht das Weltmeer sezt der Kriegswut Schranken,
10   Nicht der Nilgott und der alte Rhein.

        Zwo gewalt'ge Nationen ringen
            Um der Welt alleinigen Besitz,
        Aller Länder Freiheit zu verschlingen
            Schwingen sie den Dreizack und den Blitz.

15   Gold muß ihnen jede Landschaft wägen,
            Und wie *Brennus* in der rohen Zeit
        Legt der Franke seinen ehrnen Degen
            In die Waage der Gerechtigkeit.

        Seine Handelsflotten streckt der Britte
20   Gierig wie Polypenarme aus,
        Und das Reich der freien Amphitrite
            Will er schliessen wie sein eignes Haus.

        Zu des Südpols nie erblickten Sternen
            Dringt sein rastlos ungehemmter Lauf,
25   Alle Inseln spürt er, alle fernen
            Küsten – nur das Paradies nicht auf.

        Ach umsonst auf allen Ländercharten
            Spähst du nach dem seligen Gebiet,
        Wo der Freiheit ewig grüner Garten,
30   Wo der Menschheit schöne Jugend blüht.

Endlos liegt die Welt vor deinen Blicken,
Und die Schiffahrt selbst ermißt sie kaum,
Doch auf ihrem unermeßnen Rücken
Ist für zehen Glückliche nicht Raum.

35 In des Herzens heilig stille Räume
Must du fliehen aus des Lebens Drang,
Freiheit ist nur in dem Reich der Träume,
Und das Schöne blüht nur im Gesang.

1803   AUGUST WILHELM SCHLEGEL
                        und
              SOPHIE BERNHARDI-TIECK*

                   Variationen.

5   Thema.
              Liebe denkt in süßen Tönen,
              Denn Gedanken stehn zu fern
              Nur in Tönen mag sie gern
              Alles, was sie will, verschönen.

                        I.
10 Blumen, ihr seyd stille Zeichen,
Die aus grünem Boden sprießen,
Düfte in die Lüfte gießen
So das Herz zur Lieb' erweichen.
Dennoch mögt ihr nicht erreichen
15 So das Herz, den Schmerz versöhnen,
Enden alles Leid und Stöhnen,
Daß ihr könntet als Gedanken
In den grünen Blättern schwanken:
Liebe denkt in süßen Tönen.

20 Wollt' ich meine Liebe sprechen,
Ach! als Boten meiner Klagen
Sollte meine Hand nicht wagen
Bunte Blumen abzubrechen.
Still lass' ich die Dornen stechen,
25 Wag' die süßen Schmerzen gern,
Denn mir scheint kein günst'ger Stern,
Drum will ich nicht Worte hauchen,
Mag auch nicht Gedanken brauchen,
Denn Gedanken stehn zu fern.

Blumen, Worte und Gedanken.
Manche Sehnsucht mögt ihr stillen,
Manchen holden Wunsch erfüllen,
Manches Herz mag wohl euch danken.
Träume, süß, wie mich umwanken,
Denen bleibt ihr ewig fern;
Sie regiert ein andrer Stern.
Selbst der Purpurglanz der Rosen
Ist zu matt der Liebe: kosen
Nur in Tönen mag sie gern.

Hätt' ich zarte Melodien
Sie als Boten wegzusenden,
Würde bald mein Leid sich enden,
Und mir alle Freude blühn.
Holde Liebe zu mir ziehn
Würd' ich dann mit süßen Tönen,
Meinen Bund auf ewig krönen:
Denn mit himmlischen Gesängen
Kann Musik in goldnen Klängen
Alles, was sie will, verschönen.

II.

Worte sind nur dumpfe Zeichen
Die Gemüther zu entziffern;
Und mit Zügen, Linien, Ziffern
Mag man Wissenschaft erreichen.
Doch aus den äther'schen Reichen
Läßt ein Bild des ew'gen Schönen
Nieder zu der Erde Söhnen
Nur in Licht und Ton sich schicken:
Liebe spricht in hellen Blicken,
Liebe denkt in süßen Tönen.

Liebe stammt vom Himmel oben,
Und so lehrte sie der Meister,
Welchen seine hohen Geister
In derselben Sprache loben,
Denn beseelt sind jene Globen.
Strahlend redet Stern mit Stern,
Und vernimmt den andern gern,
Wenn die Sphären rein erklingen.
Ihre Wonn' ist Schaun und Singen,
Denn Gedanken stehn zu fern.

Stumme Zungen taube Ohren,
Die des Wohllauts Zauber fliehn,
Wachen auf zu Harmonien,
Wenn sie Liebe neu gebohren.
Memnons Säule, von Auroren
Angeschienen leis und fern,
Haucht so aus dem starren Kern
Ihre Sehnsucht aus in Liedern,
Und der Mutter Gruß erwiedern
Nur in Tönen mag sie gern.

Musik ist die Kunst der Liebe,
In der tiefsten Seel' empfangen
Aus entflammenden Verlangen
Mit der Demuth heil'gem Triebe.
Daß die Liebe selbst sie liebe,
Zorn und Haß sich ihr versöhnen,
Mag sie nicht in raschen Tönen
Bloß um Lust und Jugendscherzen
Sie kann Trauer, Tod und Schmerzen,
Alles, was sie will, verschönen.

III.

Laß dich mit gelinden Schlägen
Rühren meine zarte Laute!
Da die Nacht hernieder thaute,
Müssen wir Gelispel pflegen.
Wie sich deine Töne regen,
Wie sie athmen, klagen stöhnen,
Wallt das Herz zu meiner Schönen,
Bringt ihr aus der Seele Tiefen
Alle Schmerzen, welche schliefen.
Liebe denkt in süßen Tönen.

Zu dem friedlichen Gemach,
Wo sie ruht in Blumendüften,
Laß noch in den kühlen Lüften
Tönen unser schmelzend Ach.
Halb entschlummert, halb noch wach
Angeblickt vom Abendstern
Liegt sie, und vernimmt wohl gern
In den leisen Harmonieen
Träume, Bilder, Phantasieen,
Denn Gedanken stehn zu fern.

Inn'ger, liebe Saiten, bebet!
Lockt hervor den Wiederhall!
Weckt das Lied der Nachtigall,
Und wetteifernd mit ihr strebet!
Doch wenn sie die Stimm' erhebet,
Dann erkennet euren Herrn,
Lauscht demüthig und von fern.
Horch! schon singt der holde Mund,
Denn verrathen unsern Bund
Nur in Tönen mag sie gern.

Nun noch einmal, gute Nacht!
Und an deinem Lager säume
Nur der zärtlichste der Träume
Bis der Morgen wieder lacht.
Dann geh' auf in stiller Pracht,
Wie der Tag den Erdensöhnen,
Meine Hofnungen zu krönen.
Kann doch deine Blüthenjugend,
Unschuld, Anmuth, reine Tugend,
Alles, was sie will, verschönen.

IV.

Hör' ich durch die dunkeln Bäume
Nicht, wie sie sich rauschend neigen,
Wünsch' aus treuem Busen steigen,
Die sich leise nahn, wie Träume?
Schwebt nicht durch die grünen Räume,
Was das Leben mag verschönen
Und mit aller Wonne krönen?
Fühl' ich nicht, wie die Gedanken
Holder Liebe mich umwanken?
Liebe denkt in süßen Tönen.

Flieht, o Töne, flieht zurücke,
Wie ihr euch in Wipfeln schaukelt,
Schmeichlerisch mein Herz umgaukelt,
So ertrag' ich nicht mein Glücke.
Trüget ihr doch meine Blicke
Wieder hin zu eurem Herrn,
Brauchtet euren Zauber gern,
Strömtet aus in süßen Klängen
Liebender Gefühle Drängen,
Denn Gedanken stehn zu fern.

150

Wie die Tön' in Lüften schweben,
Blumen zitternd, wankend Gras,
Ach, sie alle fühlen das,
Was mich zwingt vor Lust zu beben.
Worte, euer regstes Streben
155 Ist mir ohne Mark und Kern;
Bleibt, o bleibt mir jetzo fern!
Was uns kann in Wonne tauchen
Weiß die Lieb', und es verhauchen
Nur in Tönen mag sie gern.

160 Rührt die Zweige dann, ihr Winde!
Singet, bunte Vögelein!
Rauschet, klare Bäche, drein!
Daß ich also Bothen finde.
Denn verklungen, ach! geschwinde
165 Sind die Lieder, von den Tönen
Muß sich nun mein Ohr entwöhnen.
Darum spielt mit zartem Triebe,
Dient der Lieb', es kann die Liebe
Alles, was sie will, verschönen.

1803　　　　AUGUST WILHELM SCHLEGEL

Die Sylbenmaaße.

1. Der Hexameter.

Gleichwie sich dem, der die See durchschifft, auf offener Meerhöh
5 Rings Horizont ausdehnt, und der Ausblick nirgend umschränkt ist,
Daß der umwölbende Himmel die Schaar zahlloser Gestirne,
Bei still athmender Luft, abspiegelt in blaulicher Tiefe:
So auch trägt das Gemüth der Hexameter; ruhig umfassend
Nimmt er des Epos Olymp, das gewaltige Bild, in den Schooß auf
10 Rhythmischer Fluth, urväterlich so den Geschlechten der
　　　　　　　　　　　　　　　　　　　　Rhythmen,
Wie vom Okeanos quellend, dem weit hinströmenden Herrscher,
Alle Gewässer auf Erden entrieseln oder entbrausen.
Wie oft Seefahrt kaum vorrückt, mühvolleres Rudern
Fortarbeitet das Schiff, dann plötzlich der Wog' Abgründe
15 Sturm aufwühlt, und den Kiel in den Wallungen schaukelnd
　　　　　　　　　　　　　　　　　　　　dahinreißt.

So kann ernst bald ruhn, bald flüchtiger wieder enteilen,
Bald, o wie kühn in dem Schwung! der Hexameter, immer sich
                                                    selbst gleich,
Ob er zum Kampf des heroischen Lieds unermüdlich sich gürtet,
Oder, der Weisheit voll, Lehrsprüche den Hörenden einprägt,
20 Oder geselliger Hirten Idyllien lieblich umflüstert.

Heil dir, Pfleger Homers! ehrwürdiger Mund der Orakel!
Dein will ferner gedenken ich noch, und andern Gesanges.

2. Die Elegie.
Als der Hexameter einst in unendlichen Räumen des Epos
25   Ernst hinwandelnd, umsonst innigen Liebesverein
Suchte, da schuf aus eignem Geblüt ihm ein weibliches Abbild
    Pentametrea, und ward selber, Apoll, Paranymph
Ihres unsterblichen Bundes. Ihr sanft anschmiegend Umarmen
    Brachte dem Heldengemahl, spielender Genienschaar
30 Ähnlich, so manch anmuthiges Kind, elegeische Lieder.
    Er sah lächelnd darin sein Maeonidengeschlecht.
So, freiwillig beschränkt, nachläßigen Gangs, in der Rhythmen
    Wellenverschlingungen, voll lieblicher Disharmonie,
Welche, sich halb auflösend, von neuem das Ohr dann fesselnd,
35   Sinnigen Zwist ausgleicht, bildeten dich, Elegie,
Viel der Hellenischen Männer und mancher in Latium, jedes
    Liebebewegten Gemüths linde Bewältigerin.

3. Der Jambe.
Wie rasche Pfeile sandte mich Archilochos
40   Vermischt mit fremden Versen, doch im reinsten Maaß,
Im Rhythmenwechsel meldend seines Muthes Sturm.
Hoch trat und fest auf, dein Kothurngang, Aeschylos;
Großart'gen Nachdruck schafften Doppellängen mir,
Samt angeschwellten Wörterpomps Erhöhungen.
45   Fröhlicheren Festtanz lehrte drauf Aristophanes,
Labyrinthischeren: die verlarvte Schaar anführend ihm,
Hingaukl' ich zierlich in der beflügelten Füßchen Eil.

4. Der Choliambe oder Skazon.
Der Choliambe scheint ein Vers für Kunstrichter,
50   Die immerfort mit sprechen, ob's gleich schlecht fort will,
Und eins nur wissen sollten, daß sie nichts wissen:
Wo die Kritik hinkt, muß ja auch der Vers lahm seyn.
Wer sein Gemüth labt am Gesang der Nachteulen,

Und wenn die Nachtigall beginnt, das Ohr zustopft,
55   Dem sollte man's mit scharfer Dissonanz abhaun.

1803   CLEMENS BRENTANO

Fabiola.
Hör', es klagt die Flöte wieder,
Und die kühlen Brunnen rauschen.

5   Piast.
Golden weh'n die Töne nieder,
Stille, stille, laß uns lauschen!
(angemeßnes Solo der Flöte).

Fabiola.
10   Holdes Bitten, mild Verlangen,
Wie es süß zum Herzen spricht!

Piast.
Durch die Nacht, die mich umfangen,
Blickt zu mir der Töne Licht,

15   Ramiro.
(nähert sich und giebt Fabiola seinen Mantel.)
O Jungfrau, wirf ihm diesen Mantel um, denn es ist kühl [...]

1804   JOHANN WOLFGANG GOETHE

Nachtgesang.

O! gieb, vom weichen Pfühle,
Träumend, ein halb Gehör.
5   Bey meinem Saitenspiele,
Schlafe! was willst du mehr?

Bey meinem Saitenspiele
Seegnet der Sterne Heer
Die ewigen Gefühle;
10   Schlafe! was willst du mehr?

Die ewigen Gefühle
Heben mich, hoch und hehr,
Aus irdischem Gewühle;
Schlafe! was willst du mehr?

15
Vom irdischen Gewühle
Trennst du mich nur zu sehr,
Bannst mich in diese Kühle;
Schlafe! was willst du mehr?

20
Bannst mich in diese Kühle,
Giebst nur im Traum Gehör.
Ach! auf dem weichen Pfühle,
Schlafe! was willst du mehr?

1804   LUDWIG TIECK

Eine Stimme.
Mondbeglänzte Zaubernacht,
Die den Sinn gefangen hält,
5
Wundervolle Märchenwelt,
Steig' auf in der alten Pracht!

Florens.
Wenn die Blumen sich erschließen
Und die Frühlingslüfte ziehen,
10
Will die Welt sich selbst entfliehen
Und sich hin in Liebe gießen.

Marcebille.
Darum muß im Herzen fließen
Kühler Labung Strom, und sacht
15
Bringt ihn die Erfüllung: lacht
Uns die Holde freundlich milde,
Sehen wir in ihrem Bilde
Mondbeglänzte Zaubernacht.

Leo.
20
Eine Andacht, Eine Liebe
Ist dem Herzen und dem Leben
In der Demuth nur gegeben,
Weichend keinem andern Triebe.

Lealia.

Und daß diese in uns bliebe,
Ist die Treue hingestellt,
Sie bewacht die rege Welt
Aller wechselnden Gedanken,
Treue nur läßt uns nicht wanken,
Die den Sinn gefangen hält.

Octavianus.

Wer in Liebe sich berauschet,
Und sich selber will entfliehen,
Daß er Kälte mit dem Glühen,
Haß mit seiner Liebe tauschet,
Den ein böser Stern belauschet,
Bis er in die Sünde fällt.

Felicitas.

Wenn er liebend treu aushält,
Muß sich alles fügen, schicken,
Daß ihm dünkt Glück und Entzücken
Wundervolle Märchenwelt.

Roxane.

Was die Geister denken, sinnen,
Wonach Wünsche und Verlangen
Jemals nur die Flügel schwangen,
Können Schöners nichts gewinnen
Sie als Liebe, denn darinnen
Uns das Herz der Welten lacht.

Hornvilla.

Wenn die Güte fertig macht
Deiner Hörer, dich, Gedicht,
Dann, was dir auch sonst gebricht,
Steig' auf in der alten Pracht! –

Hälfte des Lebens.

Mit gelben Birnen hänget
Und voll mit wilden Rosen
Das Land in den See,
Ihr holden Schwäne,
Und trunken von Küssen
Tunkt ihr das Haupt
Ins heilignüchterne Wasser.

Weh mir, wo nehm' ich, wenn
Es Winter ist, die Blumen, und wo
Den Sonnenschein,
Und Schatten der Erde?
Die Mauern stehn
Sprachlos und kalt, im Winde
Klirren die Fahnen.

1806   Johann Wolfgang Goethe

Das Sonett.

Sich in erneutem Kunstgebrauch zu üben
    Ist heil'ge Pflicht, die wir dir auferlegen.
    Du kannst dich auch, wie wir, bestimmt bewegen
Nach Tritt und Schritt, wie es dir vorgeschrieben.

Denn eben die Beschränkung läßt sich lieben,
    Wenn sich die Geister gar gewaltig regen;
    Und wie sie sich denn auch gebärden mögen,
Das Werk zuletzt ist doch vollendet blieben.

So möcht' ich selbst in künstlichen Sonetten,
    In sprachgewandter Maßen kühnem Stolze,
    Das beste, was Gefühl mir gäbe, reimen;

Doch weiß ich hier mich nicht bequem zu betten,
    Ich schneide sonst so gern aus ganzem Holze,
    Und müßte nun doch auch mitunter leimen.

Die Heimat.

Froh kehrt der Schiffer heim an den stillen Strand
Von Inseln fernher, wenn er geerndtet hat;
So käm' auch ich zur Heimat, hätt' ich
Güter so viele, wie Leid, geerndtet.

Ihr theuern Ufer, die mich erzogen einst,
Stillt ihr der Liebe Leiden, versprecht ihr mir,
Ihr Wälder meiner Jugend! wenn ich
Komme, die Ruhe noch einmal wieder?

Am kühlen Bache, wo ich der Wellen Spiel,
Am Strome, wo ich gleiten die Schiffe sah,
Dort bin ich bald; euch, traute Berge!
Die mich behüteten einst, der Heimat

Verehrte sichre Gränzen, der Mutter Haus
Und jüngerer Geschwister Umarmungen
Begrüß' ich bald, und ihr umschließt mich,
Daß, wie in Banden, das Herz mir heile,

Ihr Treugebliebnen! Aber ich weiß, ich weiß,
Der Liebe Leid – dieß heilet so bald mir nicht,
Dieß singt kein Wiegensang, den tröstend
Sterbliche singen, mir aus dem Busen.

Denn sie, die uns das himmlische Feuer leihn,
Die Götter schenken heiliges Leid uns auch,
Drum bleibe dieß! Ein Sohn der Erde,
Schein' ich, zu lieben gemacht, zu dulden.

Der Bourbonide fiel durchs Beil,
Und ließ zu seines Nahmens Rache
Der Nation entweihte Sache
Den Kühnsten im Verbrechen feil:
Schnell rief die Wuth mit Hohngelache
Im Sturm entfernten Völkern Heil,

Und überzog sie wie ein Drache
Mit neuer Knechtschaft Geißelseil.
Man tönte hoch die hehren Nahmen
Von Freyheit und Gerechtigkeit;
Und alle, die zu nahe kamen,
Sahn in des Himmels schönem Saamen
Der Hölle Unkraut ausgestreut,
Und bebten vor der Folgezeit.
Man drohte rund umher den Thronen,
Als bräch' ihr Weltgericht herein;
Und baute Konstitutionen,
Und riß sie trümmernd wieder ein;
Und predigte mit Legionen
Des neuen Glückes Litaneyn,
Und dezimierte Nationen
Ins herrliche System hinein.
Man ließ das Volk laternisieren,
Guillotinieren, septembrieren,
Durch Teufen es iniziieren,
Zur Freyheit es zu sublimieren;
Und die Verstockten zu kasteyn
Mit kurzer Hand sie kayennieren:
Und es erschienen lange Reihn
Verfassungen, auf schlechte schlechte;
Und immer kam noch nicht die rechte,
Nun hohlet man den Papst mit seiner Zunft,
Den Erzhatschier der Unvernunft,
Den Korsen unbedingt und rein
Zum Avtokrator einzuweihn,
Und mit des Glaubens Nebelschein
Zum leidenden Gehorsam alle Frommen,
Die schaarenweis zur Benedeyung kommen,
Von Licht und Freyheit zu befreyn:
Das wird nun wohl die rechte seyn.

Die Zeit der Dichtung ist vorbey,
Die Wirklichkeit ist angekommen;
Und hat des Lebens schönen May
Unwiederbringlich weggenommen.
Dem Geiste Dank, der mit mir war,
Daß mich mein Traum nicht weit entfernte;
So leb' ich ruhig nun das Jahr,
Wo Vater Kato griechisch lernte.

Sonst hatt' ich noch den hohen Muth,
Trotz den Hyänen und den Wölfen,
Und wollt' in meines Eifers Glut
Die Erde mit verbessern helfen:
Jetzt seh ich die Verworfenheit,
Womit sich alle knechtisch schrauben,
Und lasse sie auf lange Zeit
Der Geißel und dem Aberglauben.

Wohl war es eine schöne Zeit,
Wo mich ein Götterfeuer wärmte,
Daß ich bis zur Vermessenheit
Für Schönes und für Gutes schwärmte.
Jetzt hat der Blick rund um mich her
Die heißern Flammen abgekühlet,
Daß meine Seele sich nunmehr
Nur stiller denkt und leiser fühlet.

Ich habe manche Mitternacht
Mit glühend zehrenden Gedanken
Der großen Rettung nachgedacht;
Nun hat mein Auge seine Schranken.
Man hat die himmlische Vernunft
Blasphemisch in den Koth getreten,
Und läßt der alten Gauklerzunft
Neu aufgelegten Unsinn beten.

Die schändlichste Pleonexie
Mit Kastengeist und Übermuthe
Zerstöret alle Harmonie,
Und tödtet schleichend alles Gute.
Und diese sind, spricht Cäsars Knecht,
Uns unaustilgbar eingegraben:
Da hat die Sklavenseele Recht;
Doch nur für sich und ihre Raben.

Die Pergamente streuen Staub
Anathematisch in die Augen;
Des Dolches Spitze trifft den Raub,
Und läßt dann die Harpyen saugen:
Die Frömmeley lügt für Gewinn;
Der Geldsack drückt nach allen Seiten;
Der Witzler quält den Menschensinn
Und preist die Schande seiner Zeiten.

Nichts gleicht des Einen Gaunerey,
Als nur die Dummheit eines andern;
Bey dieser darf er kühn und frey
In seinem Nebelnimbus wandern.
Der Bonze brummt, der Zwingherr braust;
Der arme Sünder kniet und beichtet,
Und folgt dem Rauchfaß und der Faust,
Und wird begnadigt und erleuchtet.

Man raubet dieses Lebens Lohn
Mit Molochsblick und blankem Eisen,
Und will mit Spottreligion
Nur in das andere verweisen;
So spricht man dem Verstande Hohn:
Doch sprächens tausend Priesterzungen
Mit ihrer Salbung schwerem Ton,
Es blieben Gotteslästerungen.

Verzeih mir, Freund, ich glaube gar,
Daß ich oft wieder jünger werde.
Der Rückfall kommt zuweilen zwar;
Doch heilt ein Blick auf unsre Erde.
Ich bin zufrieden, daß ich mich
Für mich auf meinem Standpunkt halte:
Ein jeder thue das für sich;
Im Ganzen bleibt es wohl das Alte.

Wer blickte mit Besonnenheit
Umher in unsrer Weltgeschichte,
Ganz ohne Furcht, daß nicht im Streit
Ein Dämon ihm den Muth vernichte?
Das Urtheil drängt sich mächtig ein,
Als wärs vom Schicksal zugeschworen:
Der Mensch vielleicht kann weise seyn;
Allein die Menschen bleiben Thoren.

KARL MÜCHLER

An die Deutschen.

Kennt ihr das Volk, das fest, wie seine Eichen,
Und feurig, wie sein Rebensaft,
Im blut'gen Kampf, kühn mit Heroenkraft,
Den Römer zwang, aus fremder Gau zu weichen?

Wie heißt der Held, der *Varus* Legionen,
Ein Vaterlands Erretter, schlug? –
Sein Name lebt in *Klopstocks* Odenflug,
Und ewig blühn des Siegers Lorbeerkronen!

Es ist das Volk, dem die Natur den Stempel
Des Biedersinns tief eingedrückt,
Das nie sich feig in fremdes Joch gebückt,
Hellschimmernd in der Weltgeschichte Tempel.

Es ist das Volk der Helden und der Weisen,
Das kein zweydeutig Gold bethört,
Der Treue Schwur bundbrüchig nie entehrt,
Doch unbiegsam, wie seiner Lanzen Eisen.

„Frey wie die Luft und keines Lasters Sclave!"
So pries es einst ein *Tacitus*;
Dir, stolzes Rom! ein strenger Genius,
Und dem verderbten Zeitgeist eine Strafe!

Es ist das Volk, das seiner Kräfte Meister,
Entsagend der Eroberung,
Sich frey erhob mit hohem Adlerschwung,
Und Sieg erfocht in dem Gebiet der Geister.

Es ist ein *Luther* unter ihm erstanden,
Der mit dem Schwerdt der Rede schlug;
Sein kühner Geist, entschleiernd Mönchsbetrug,
Riß Deutschland aus des Aberglaubens Banden.

Ein *Friedrich* ward aus *Herrmanns* Volk geboren,
Das Wunder jeder Folgezeit,
Vor seinem Ruhm sinkt in Vergessenheit,
Was Schmeicheley zum Götzen sich erkohren.

Ihr Söhne *Teuts*! erkennet eure Ahnen –
Die Erben der Unsterblichkeit –
In diesem Bild'! – Laßt die Vergangenheit!
Nicht fruchtlos euch zu gleichen Thaten mahnen!

FRIEDRICH SCHLEGEL

Spruch.

Geistlich wird umsonst genannt,
Wer nicht Geistes Licht erkannt;
Wissen ist des Glaubens Stern,
Andacht alles Wissens Kern.
Lehr' und lerne Wissenschaft,
Fehlt dir des Gefühles Kraft
Und des Herzens frommer Sinn,
Fällt es bald zum Staube hin;
Schöner doch wird nichts gesehn,
Als wenn die beisammen gehn,
Hoher Weisheit Sonnenlicht
Und der Kirche stille Pflicht.

FRIEDRICH HÖLDERLIN

Die Nacht.

Rings um ruhet die Stadt. Still wird die erleuchtete Gasse,
  Und mit Fackeln geschmückt rauschen die Wagen hinweg.
Satt gehn heim, von Freuden des Tags zu ruhen, die Menschen,
  Und den Gewinn und Verlust wäget ein sinniges Haupt
Wolzufrieden zu Haus; leer steht von Trauben und Blumen,
  Und von Werken der Hand ruht der geschäftige Markt.
Aber das Saitenspiel tönt fern aus Gärten; vielleicht, daß
  Dort ein Liebendes spielt, oder ein einsamer Mann
Ferner Freunde gedenkt und der Jugendzeit; und die Brunnen
  Immerquillend und frisch rauschen an duftendem Beet.
Still in dämmriger Luft ertönen geläutete Glocken,
  Und der Stunden gedenk rufet ein Wächter die Zahl.
Jezt auch kommet ein Wehn und regt die Gipfel des Hains auf,
  Sieh! und das Ebenbild unserer Erde, der Mond
Kommet geheim nun auch, die schwärmerische, die Nacht kommt,
  Voll mit Sternen, und wol wenig bekümmert um uns
Glänzt die Erstaunende dort, die Fremdlingin unter den Menschen
  Über Gebirganhöhn traurig und prächtig herauf.

Zwei Sonnette.
(1806.)

(Beide Sonnette verhalten sich zum Schauspiel: *die Weihe der Kraft*,
wie Zueignung und Epilog.)

1.
An mein Ideal.

Was Schönes in der Kunst und in dem Leben,
Es offenbaret sich den holden Frauen,
Entschleiert können sie die Sonne schauen,
Dieweil sie selbst in ew'ger Klarheit schweben.
    Doch – welcher Gott den Liebreiz hat gegeben,
Die schafft zum Eden um die Erdenauen,
Und ihre Blicke, wo sie niederthauen,
Wol können sie den Keim zur Frucht erheben –
    Durch heil'ge Schönheit will sich Gott verkünden,
Der in der Klarheit wohnt, und in der Güte,
Dem Volke, das den reinen Sinn verloren.
    LUISE! du, der hohen Frauen Blüte,
Du bist zur Weihe teutscher Kraft erkoren,
Im Schmerz ein Reich der Schönheit zu begründen!

2.
An die Teutschen.

Kraft, Freiheit, Glauben! – habt ihr es vernommen?
Sie sind nicht ausser euch, noch in den Dingen.
Das Herrliche, es kann euch noch gelingen,
Doch kann es euch nur aus euch selber kommen.
    Seht, eure Stüzen sind euch fortgeschwommen,
Vergebens mit dem Strom der Zeit zu ringen,
Das Schicksal nicht, nur euch könnt ihr bezwingen,
Das ist das Ziel des Starken und des Frommen.
    Ihr saht nur Theile stets und nur das Viele,
Gesammelt wart ihr nie zum Ganzen, Einen,
Drum ist gekommen, was ihr selbst verschuldet.
    Jezt rettet euch zum einzigen Asile,
Flieht zur Idee, entflieht dem leeren Meinen,
Das Rechte thut und das Gerechte duldet.

JOHANN HEINRICH VOSS

Klingsonate.

I.
Grave.

Mit
Prall-
Hall
Sprüht
Süd-
Tral-
Lal-
Lied.
Kling-
Klang
Singt;
Sing-
Sang
Klingt.

II.
Scherzando.

Aus Moor-
Gewimmel
Und Schimmel
Hervor
Dringt, Chor,
Dein Bimmel-
Getümmel
Ins Ohr.
O höre
Mein kleines
Sonett.
Auf Ehre!
Klingt deines
So nett?

III.
Maestoso.

Was singelt ihr und klingelt im Sonetto,
Als hätt' im Flug' euch grade von Toskana

Geführt zur heimatlichen Tramontana
Ein kindlich Englein, zart wie Amoretto?
    Auf, Klingler, hört von mir ein andres detto!
Klangvoll entsteigt mir ächtem Sohn von Mana
40 Geläut der pomphaft hallenden Kampana,
Das summend wallt zum Elfenminuetto!
    Mein Haupt, des Siegers! krönt mit Ros' und Lilie
Des Rhythmos und des Wohlklangs holde Charis,
Achtlos, o Kindlein, eures Larifari's!
45 Euch kühl' ein Kranz hellgrüner Petersilie!
Von schwülem Anhauch ward euch das Gemüt heiß,
Und fiebert, ach! in unheilbarem Südschweiß!

1809   LUDWIG ACHIM VON ARNIM

        Mir ist zu licht zum Schlafen,
        Der Tag bricht in die Nacht
        Die Seele ruht im Hafen
5   Ich bin so froh verwacht.

        Ich hauchte meine Seele
        Im ersten Kusse aus,
        Was ist's, daß ich mich quäle,
        Ob sie auch fand ein Haus.

10   Sie hat es wohl gefunden,
        Auf ihren Lippen schön,
        O welche sel'ge Stunden,
        Wie ist mir so geschehn.

        Was soll ich nun noch sehen,
15   Ach alles ist in ihr,
        Was fühlen, was erflehen,
        Es ward ja alles mir.

        Ich habe was zu sinnen,
        Ich hab', was mich beglückt,
20   In allen meinen Sinnen
        Bin ich von ihr entzückt.

Weise des Dichters.

Wie tief im Waldesdunkel Winde rauschen,
　Ihr Lied dazwischen Nachtigallen schlagen,
5　Der muntre Vogel singt in Frühlingstagen,
　Daß wir dem fernen Ruf bezaubert lauschen;

So seht ihr hier jedwede Weise tauschen,
　Betrachtung, linde Seufzer, tiefe Klagen,
　Der Scherze Lust, der Liebe kühnes Wagen,
10　Und was den Seher göttlich mag berauschen.

Anklänge aus der Sehnsucht alten Reichen
　Sind es, die bald sich spielend offenbaren,
　Uns ihr Geheimniß bald mit Ernst verkünden;

Sinnbilder, leise, des gefühlten Wahren,
15　Des nahen Frühlings stille Hoffnungszeichen,
　Die schon in helle Flammen sich entzünden.

Lied der Rache.

Auf! zur Rache auf! zur Rache!
Erwache, edles Volk, erwache!
5　Erhebe lautes Siegsgeschrei!
Laß in Thälern, laß auf Höhen
Der Freiheit stolze Fahnen wehen!
Die Schandeketten brich entzwei!

Denn der Satan ist gekommen,
10　Er hat sich Fleisch und Bein genommen,
Und will der Herr der Erde seyn:
Und die Weisheit tappt geblendet,
Und Muth und Ehre kriecht geschändet
Und will nicht in den Tod hinein;

15　Und die Wahrheit traurt verstummet,
Die brandgemahlte Lüge summet
Frech jede große Tugend an.

Henker, Sklaven, Peitschen, Beile –
Des Zornes heil'ge Donnerkeile
20 Nicht mehr die Zunge schwingen kann.

Drum zur Rache auf! zur Rache!
Erwache, edles Volk, erwache!
Und tilge weg des Teufels Spott!
Schlage! reiße! morde! rase!
25 Zur Flamme werde! brenne, blase
In jeden Busen ein den Gott,

Ein den Gott, dem Teufel zittern,
Wann wild in Schlachtenungewittern
Der Donner durch die Reihen fährt,
30 Wann die Freien fröhlich sterben,
Tyrannenschädel gleich den Scherben
Zerfliegen durch der Tapfern Schwerdt.

Auf! es gilt die höchsten Fehden,
Die tauben Stöcke mögten reden,
35 Der stumme Stein Posaune seyn,
Faule Berge sich bewegen –
Und ihr nur griffet nicht zum Degen?
Ihr wolltet faul zum Kampfe seyn?

Auf! die Stunde hat geschlagen –
40 Mit Gott dem Herrn wir wollen's wagen,
Frisch in den heil'gen Krieg hinein!
Laßt Trommelschall und Pfeifen gehen,
Die Fahnen hoch zum Himmel wehen!
Die Freiheit soll die Losung seyn.

1813   JUSTINUS KERNER

Alphorn.

Ein Alphorn hör' ich schallen,
Das mich von hinnen ruft;
5 Tönt es aus wald'gen Hallen?
Tönt es aus blauer Luft?
Tönt es von Bergeshöhe?
Aus blumenreichem Thal?

Wo ich nur steh' und gehe,
Hör' ich's in süßer Quaal.

Bei Spiel und frohen Reigen,
Einsam mit mir allein,
Tönt's, ohne je zu schweigen,
Tönt tief in's Herz hinein.
Noch nie hab' ich gefunden
Den Ort, woher es schallt,
Und nimmer wird gesunden
Dieß Herz, bis es verhallt.

1813   JOSEPH FREIHERR VON EICHENDORFF*

Lied.

In einem kühlen Grunde,
Da geht ein Mühlenrad,
Meine Liebste ist verschwunden,
Die dort gewohnet hat.

Sie hat mir Treu versprochen,
Gab mir ein'n Ring dabei,
Sie hat die Treu gebrochen,
Mein Ringlein sprang entzwei.

Ich möcht' als Spielmann reisen
Weit in die Welt hinaus,
Und singen meine Weisen
Und gehn von Haus zu Haus.

Ich möcht' als Reiter fliegen
Wohl in die blut'ge Schlacht,
Um stille Feuer liegen
Im Feld bei dunkler Nacht.

Hör' ich das Mühlrad gehen,
Ich weiß nicht, was ich will,
Ich möcht' am liebsten sterben,
Da wär's auf einmal still.

Germania an ihre Kinder

Die des Maynes Regionen,
Die der Elbe heitre Au'n,
5   Die der Donau Strand bewohnen,
Die das Oderthal bebau'n,
Aus des Rheines Traubensitzen,
Von dem duft'gen Mittelmeer,
Von der Alpen Riesensitzen,
10   Von der Ost- und Nordsee her!

Chor.
Horchet durch die Nacht ihr Brüder!
Welcher Donnerruf hernieder?
Wachst du auf Germania?
15   Ist der Tag der Rache da?

Deutsche! süßer Kinder Reigen,
Die mit Schmerz und Lust geküßt,
In den Schooß mir kletternd steigen,
Die mein Mutterarm umschließt,
20   Meines Busens Schutz und Schirmer,
Unbesiegtes Marsen Blut,
Enkel der Cohortenstürmer,
Römer Überwinder Brut!

Chor.
25   Zu den Waffen, zu den Waffen!
Was die Hände blindlings raffen,
Mit der Keule, mit dem Stab
Eilt ins Thal der Schlacht hinab!

Wenn auf grauen Alpenhöhen,
30   Von des Frühlings heißen Küßen,
Siedend auf die Glätscher gehen,
Ihrem Felsenbett entrissen,
Cataracte stürmen nieder,
Fels und Wald folgt ihrer Bahn,
35   Das Gebirg hallt donnernd wieder,
Fluren sind ein Ocean.

Chor.

So verlaßt, voran der Kaiser,
Eure Hütten, Eure Häuser,
40 Schäumt ein Uferloses Meer,
Über diese Franken her!

Der Gewerbsmann, der den Hügeln
Mit der Fracht entgegen zeucht,
Der Gelehrte, der auf Flügeln,
45 Der Gestirne Raum erreicht,
Schweißbedeckt das Volk der Schnitter,
Das die Fluren nieder mäht,
Und von seinem Fels der Ritter,
Der – sein Cherub – auf ihm steht.

50 ### Chor.

Wer, in nie gefühlten Wunden
Dieser Franken Hohn empfunden,
Brüder! jeder deutsche Mann
Schließe unserm Reih'n sich an.

55 Alle Triften, alle Städte,
Färbt mit ihren Knochen weiß,
Welchen Rab' und Fuchs verschmähte,
Gebet ihn den Fischen Preis!
Dämmt den Rhein mit ihren Leichen,
60 Laßt gestaucht durch ihr Gebein,
Schäumend um die Pfalz ihn weichen,
Und ihn dann die Gränze seyn.

Chor.

Eine Treibjagd, wie wenn Schützen
65 Auf der Spur dem Wolfe sitzen, –
Schlagt ihn todt! – das Weltgericht
Fragt euch um die Ursach nicht.

Nicht die Flur ist's die zertreten
Unter ihren Rossen sinkt,
70 Nicht der Mond, der in den Städten
Aus den öden Fenstern blinkt;
Nicht das Weib, das mit Gewimmer
Ihrem Todeskuß erliegt,
Und zum Lohn beim Morgenschimmer
75 Auf den Schutt der Vorstadt fliegt!

Chor.

Euern Schlachtraub laßt Euch schenken,
Wenige, die dessen denken
Höh'rem, als der Erde Gut
80   Schwillt die Sehne, flammt das Blut!

Rettung von dem Joch der Knechte,
Das aus Eisenerz geprägt,
Eines Höllensohnes Rechte
Über unsre Nacken legt;
85   Schutz den Tempeln, und Verehrung
Unsrer Fürsten heil'gem Blut;
Unterwerfung! und Verheerung,
Gift und Dolch der Afterbrut!

Chor.

90   Frei auf deutschem Boden walten,
Laßt uns nach dem Brauch der Alten!
Seines Segens selbst uns freun,
Oder – unser Grab ihn seyn!

1813   THEODOR KÖRNER

Das Lützowsche Freicorps.

Was glänzt dort vom Walde im Sonnenschein?
Hör's näher und näher brausen
5   Es zieht sich herunter in düstern Reih'n
Und gellende Hörner schmettern drein
Und erfüllen die Seele mit Grausen
Und wenn ihr die schwarzen Gesellen fragt –
Es ist *Lützow's* wilde verwegene Jagd!

10   Was streift dort rasch durch den finstern Wald?
Was jaget von Bergen zu Bergen?
Es legt sich in nächtlichen Hinterhalt
Das Hurrah! jauchzet, die Büchse knallt
Es stürzen die fränkischen Schergen!
15   Und wenn ihr die schwarzen Jäger fragt –
Es ist *Lützow's* wilde verwegene Jagd!

Wo die Reben glühn, dort brauset der Rhein
Der Wüthrich geborgen sich meinte,

Was nahet aber dort im Gewitterschein
Und stürzt sich mit kräftigem Arme hinein
Und springet ans Ufer der Feinde?
Und wenn ihr die schwarzen Schwimmer fragt –
Es ist *Lützow's* wilde verwegene Jagd!

Was tobet im Thale die laute Schlacht?
Was schlagen die Schwerdter zusammen?
Die schwarzen Kämpen, die schlagen die Schlacht
Und der Funke der Freiheit ist glühend erwacht
Und lodert in blutigen Flammen
Und wenn ihr die schwarzen Kämpen fragt –
Es ist *Lützow's* wilde verwegene Jagd!

Was scheidet dort röchelnd vom Sonnenlicht
Unter tausend Feinde gebettet?
Es zuckt der Tod auf dem Angesicht
Doch das muthige Herz erzittert nicht
Das Vaterland ist ja gerettet!
Und wenn ihr die schwarzen Gefall'nen fragt –
Es ist *Lützow's* wilde verwegene Jagd!

Die wilde Jagd, und die deutsche Jagd
Nach Henkersblut und Tyrannen!
Drum, die ihr uns liebt nicht geweint und geklagt
Das Land ist ja frei, und der Morgen tagt
Und wenn wir's auch sterbend gewannen.
Und von Enkeln zu Enkeln sei's nachgesagt:
Das war *Lützow's* wilde verwegene Jagd!!!

1814   FRIEDRICH RÜCKERT*

Der Mann ist wacker, der, sein Pfund benutzend,
    Zum Dienst des Vaterlands kehrt seine Kräfte:
    Nun denn, mein Geist, geh auch an dein Geschäfte,
    Den Arm mit den dir eignen Waffen putzend.
Wie kühne Krieger jetzt, mit Glutblick trutzend,
    In Reihn sich stellend, heben ihre Schäfte;
    So stell auch Krieger, zwar nur nachgeäffte,
    Geharnischter Sonette ein Paar Dutzend.
Auf denn, die ihr aus meines Busens Ader
    Aufquellt, wie Riesen aus des Stromes Bette,

146

Stellt euch in eure rauschenden Geschwader!
Schließt eure Glieder zu vereinter Kette,
Und ruft, mithadernd in den großen Hader,
Erst: Waffen! Waffen! und dann: Rette! Rette!

15

1815   JOSEPH FREIHERR VON EICHENDORFF

Ach, von dem weichen Pfühle
Was treibt dich irr' umher?
Bey meinem Saitenspiele
Schlafe, was willst du mehr?

5

Bey meinem Saitenspiele
Heben dich allzusehr
Die ewigen Gefühle;
Schlafe, was willst du mehr?

Die ewigen Gefühle,

10

Schnupfen und Husten schwer,
Zieh'n durch die nächt'ge Kühle;
Schlafe, was willst du mehr?

Zieh'n durch die nächt'ge Kühle
Mir den Verliebten her

15

Hoch auf schwindliche Pfühle;
Schlafe, was willst du mehr?

Hoch auf schwindlichem Pfühle
Zähle der Sterne Heer;
Und so dir das mißfiele:

20

Schlafe, was willst du mehr?

1815   JOSEPH FREIHERR VON EICHENDORFF

Laue Luft kommt blau geflossen,
Frühling, Frühling soll es seyn!
Waldwärts Hörnerklang geschossen,

5

Muth'ger Augen lichter Schein,
Und das Wirren bunt und bunter
Wird ein magisch wilder Fluß,
In die schöne Welt hinunter
Lockt dich dieses Stromes Gruß.

Und ich mag mich nicht bewahren!
Weit von Euch treibt mich der Wind,
Auf dem Strome will ich fahren,
Von dem Glanze selig blind!
Tausend Stimmen lockend schlagen,

Hoch Aurora flammend weht,
Fahre zu! ich mag nicht fragen,
Wo die Farth zu Ende geht!

JOSEPH FREIHERR VON EICHENDORFF

Es ist schon spät, es wird schon kalt,
Was reit'st Du einsam durch den Wald?
Der Wald ist lang, Du bist allein,

Du schöne Braut! ich führ' Dich heim!

„Groß ist der Männer Trug und List,
Vor Schmerz mein Herz gebrochen ist,
Wohl irrt das Waldhorn her und hin,
O flieh'! Du weißt nicht, wer ich bin."

So reich geschmückt ist Roß und Weib,
So wunderschön der junge Leib,
Jetzt kenn' ich Dich – Gott steh' mir bey!
Du bist die Hexe Lorelay.

„Du kennst mich wohl – von hohem Stein,
Schaut still mein Schloß tief in den Rhein.

Es ist schon spät, es wird schon kalt,
Kommst nimmermehr aus diesem Wald!"

JOSEPH FREIHERR VON EICHENDORFF

Dämm'rung will die Flügel spreiten,
Schaurig rühren sich die Bäume,
Wolken zieh'n wie schwere Träume –

Was will dieses Grau'n bedeuten?

Hast ein Reh Du, lieb vor andern,
Laß es nicht alleine grasen,

Jäger zieh'n im Wald' und blasen,
Stimmen hin und wieder wandern.

10 Hast Du einen Freund hienieden,
Trau' ihm nicht zu dieser Stunde,
Freundlich wohl mit Aug' und Munde,
Sinnt er Krieg im tück'schen Frieden.

Was heut müde gehet unter,
15 Hebt sich morgen neugebohren.
Manches bleibt in Nacht verlohren –
Hüte Dich, bleib' wach und munter!

1816   LUDWIG UHLAND*

Am 18. Oktober 1816.

Wenn heut' ein Geist herniederstiege,
Zugleich ein Sänger und ein Held,
5 Ein solcher, der im heil'gen Kriege
Gefallen auf dem Siegesfeld,
Der sänge wohl auf deutscher Erde
Ein scharfes Lied, wie Schwerdtesstreich,
Nicht so wie ich es künden werde,
10 Nein! himmelskräftig, Donnergleich:

„Man sprach einmal von Festgeläute,
Man sprach von einem Feuermeer,
Doch was das grosse Fest bedeute,
Weiß es denn jetzt noch irgend wer?
15 Wohl müssen Geister niedersteigen,
Von heil'gem Eifer aufgeregt,
Und ihre Wundenmale zeigen,
Daß ihr darein die Finger legt.

Ihr Fürsten! seyd zuerst befraget:
20 Vergeßt ihr jenen Tag der Schlacht,
An dem ihr auf den Knieen laget
Und huldigtet der höhern Macht?
Wenn eure Schmach die Völker lösten,
Wenn ihre Treue sie erprobt,
25 So ist's an euch, nicht zu vertrösten,
Zu *leisten* jetzt, was ihr gelobt.

Ihr Völker! Die ihr *viel* gelitten,
Vergaßt auch ihr den schwülen Tag?
Das Herrlichste, was ihr erstritten,
Wie kömmt's, daß es nicht frommen mag?
Zermalmt habt ihr die fremden Horden,
Doch innen hat sich nichts gehellt,
Und Freie seyd ihr nicht geworden,
Wenn ihr das Recht nicht festgestellt.

Ihr Weisen! muß man euch berichten,
Die ihr doch Alles wissen wollt,
Wie die Einfältigen und Schlichten
Für klares Recht ihr Blut gezollt?
Meint ihr, daß in den heissen Gluten
Die Zeit, ein Phönix, sich erneut,
Nur um die Eier auszubruten,
Die ihr geschäftig unterstreut?

Ihr Fürstenräth' und Hofmarschälle,
Mit trübem Stern auf kalter Brust,
Die ihr vom Kampf um Leipzigs Wälle
Wohl gar bis heute nichts gewußt,
Vernehmt! an diesem heut'gen Tage
Hielt Gott der Herr ein groß Gericht.
Ihr aber hört nicht, was ich sage,
Ihr glaubt an Geisterstimmen nicht.

Was ich gesollt, hab' ich gesungen,
Und wieder schwing' ich mich empor,
Was meinem Blick sich aufgedrungen,
Verkünd' ich dort dem sel'gen Chor:
Nicht rühmen kann ich, nicht verdammen,
Untröstlich ist's noch allerwärts,
Doch sah ich manches Auge flammen
Und klopfen hört' ich manches Herz."

Hegire.

Nord und West und Süd zersplittern,
Throne bersten, Reiche zittern,
Flüchte du, im reinen Osten
Patriarchenluft zu kosten:
Unter Lieben, Trinken, Singen,
Soll dich Jugendquell verjüngen.

Dort, im Reinen und im Rechten,
Will ich menschlichen Geschlechten
In des Ursprungs Tiefe dringen,
Wo sie noch von Gott empfingen
Himmelslehr' in Erdesprachen,
Und sich nicht den Kopf zerbrachen;

Wo sie Väter hoch verehrten,
Jeden fremden Dienst verwehrten;
Will mich freu'n der Jugendschranke,
Glaube weit, eng der Gedanke,
Wie das Wort so wichtig dort war,
Weil es ein gesprochen Wort war.

Will mich unter Hirten mischen,
An Oasen mich erfrischen,
Wenn mit Caravanen wandle,
Shawl, Caffee und Moschus handle.
Jeden Pfad will ich betreten
Von der Wüste zu den Städten.

Bösen Felsweg auf und nieder
Trösten, Hafis, deine Lieder,
Wenn der Führer mit Entzücken,
Von des Maulthiers hohem Rücken,
Singt, die Sterne zu erwecken,
Und die Räuber zu erschrecken.

Will in Bädern und in Schenken,
Heil'ger Hafis, dein gedenken,
Wenn den Schleier Liebchen lüftet,
Schüttelnd Ambralocken düftet.
Ja, des Dichters Liebeflüstern
Mache selbst die Houris lüstern.

Wolltet ihr ihm dieß beneiden,
Oder etwa gar verleiden;
Wisset nur, daß Dichtersworte
Um des Paradieses Pforte
Immer leise klopfend schweben,
Sich erbittend ew'ges Leben.

1817 JOHANN WOLFGANG GOETHE

Vollendung.

Sagt es Niemand, nur den Weisen,
Weil die Menge gleich verhöhnet:
Das Lebend'ge will ich preisen,
Das nach Flammentod sich sehnet.

In der Liebesnächte Kühlung,
Die dich zeugte, wo du zeugtest,
Überfällt dich fremde Fühlung,
Wenn die stille Kerze leuchtet.

Nicht mehr bleibest du umfangen
In der Finsterniß Beschattung,
Und dich reißet neu Verlangen
Auf zu höherer Begattung.

Keine Ferne macht dich schwierig,
Kommst geflogen und gebannt,
Und zuletzt, des Lichts begierig,
Bist du Schmetterling verbrannt.

Und so lang du das nicht hast,
Dieses: Stirb und werde!
Bist du nur ein trüber Gast
Auf der dunklen Erde.

Frühlingsfahrt.

Es zogen zwei rüst'ge Gesellen
Zum ersten Mahl von Haus
So jubelnd recht in die hellen
Klingenden, singenden Wellen
Des vollen Frühlings hinaus.

Die strebten nach hohen Dingen,
Die wollten trotz Lust und Schmerz,
Was Recht's in der Welt vollbringen,
Und wem sie vorübergingen
Dem lachten Sinnen und Herz. –

Der Erste, der fand ein Liebchen,
Die Schwieger kauft' Hof und Haus;
Der wiegte gar bald ein Bübchen,
Und sah aus heimlichen Stübchen
Behaglich in's Feld hinaus.

Dem zweiten sangen und logen
Die tausend Stimmen in Grund,
Verlockend' Syrenen, und zogen
Ihn in der buhlenden Wogen
Farbig klingenden Schlund.

Und wie er auftaucht vom Schlunde
Da war er müde und alt,
Sein Schifflein das lag im Grunde,
So still war's rings in die Runde
Und über die Wasser weht's kalt.

Es singen und klingen die Wellen
Des Frühlings wohl über mir
Und seh ich so kecke Gesellen;
Die Thränen im Auge mir schwellen –
Ach Gott, führ' uns liebreich zu Dir!

Es sang vor langen Jahren
Wohl auch die Nachtigal,
Das war wohl süßer Schall,
5　　Da wir zusammen waren.

Ich sing und kann nicht weinen
Und spinne so allein
Den Faden klar und rein,
So lang der Mond wird scheinen.

10　　Da wir zusammen waren,
Da sang die Nachtigal,
Nun mahnet mich ihr Schall,
Daß du von mir gefahren.

So oft der Mond mag scheinen,
15　　Gedenk ich dein allein,
Mein Herz ist klar und rein,
Gott wolle uns vereinen.

Seit du von mir gefahren,
Singt stets die Nachtigal,
20　　Ich denk bei ihrem Schall,
Wie wir zusammen waren.

Gott wolle uns vereinen,
Hier spinn ich so allein,
Der Mond scheint klar und rein,
25　　Ich sing und möchte weinen!

1819　　　　　　　　KARL FOLLEN

Turnbekenntniß.

Auf Jubeldonner und Liedersturm!
Der Begeisterung Blitz hat gezündet;
5　　Der Mannheit Eiche, der Teutschheit Thurm
Ist in Teutschland wieder gegründet:
Der Freyheit Wiege, dein Sarg, Drängerey!
Wird gezimmert aus dem Baume der Turnerey.

Ein Turner ist Der: so mit Wehr und Geschoss
10   Durch das Blachfeld stürmt, durch Geklüfte,
In die Wogen sich wirft, auf das bäumende Ross,
In die Lüfte sich schwingt, in die Grüfte,
Der Freyheit nicht ohne Gleichheit kennt,
Dem Gott und sein Volk nur im Busen brennt!

15   Das Kreuz und der sausende Freyheitsfahn,
Auf des Hochstamms zerhauener Krone,
Beut Kreuzeslast auf der sauren Bahn
Und Rast auf dem Kreuz ihm zu Lohne;
Die Eintracht schirmet, die Gleichtracht wacht
20   Vor Hochmuthsteufel und Niedertracht.

Auf auf du Turner! Du Teutscher, wolan!
Auf ehrliche, wehrliche Jugend!
Noch ficht mit der Wahrheit gekrönter Wahn,
Noch kämpft mit dem Teufel die Tugend.
25   Schwerdstahl, aus dem Rost! aus dem Schlauch junger Most!
Durch die Dunstluft, Nordost! grüner May, aus dem Frost!

1819   FRIEDRICH RÜCKERT

Grammatische Deutschheit.

Neulich deutschten auf deutsch vier deutsche Deutschlinge
                              deutschend,
      Sich überdeutschend am Deutsch, welcher der Deutscheste sey.
5 Vier deutschnamig benannt: Deutsch, Deutscherig, Deutscherling,
                              Deutschdich;
      Selbst so hatten zu deutsch sie sich die Namen gedeutscht.
   Jetzt wettdeutschten sie, deutschend in grammatikalischer
                              Deutschheit,
      Deutscheren Comparativ, deutschesten Superlativ.
   „Ich bin deutscher als deutsch." „Ich deutscherer." „Deutschester
                              bin ich.
10   „Ich bin der Deutschereste, oder der Deutschestere."
   Drauf durch Comparativ und Superlativ fortdeutschend,
      Deutschten sie auf bis zum – Deutschesteresteresten;
   Bis sie vor comparativisch- und superlativischer Deutschung
      Den Positiv von Deutsch hatten vergessen zuletzt.

Freudig war, vor vielen Jahren,
Eifrig so der Geist bestrebt,
Zu erforschen zu erfahren,
Wie Natur im Schaffen lebt.
Und es ist das ewig Eine,
Das sich vielfach offenbart;
Klein das Große, groß das Kleine,
Alles nach der eignen Art.
Immer wechslend, fest sich haltend,
Nah und fern und fern und nah;
So gestaltend, umgestaltend. –
Zum Erstaunen bin ich da.

Zwischen beyden Welten.

Einer Einzigen angehören,
Einen Einzigen verehren
Wie vereint es Herz und Sinn!
Lida! Glück der nächsten Nähe,
William! Stern der schönsten Höhe,
Euch verdank' ich was ich bin.
Tag' und Jahre sind verschwunden,
Und doch ruht auf jenen Stunden,
Meines Werthes Vollgewinn.

Das Sonett an Goethe.

Dich selbst, Gewalt'ger, den ich noch vor Jahren
Mein tiefes Wesen witzig sah verneinen,
Dich selbst nun zähl' ich heute zu den Meinen,
Zu denen, welche meine Gunst erfahren.

Denn wer durchdrungen ist vom innig Wahren,
Dem muß die Form sich unbewußt vereinen,
Und was dem Stümper mag gefährlich scheinen,
10   Das muß den Meister göttlich offenbaren.

Wem Kraft und Fülle tief im Busen keimen,
Das Wort beherrscht er mit gerechtem Stolze,
Bewegt sich leicht, wiewohl in schweren Reimen;

Er schneidet sich des Liedes flücht'ge Bolze
15   Gewandt und sicher, ohne je zu leimen,
Und *was* er fertigt, ist aus ganzem Holze.

1822   HEINRICH HEINE

                    Die Grenadier.

Nach Frankreich zogen zwey Grenadier',
Die waren in Rußland gefangen.
5   Und als sie kamen in's deutsche Quartier,
Sie ließen die Köpfe hangen.

Da hörten sie beide die traurige Mähr:
Daß Frankreich verloren gegangen,
Besiegt und zerschlagen das tapfere Heer, –
10   Und der Kaiser, der Kaiser gefangen.

Da weinten zusammen die Grenadier'
Wohl ob der kläglichen Kunde.
Der Eine sprach: Wie weh wird mir,
Wie brennt meine alte Wunde.

15   Der Andre sprach: das Lied ist aus,
Auch ich möcht mit dir sterben,
Doch hab' ich Weib und Kind zu Haus,
Die ohne mich verderben.

Was scheert mich Weib, was scheert mich Kind,
20   Ich trage weit bess'res Verlangen;
Laß sie betteln gehn wenn sie hungrig sind, –
Mein Kaiser, mein Kaiser gefangen!

Gewähr' mir Bruder eine Bitt':
Wenn ich jetzt sterben werde,
So nimm meine Leiche nach Frankreich mit,
Begrab' mich in Frankreichs Erde.

Das Ehrenkreuz am rothen Band
Sollst du auf's Herz mir legen;
Die Flinte gieb mir in die Hand,
Und gürt' mir um den Degen.

So will ich liegen und horchen still,
Wie eine Schildwacht, im Grabe,
Bis einst ich höre Kanonengebrüll,
Und wiehernder Rosse Getrabe.

Dann reitet mein Kaiser wohl über mein Grab,
Viel Schwerter klirren und blitzen;
Dann steig' ich gewaffnet hervor aus dem Grab –
Den Kaiser, den Kaiser zu schützen.

HEINRICH HEINE

Mir träumte wieder der alte Traum:
Es war eine Nacht im Maye,
Wir saßen unter dem Lindenbaum,
Und schwuren uns ewige Treue.

Das war ein Schwören und Schwören auf's Neu',
Ein Kichern, ein Kosen, ein Küssen;
Daß ich gedenk des Schwures sey,
Hast du in die Hand mich gebissen.

O Liebchen mit den Äuglein klar!
O Liebchen, schön und bissig!
Das Schwören in der Ordnung war,
Das Beißen war überflüssig.

Eins und Alles.

Im Gränzenlosen sich zu finden
Wird gern der Einzelne verschwinden,
Da löst sich aller Überdruß;
Statt heißem Wünschen, wildem Wollen,
Statt läst'gem Fordern, strengem Sollen,
Sich aufzugeben ist Genuß.

Weltseele komm uns zu durchdringen!
Dann mit dem Weltgeist selbst zu ringen
Wird unserer Kräfte Hochberuf.
Theilnehmend führen gute Geister,
Gelinde leitend, höchste Meister,
Zu dem der Alles schafft und schuf.

Und umzuschaffen das Geschaffne,
Damit sich's nicht zum Starren waffne,
Wirkt ewiges, lebendiges Thun.
Und was nicht war nun will es werden,
Zu reinen Sonnen, farbigen Erden,
In keinem Falle darf es ruhn.

Es soll sich regen, schaffend handeln,
Erst sich gestalten, dann verwandeln;
Nur scheinbar steht's Momente still.
Das Ewige regt sich fort in allen!
Denn Alles muß in Nichts zerfallen,
Wenn es im Seyn beharren will.

1823   Wilhelm Müller

Der Lindenbaum.

Am Brunnen vor dem Thore
Da steht ein Lindenbaum:
Ich träumt' in seinem Schatten
So manchen süßen Traum.

Ich schnitt in seine Rinde
So manches liebe Wort;

Es zog in Freud' und Leide
Zu ihm mich immer fort.

Ich mußt' auch heute wandern
Vorbei in tiefer Nacht,
Da hab' ich noch im Dunkel
Die Augen zugemacht.

Und seine Zweige rauschten,
Als riefen sie mir zu:
Komm her zu mir, Geselle,
Hier findst du deine Ruh'!

Die kalten Winde bliesen
Mir grad' in's Angesicht;
Der Hut flog mir vom Kopfe,
Ich wendete mich nicht.

Nun bin ich manche Stunde
Entfernt von jenem Ort,
Und immer hör' ich's rauschen:
Du fändest Ruhe dort!

1823   HEINRICH HEINE

Sie saßen und tranken am Theetisch,
Und sprachen von Liebe viel.
Die Herren die waren ästhetisch,
Die Damen von zartem Gefühl.

Die Liebe muß seyn platonisch,
Der dürre Geheimrath sprach.
Die Räthin lächelt ironisch,
Und dennoch seufzet sie: Ach!

Der Domherr öffnet den Mund weit:
Die Liebe sey nicht zu roh,
Sie schadet sonst der Gesundheit.
Das Fräulein lispelt: wie so?

Die Gräfin spricht wehmüthig:
Die Liebe ist eine Passion!
Und präsentiret gütig
Die Tasse dem Herren Baron.

Am Tische war noch ein Plätzchen;
Mein Liebchen, da hast du gefehlt.
20   Du hättest so hübsch, mein Schätzchen,
Von deiner Liebe erzählt.

1824   HEINRICH HEINE

Ich weiß nicht, was soll es bedeuten,
Daß ich so traurig bin;
Ein Mährchen aus alten Zeiten,
5   Das kommt mir nicht aus dem Sinn.

Die Luft ist kühl und es dunkelt,
Und ruhig fließt der Rhein;
Der Gipfel des Berges funkelt
Im Abendsonnenschein.

10   Die schönste Jungfrau sitzet
Dort oben wunderbar,
Ihr gold'nes Geschmeide blitzet,
Sie kämmt ihr gold'nes Haar.

Sie kämmt es mit gold'nem Kamme,
15   Und singt ein Lied dabei;
Das hat eine wundersame,
Gewaltige Melodei.

Den Schiffer, im kleinen Schiffe,
Ergreift es mit wildem Weh;
20   Er schaut nicht die Felsenriffe,
Er schaut nur hinauf in die Höh'.

Ich glaube, die Wellen verschlingen
Am Ende Schiffer und Kahn;
Und das hat mit ihrem Singen
25   Die Lore-Ley gethan.

1825

Aus Tristan und Isolde.

Wer die Schönheit angeschaut mit Augen,
   Ist dem Tode schon anheim gegeben,
5 Wird für keinen Dienst auf Erden taugen,
   Und doch wird er vor dem Tode beben,
Wer die Schönheit angeschaut mit Augen.

Ewig währt für ihn der Schmerz der Liebe,
   Denn ein Thor nur kann auf Erden hoffen,
10 Zu genügen einem solchen Triebe.
   Wen der Pfeil des Schönen je getroffen,
Ewig währt für ihn der Schmerz der Liebe!

Was er wünscht, das ist ihm nie geworden,
   Und die Stunden, die das Leben spinnen,
15 Sind nur Mörder, die gemach ihn morden:
   Was er will, das wird er nie gewinnen,
Was er wünscht, das ist ihm nie geworden.

Ach, er möchte wie ein Quell versiechen,
   Jedem Hauch der Luft ein Gift entsaugen,
20 Und den Tod aus jeder Blume riechen:
   Wer die Schönheit angeschaut mit Augen,
Ach, er möchte wie ein Quell versiechen!

1826

HEINRICH HEINE

Der Tod das ist die kühle Nacht,
Das Leben ist der schwüle Tag.
Es dunkelt schon, mich schläfert,
Der Tag hat mich müd' gemacht.

5 Über mein Bett erhebt sich ein Baum,
Drin singt die junge Nachtigall;
Sie singt von lauter Liebe,
Ich hör' es sogar im Traum.

Warnung,
eigentlich und symbolisch zu nehmen.

Freunde, flieht die dunkle Kammer
5   Wo man euch das Licht verzwickt,
Und mit kümmerlichstem Jammer
Sich verschrobnen Bildern bückt:
Abergläubische Verehrer
Gab's die Jahre her genug,
10   In den Köpfen eurer Lehrer
Lasst Gespenst und Wahn und Trug.

Wenn der Blick an heitern Tagen
Sich zur Himmelsbläue lenkt,
Bey'm Siroc der Sonnenwagen
15   Purpurroth sich niedersenkt:
Da gebt der Natur die Ehre,
Froh, an Aug' und Herz gesund,
Und erkennt der Farbenlehre
Allgemeinen ewigen Grund!

Aussöhnung.

Die Leidenschaft bringt Leiden! – Wer beschwichtigt
Beklommnes Herz das allzuviel verloren?
5   Wo sind die Stunden, überschnell verflüchtigt?
Vergebens war das Schönste dir erkoren!
Trüb' ist der Geist, verworren das Beginnen;
Die hehre Welt wie schwindet sie den Sinnen!

Da schwebt hervor Musik mit Engelschwingen,
10   Verflicht zu Millionen Tön' um Töne,
Des Menschen Wesen durch und durch zu dringen,
Zu überfüllen ihn mit ew'ger Schöne:
Das Auge netzt sich, fühlt im höhern Sehnen
Den Götter-Werth der Töne wie der Thränen.

15   Und so das Herz erleichtert merkt behende
Daß es noch lebt und schlägt und möchte schlagen,

Zum reinsten Dank der überreichen Spende
Sich selbst erwiedernd willig darzutragen.
Da fühlte sich – o daß es ewig bliebe! –
20   Das Doppel-Glück der Töne wie der Liebe.

1828   EDUARD MÖRIKE

Um Mitternacht.

Gelassen stieg die Nacht ans Land,
Hängt träumend an der Berge Wand;
5   Ihr Auge sieht die goldne Wage nun
Der Zeit in gleichen Schaalen stille ruhn.
    Und kecker rauschen die Quellen hervor,
    Sie singen der Nacht, der Mutter, ins Ohr
        Vom Tage!
10   Vom heute gewesenen Tage!

Das uralt alte Schlummerlied,
Sie achtet's nicht, sie ist es müd';
Ihr klingt des Himmels Bläue süßer noch,
Der flücht'gen Stunden gleichgeschwung'nes Joch;
15   Doch immer behalten die Quellen das Wort,
    Es sprechen die Wasser im Schlafe noch fort
        Vom Tage!
        Vom heute gewesenen Tage!

1829   JOHANN WOLFGANG GOETHE

Der Bräutigam.

Um Mitternacht, ich schlief, im Busen wachte
Das liebevolle Herz, als wär' es Tag;
5   Der Tag erschien, mir war als ob es nachte,
Was ist es mir, soviel er bringen mag.

Sie fehlte ja, mein emsig Thun und Streben,
Für sie allein ertrug ich's durch die Gluth
Der heißen Stunde, welch erquicktes Leben
10   Am kühlen Abend! lohnend war's und gut.

Die Sonne sank und Hand in Hand verpflichtet
Begrüßten wir den letzten Segensblick,
Und Auge sprach, in's Auge klar gerichtet,
Von Osten, hoffe nur, sie kommt zurück.

15 Um Mitternacht der Sterne Glanz geleitet
Im holden Traum zur Schwelle, wo sie ruht.
O sey auch mir dort auszuruhn bereitet,
Wie es auch sey das Leben, es ist gut.

1829   JOHANN WOLFGANG GOETHE

              Vermächtniß.

    Kein Wesen kann zu nichts zerfallen,
    Das Ew'ge regt sich fort in allen,
5   Am Seyn erhalte dich beglückt!
    Das Seyn ist ewig, denn Gesetze
    Bewahren die lebend'gen Schätze
    Aus welchen sich das All geschmückt.

    Das Wahre war schon längst gefunden,
10 Hat edle Geisterschaft verbunden,
    Das alte Wahre fass' es an.
    Verdank' es, Erdensohn, dem Weisen
    Der ihr die Sonne zu umkreisen
    Und dem Geschwister wies die Bahn.

15 Sofort nun wende dich nach innen,
    Das Centrum findest du da drinnen
    Woran kein Edler zweifeln mag.
    Wirst keine Regel da vermissen,
    Denn das selbstständige Gewissen
20 Ist Sonne deinem Sittentag.

    Den Sinnen hast du dann zu trauen,
    Kein Falsches lassen sie dich schauen
    Wenn dein Verstand dich wach erhält.
    Mit frischem Blick bemerke freudig,
25 Und wandle, sicher wie geschmeidig,
    Durch Auen reichbegabter Welt.

Genieße mäßig Füll' und Segen,
Vernunft sey überall zugegen
Wo Leben sich des Lebens freut.
30   Dann ist Vergangenheit beständig,
Das Künftige voraus lebendig,
Der Augenblick ist Ewigkeit.

Und war es endlich dir gelungen,
Und bist du vom Gefühl durchdrungen:
35   Was fruchtbar ist allein ist wahr;
Du prüfst das allgemeine Walten,
Es wird nach seiner Weise schalten,
Geselle dich zur kleinsten Schaar.

Und wie von Alters her, im stillen,
40   Ein Liebewerk, nach eignem Willen,
Der Philosoph, der Dichter schuf;
So wirst du schönste Gunst erzielen;
Denn edlen Seelen vorzufühlen
Ist wünschenswerthester Beruf.

1831   JOSEPH FREIHERR VON EICHENDORFF

Malers Morgenlied.

Aus Wolken, eh im nächtgen Land
Erwacht die Kreaturen,
5   Langt Gottes Hand,
Zieht durch die stillen Fluren
Gewaltig die Conturen,
Strom, Wald und Felsenwand.

Wach auf, wach auf! die Lerche ruft,
10   Aurora taucht die Stralen
Verträumt in Duft,
Beginnt auf Berg und Thalen
Ringsher ein himmlisch Mahlen
In Meer und Land und Luft.

15   Und durch die Stille lichtgeschmückt
Aus wunderbaren Locken
Ein Engel blickt –
Da rauscht der Wald erschrocken,

Da gehn die Morgenglocken,
20   Die Gipfel stehn verzückt.

O lichte Augen ernst und mild,
Ich kann nicht von euch lassen!
Bald wieder wild
Stürmts her von Sorg und Hassen –
25   Durch die verworrnen Gassen
Führ mich, mein göttlich Bild!

1832   AUGUST GRAF VON PLATEN

Loos des Lyrikers.

Stets am Stoff klebt unsere Seele, Handlung
Ist der Welt allmächtiger Puls, und deßhalb
5   Flötet oftmals tauberem Ohr der hohe
        Lyrische Dichter.

Gerne zeigt Jedwedem bequem Homer sich,
Breitet aus buntfarbigen Fabelteppich;
Leicht das Volk hinreißend erhöht des Drama's
10   Schöpfer den Schauplatz:

Aber Pindars Flug und die Kunst des Flaccus,
Aber dein schwerwiegendes Wort, Petrarca,
Prägt sich uns langsam in's Herz, der Menge
        Bleibt's ein Geheimniß!

15   Jenen ward blos geistiger Reiz, des Liedchens
Leichter Takt nicht, der den umschwärmten Putztisch
Ziert. Es dringt kein flüchtiger Blick in ihre
        Mächtige Seele.

Ewig bleibt ihr Name genannt und tönt im
20   Ohr der Menschheit; doch es gesellt sich ihnen
Selten freundschaftsvoll ein Gemüt und huldigt
        Körnigem Tiefsinn.

Früh, wenn die Hähne krähn,
Eh' die Sternlein verschwinden,
Muß ich am Heerde stehn,
Muß Feuer zünden.

Schön ist der Flammen Schein,
Es springen die Funken,
Ich schaue so drein,
In Leid versunken.

Plötzlich da kommt es mir,
Treuloser Knabe!
Daß ich die Nacht von dir
Geträumet habe.

Thräne auf Thräne dann
Stürzet hernieder,
So kommt der Tag heran –
O ging' er wieder!

Frühling läßt sein blaues Band
Wieder flattern durch die Lüfte,
Süße wohlbekannte Düfte
Streifen ahnungsvoll das Land;
Veilchen träumen schon,
Wollen balde kommen;
Horch, von fern ein leiser Harfenton! – –
    Frühling, ja du bist's!
    Frühling, ja du bist's!
Dich hab ich vernommen!

Scheiden von Ihr.

Ein Irrsal kam in die Mondscheinsgärten
Einer einst heiligen Liebe,
Schaudernd entdeckt' ich verjährten Betrug;
Und mit weinendem Blick, doch grausam
Hieß ich das schlanke,
Zauberhafte Mädchen
Ferne gehen von mir.
Ach, ihre hohe Stirn,
Drin ein schöner, sündhafter Wahnsinn
Aus dem dunkelen Auge blickte,
War gesenkt, denn sie liebte mich.
Aber sie zog mit Schweigen
Fort in die graue,
Stille Welt hinaus.

Von der Zeit an
Kamen mir Träume voll schöner Trübe,
Wie gesponnen auf Nebelgrund,
Wußte nimmer, wie mir geschah,
War nur schmachtend, seliger Krankheit voll.

Oft in den Träumen zog sich ein Vorhang
Finster und groß in's Unendliche,
Zwischen mich und die dunkle Welt.
Hinter ihm ahnt' ich ein Haideland,
Hinter ihm hört' ich's wie Nachtwind sausen;
Auch die Falten des Vorhangs
Fingen bald an, sich im Sturme zu regen,
Gleich einer Ahnung strich er dahinten,
Ruhig blieb ich und bange doch,
Immer leiser wurde der Haidesturm –
    Siehe, da kam's!

Aus einer Spalte des Vorhangs guckte
Plötzlich der Kopf des Zaubermädchens,
Lieblich war er und doch so beängstend.
Sollt' ich die Hand ihr nicht geben
In ihre liebe Hand?
Bat denn ihr Auge nicht,
Sagend: da bin ich wieder
Hergekommen aus weiter Welt!

Wenn ich, von deinem Anschaun tief gestillt,
Mich stumm an deinem heil'gen Werth vergnüge,
Da hör' ich oft die leisen Athemzüge
5   Des Engels, welcher sich in dir verhüllt.

Und ein erstaunt, ein selig Lächeln quillt
Auf meinen Mund, ob mich kein Traum betrüge,
Daß nun in dir, zu himmlischer Genüge,
Mein kühnster Wunsch, mein einz'ger, sich erfüllt.

10   Von Tiefe dann zu Tiefen stürzt mein Sinn,
Ich höre aus der Gottheit nächt'ger Ferne
Die Quellen des Geschicks melodisch rauschen;

Betäubt kehr' ich den Blick nach oben hin,
Zum Himmel auf – da lächeln alle Sterne!
15   Ich kniee, ihrem Lichtgesang zu lauschen.

1832   NIKOLAUS FRANZ NIEMBSCH EDLER VON STREHLENAU*

Bitte.

Weil' auf mir, du dunkles Auge,
Übe deine ganze Macht,
5   Ernste, milde, träumerische,
Unergründlich süße Nacht!

Nimm mit deinem Zauberdunkel
Diese Welt von hinnen mir,
Daß du über meinem Leben
10   Einsam schwebest für und für.

Dornburg,
September 1828.

Früh wenn Thal, Gebirg und Garten
5 Nebelschleiern sich enthüllen,
Und dem sehnlichsten Erwarten
Blumenkelche bunt sich füllen;

Wenn der Aether, Wolken tragend,
Mit dem klaren Tage streitet,
10 Und ein Ostwind, sie verjagend,
Blaue Sonnenbahn bereitet;

Dankst du dann, am Blick dich weidend,
Reiner Brust der Großen, Holden,
Wird die Sonne, röthlich scheidend,
15 Rings den Horizont vergolden.

1833   FRIEDRICH RÜCKERT

Wer Philolog und Poet ist in Einer Person, wie ich Armer,
  Kann nichts besseres thun als übersetzen wie ich.
Wie Poesie und Philologie einander fördern
5 Und zu ergänzen vermag, hat mein Hariri gezeigt.
Wenn du nicht zu philologisch, nicht überpoetisch es ansiehst,
  Wird dich belehrend erfreun, Leser, das Zwittergebild.
Was philologisch gefehlt ist, vergibst du poetischer Freiheit.
Und die poetische Schuld schenkst du der Philologie.

1835   FERDINAND FREILIGRATH

Löwenritt.

Wüstenkönig ist der Löwe; will er sein Gebiet durchfliegen,
Wandelt er nach der Lagune, in dem hohen Schilf zu liegen.
5 Wo Gazellen und Giraffen trinken, kauert er im Rohre;
Zitternd über dem Gewalt'gen rauscht das Laub der Sycomore.

Abends, wenn die hellen Feuer glühn im Hottentottenkraale,
Wenn des jähen Tafelberges bunte, wechselnde Signale
Nicht mehr glänzen, wenn der Kaffer einsam schweift durch die
Karroo,
10 Wenn im Busch die Antilope schlummert und am Strom das Gnu:

Sieh', dann schreitet majestätisch durch die Wüste die Giraffe,
Daß mit der Lagune trüben Fluthen sie die heiße, schlaffe
Zunge kühle; lechzend eilt sie durch der Wüste nackte Strecken,
Knieend schlürft sie langen Halses aus dem schlammgefüllten
Becken.

15 Plötzlich regt es sich im Rohre; mit Gebrüll auf ihren Nacken
Springt der Löwe; welch ein Reitpferd! sah man reichere
Schabracken
In den Marstallkammern einer königlichen Hofburg liegen,
Als das bunte Fell des Renners, den der Thiere Fürst bestiegen?

In die Muskeln des Genickes schlägt er gierig seine Zähne;
20 Um den Bug des Riesenpferdes weht des Reiters gelbe Mähne.
Mit dem dumpfen Schrei des Schmerzes springt es auf und flieht
gepeinigt;
Sieh', wie Schnelle des Kameeles es mit Pardelhaut vereinigt.

Sieh', die mondbestrahlte Fläche schlägt es mit den leichten Füßen!
Starr aus ihrer Höhlung treten seine Augen; rieselnd fließen
25 An dem braungefleckten Halse nieder schwarzen Blutes Tropfen,
Und das Herz des flücht'gen Thieres hört die stille Wüste klopfen.

Gleich der Wolke, deren Leuchten Israel im Lande Yemen
Führte, wie ein Geist der Wüste, wie ein fahler, luft'ger Schemen,
Eine sandgeformte Trombe in der Wüste sand'gem Meer,
30 Wirbelt eine gelbe Säule Sandes hinter ihnen her.

Ihrem Zuge folgt der Geier; krächzend schwirrt er durch die Lüfte;
Ihrer Spur folgt die Hyäne, die Entweiherin der Grüfte;
Folgt der Panther, der des Caplands Hürden räuberisch verheerte;
Blut und Schweiß bezeichnet ihres Königs grausenvolle Fährte.

35 Zagend auf lebend'gem Throne sehn sie den Gebieter sitzen,
Und mit scharfer Klaue seines Sitzes bunte Polster ritzen.
Rastlos, bis die Kraft ihr schwindet, muß ihn die Giraffe tragen;
Gegen einen solchen Reiter hilft kein Bäumen und kein Schlagen.

Taumelnd an der Wüste Saume stürzt sie hin, und röchelt leise.
40 Todt, bedeckt mit Staub und Schaume, wird das Roß des Reiters
Speise.

Über Madagaskar, fern im Osten, sieht man Frühlicht glänzen; –
So durchsprengt der Thiere König nächtlich seines Reiches
                                                    Grenzen.

1835   ADELBERT VON CHAMISSO

                         Die alte Waschfrau.

          Du siehst geschäftig bei dem Linnen
          Die Alte dort in weißem Haar,
 5   Die rüstigste der Wäscherinnen
          Im sechsundsiebenzigsten Jahr.
          So hat sie stets mit sauerm Schweiß
          Ihr Brot in Ehr' und Zucht gegessen,
          Und ausgefüllt mit treuem Fleiß
 10   Den Kreis, den Gott ihr zugemessen.

          Sie hat in ihren jungen Tagen
          Geliebt, gehofft und sich vermählt;
          Sie hat des Weibes Loos getragen,
          Die Sorgen haben nicht gefehlt;
 15   Sie hat den kranken Mann gepflegt;
          Sie hat drei Kinder ihm geboren;
          Sie hat ihn in das Grab gelegt,
          Und Glaub' und Hoffnung nicht verloren.

          Da galt's die Kinder zu ernähren;
 20   Sie griff es an mit heiterm Muth,
          Sie zog sie auf in Zucht und Ehren,
          Der Fleiß, die Ordnung sind ihr Gut.
          Zu suchen ihren Unterhalt
          Entließ sie segnend ihre Lieben,
 25   So stand sie nun allein und alt,
          Ihr war ihr heit'rer Muth geblieben.

          Sie hat gespart und hat gesonnen
          Und Flachs gekauft und Nachts gewacht,
          Den Flachs zu feinem Garn gesponnen,
 30   Das Garn dem Weber hingebracht;
          Der hat's gewebt zu Leinewand;
          Die Scheere brauchte sie, die Nadel,
          Und nähte sich mit eig'ner Hand,
          Ihr Sterbehemde sonder Tadel.

                                                          173

35 Ihr Hemd, ihr Sterbehemd, sie schätzt es,
Verwahrt's im Schrein am Ehrenplatz;
Es ist ihr Erstes und ihr Letztes,
Ihr Kleinod, ihr ersparter Schatz.
Sie legt es an, des Herren Wort
40 Am Sonntag früh sich einzuprägen,
Dann legt sie's wohlgefällig fort,
Bis sie darin zur Ruh' sie legen.

Und ich, an meinem Abend, wollte,
Ich hätte, diesem Weibe gleich,
45 Erfüllt, was ich erfüllen sollte
In meinen Grenzen und Bereich;
Ich wollt', ich hätte so gewußt
Am Kelch des Lebens mich zu laben,
Und könnt' am Ende gleiche Lust
50 An meinem Sterbehemde haben.

1835 JOSEPH FREIHERR VON EICHENDORFF

Freuden wollt' ich dir bereiten,
Zwischen Kämpfen, Lust und Schmerz
Wollt' ich treulich dich geleiten
5 Durch das Leben himmelwärts.

Doch du hast's allein gefunden.
Wo kein Vater führen kann,
Durch die ernste, dunkle Stunde
Giengst du schuldlos mir voran.

10 Wie das Säuseln leiser Schwingen,
Draußen über Thal und Kluft,
Gieng zur selben Stund ein Singen
Ferne durch die stille Luft.

Und so fröhlich glänzt' der Morgen,
15 'S war als ob das Singen sprach:
Jetzo lasset alle Sorgen,
Liebt ihr mich, so folgt mir nach.

Wanderung.

Ich nahm den Stab, zu wandern,
Durch Deutschland ging die Fahrt,
Man pries mir ja vor Andern
Der Deutschen Sinn und Art.
Dem Lande blieb ich ferne,
Wo die Orangen glühn;
Erst kennt' ich dieses gerne,
Wo die Kartoffeln blühn.

Ich kam zum Fürstenhofe,
Wo man die Künste kränzt,
Wo Prunksaal und Alkove
Von Götterbildern glänzt.
Ein Baum, der nicht im groben
Volksboden sich genährt,
Nein einer, der nach oben
Sogar die Wurzeln kehrt!

Ich ging zur Hohenschule,
Da schöpft' ich reines Licht,
Wo vom Prophetenstuhle
Die wahre Freiheit spricht;
Wo uns der Meister täglich
Den innern Sinn befreit,
Indeß ihm selbst erträglich
Der ird'sche Leib gedeiht.

Ich schritt zum Sängerwalde,
Da sucht' ich Lebenshauch;
Da saß ein edler Skalde
Und pflückt' am Lorbeerstrauch;
Nicht hatt' er Zeit zu achten
Auf eines Volkes Schmerz,
Er konnte nur betrachten
Sein groß, zerrissen Herz.

Ich ging zur Tempelhalle,
Da hört' ich christlich Recht:
Hier innen Brüder Alle,
Da draußen Herr und Knecht!

Der Festesrede Giebel
War: duck dich, schweig dabei!
Als ob die ganze Bibel
Ein Buch der Kön'ge sei.

Ich kam zum Bürgerhause,
Gern denk' ich d'ran zurück,
Fern vom Parteigebrause
Blüht Tugend hier und Glück.
Lebt häuslich fort, wie heute!
Bald wird vom Belt zum Rhein
Ein Haus voll guter Leute,
Ja! *ein* Gutleuthaus sein.

Ich ging zum Hospitale,
Da fand ich Alles nett,
Viel Grütz' und Kraut zum Mahle
Und reinlich Krankenbett;
Auch sorgt ein schön Erbarmen
Für manch verwahrlost Kind.
Wer denkt des Volks von Armen,
Die altverwahrlos't sind?

Ich saß im Ständesaale,
Da schlief ich ein und träumt',
Ich sei noch im Spitale,
Den ich doch längst geräumt.
Ein Mann, der dort im Fieber,
Im kalten Fieber lag,
Er rief: nur nichts, mein Lieber,
Nur nichts vom – –

Ich mischte mich zum Volke,
Das nach dem Festplatz zog,
Wo durch die Staubeswolke
Manch dürrer Renner flog;
Da lernt es, daß die Eile
Den Reiter überstürzt,
Und daß man gut die Weile
Mit Wurst und Bier sich kürzt.

Ein Adler, flügelstrebend,
War Reichspanier hievor,
Ich sah ihn noch, wie lebend,
Zu Nürnberg an dem Thor.

Jetzt fliegt man nicht zum Zwecke,
Der Wahlspruch ist: Gott geb's!
Das Wappen ist die Schnecke,
Schildhalter ist der Krebs.

Als ich mir das entnommen,
Kehrt ich den Stab nach Haus;
Wann einst das Heil gekommen,
Dann reis' ich wieder aus:
Wohl werd' ich's nicht erleben,
Doch an der Sehnsucht Hand
Als Schatten noch durchschweben
Mein schönes Vaterland.

1835   ERNST FREIHERR VON FEUCHTERSLEBEN

Es ist bestimmt in Gottes Rath,
Das man, was man am liebsten hat,
Muß meiden;
Wiewohl nichts in dem Lauf der Welt
Dem Herzen, ach! so sauer fällt,
Als Scheiden! ja Scheiden!

So dir geschenkt ein Knösplein was,
So thu' es in ein Wasserglas, –
Doch wisse:
Blüht morgen Dir ein Röslein auf,
Es welkt wohl noch die Nacht darauf;
Das wisse! ja wisse!

Und hat dir Gott ein Lieb beschert,
Und hältst du sie recht innig werth,
Die Deine, –
Es werden wohl acht Bretter sein,
Da legst du sie, wie bald! hinein;
Dann weine! ja weine!

Nur mußt du mich auch recht versteh'n,
Ja, recht versteh'n!
Wenn Menschen auseinandergeh'n,
So sagen sie: auf Wiederseh'n!
Ja Wiederseh'n!

Rheinsage.

Am Rhein, am grünen Rheine
Da ist so mild die Nacht,
Die Rebenhügel liegen
In gold'ner Mondespracht.

Und an den Hügeln wandelt
Ein hoher Schatten her
Mit Schwerdt und Purpurmantel
Die Krone von Golde schwer.

Das ist der Karl, der Kaiser,
Der mit gewalt'ger Hand
Vor vielen hundert Jahren
Geherrscht im deutschen Land.

Er ist heraufgestiegen
Zu Aachen aus der Gruft,
Und segnet seine Reben,
Und athmet Traubenduft.

Bei Rüdesheim da funkelt
Der Mond in's Wasser hinein,
Und baut eine goldene Brücke
Wohl über den grünen Rhein.

Der Kaiser geht hinüber,
Und schreitet langsam fort,
Und segnet längs dem Strome
Die Reben an jedem Ort.

Dann kehrt er heim nach Aachen,
Und schläft in seiner Gruft,
Bis ihn im neuen Jahre
Erweckt der Trauben Duft.

Wir aber füllen die Römer,
Und trinken im gold'nen Saft
Uns deutsches Heldenfeuer
Und deutsche Heldenkraft.

Der Einsiedler.

Komm' Trost der Welt, du stille Nacht!
Wie steigst du von den Bergen sacht,
Die Lüfte alle schlafen,
Ein Schiffer nur noch, wandermüd,
Singt über's Meer sein Abendlied
Zu Gottes Lob im Hafen.

Die Jahre wie die Wolken gehn
Und laßen mich hier einsam stehn,
Die Welt hat mich vergeßen,
Da tratst du wunderbar zu mir,
Wenn ich beim Waldesrauschen hier
Gedankenvoll geseßen.

O Trost der Welt, du stille Nacht!
Der Tag hat mich so müd gemacht,
Das weite Meer schon dunkelt,
Laß' ausruhn mich von Lust und Noth,
Bis daß das ew'ge Morgenroth
Den stillen Wald durchfunkelt.

Wünschelruthe.

Schläft ein Lied in allen Dingen,
Die da träumen fort und fort,
Und die Welt hebt an zu singen,
Triffst du nur das Zauberwort.

Gesang Weyla's.

Du bist Orplid, mein Land!
Das ferne leuchtet;
Vom Meere dampfet dein erwärmter Strand
Den Nebel, so der Götter Wange feuchtet.

Uralte Wasser steigen
Verjüngt um deine Hüften, Kind!
Vor deiner Gottheit beugen
Sich Könige, die deine Wärter sind.

1838   NIKOLAUS FRANZ NIEMBSCH EDLER VON STREHLENAU*

Die drei Zigeuner.

Drei Zigeuner fand ich einmal
Liegen an einer Weide,
Als mein Fuhrwerk mit müder Qual
Schlich durch die sandige Heide.

Hielt der Eine für sich allein
In den Händen die Fiedel,
Spielte, umglüht vom Abendschein,
Sich ein feuriges Liedel.

Hielt der zweite die Pfeif' im Mund,
Blickte nach seinem Rauche,
Froh, als ob er vom Erdenrund
Nichts zum Glücke mehr brauche.

Und der Dritte behaglich schlief,
Und sein Cimbal am Baum hing,
Über die Saiten der Windhauch lief,
Über sein Herz ein Traum ging.

An den Kleidern trugen die Drei
Löcher und bunte Flicken,
Aber sie boten trotzig frei
Spott den Erdengeschicken.

Dreifach haben sie mir gezeigt,
Wenn das Leben uns nachtet,
25 Wie man's verraucht, verschläft, vergeigt,
Und es dreimal verachtet.

Nach den Zigeunern lang noch schaun
Mußt' ich im Weiterfahren,
Nach den Gesichtern dunkelbraun,
30 Den schwarzlockigen Haaren.

1838   CLEMENS BRENTANO

Wenn der lahme Weber träumt, er webe,
Träumt die kranke Lerche auch, sie schwebe,
Träumt die stumme Nachtigall, sie singe,
5 Daß das Herz des Wiederhalls zerspringe,
Träumt das blinde Huhn, es zähl' die Kerne,
Und der drei je zählte kaum, die Sterne,
Träumt das starre Erz, gar linde thau es,
Und das Eisenherz, ein Kind vertrau es,
10 Träumt die taube Nüchternheit, sie lausche,
Wie der Traube Schüchternheit berausche;
Kömmt dann Wahrheit mutternackt gelaufen,
Führt der hellen Töne Glanzgefunkel
Und der grellen Lichter Tanz durchs Dunkel,
15 Rennt den Traum sie schmerzlich übern Haufen,
Horch! die Fackel lacht, horch! Schmerz-Schallmeien
Der erwachten Nacht ins Herz all schreien;
Weh, ohn Opfer gehn die süßen Wunder,
Geh'n die armen Herzen einsam unter!

1840   AUGUST HEINRICH HOFFMANN VON FALLERSLEBEN

Schlafe! was willst du mehr?
Mel. O gieb, vom weichen Pfühle.

Wo sind noch Würm' und Drachen,
5 Riesen mit Schwert und Speer?
Was kannst du weiter machen?
Schlafe! was willst du mehr?

Du hast genug gelitten
Qualen in Kampf und Strauß;
10 Du hast genug gestritten –
Schlafe, mein Volk, schlaf' aus!

Wo sind noch Würm' und Drachen,
Riesen mit Schwert und Speer?
Die Volksvertreter wachen:
15 Schlafe! was willst du mehr?

1841   CLEMENS BRENTANO

Erbarme dich, Herr!

Meister, ohne dein Erbarmen
Muß im Abgrund ich verzagen,
5 Willst du nicht mit starken Armen
Wieder mich zum Lichte tragen.

Jährlich greifet deine Güte
In die Erde, in die Herzen;
Jährlich weckest du die Blüthe,
10 Weckst in mir die alten Schmerzen.

Ein Mal nur zum Licht geboren,
Aber tausend Mal gestorben,
Bin ich ohne dich verloren,
Ohne dich in mir verdorben.

15 Wenn sich so die Erde reget,
Wenn die Luft so sonnig wehet,
Dann wird auch die Fluth beweget,
Die in Todeskämpfen stehet.

Und in meinem Herzen schauert
20 Ein betrübter, bittrer Bronnen;
Wenn der Frühling draußen lauert,
Kommt die Angstfluth angeronnen.

Weh! durch gift'ge Erdenlagen,
Wie die Zeit sie angeschwemmet,
25 Habe ich den Schacht geschlagen,
Und er ist nur schlecht verdämmet.

Wenn nun rings die Quellen schwellen,
Wenn der Grund gebärend ringet,
Brechen her die bittern Wellen,
Die kein Witz, kein Fluch mir zwinget.

Andern ruf' ich: Schwimme! schwimme!
Mir kann solcher Ruf nicht taugen!
Denn *in mir* ja steigt die grimme
Sündfluth, bricht aus meinen Augen.

Und dann scheinen bös Gezüchte
Mir die bunten Lämmer alle,
Die ich grüßte, süße Früchte,
Die mir reiften, bittre Galle.

Herr, erbarme du dich meiner,
Daß mein Herz neublühend werde!
Mein erbarmte sich noch keiner
Von den Frühlingen der Erde.

Meister! wenn dir alle Hände
Nah'n mit süß erfüllten Schaalen,
Kann ich mit der bittern Spende
Meine Schuld dir nimmer zahlen.

Ach! wie ich auch tiefer wühle,
Wie ich schöpfe, wie ich weine,
Nimmer ich den Schwall erspüle
Zum Krystallgrund fest und reine.

Immer stürzen mir die Hände,
Jede Schicht hat mich belogen,
Und die arbeit-blut'gen Hände
Brennen in den bittern Wogen.

Weh! der Raum wird immer enger,
Wilder, wüster stets die Wogen.
Herr, o Herr! ich treib's nicht länger –
Schlage deinen Regenbogen.

Herr, ich mahne dich: verschone!
Herr, ich hört' in jungen Tagen:
Wunderbarer Segen wohne –
Ach! – in deinem Blute, sagen.

Und so muß ich zu dir schreien,
Schreien aus der bittern Tiefe,
Könntest du auch nie verzeihen,
Daß dein Knecht so kühnlich riefe.

Daß des Lichtes Quelle wieder
Rein und heilig in mir fluthe:
Träufle einen Tropfen nieder,
Jesus! mir von deinem Blute.

1842

FRIEDRICH HEBBEL

Unsere Zeit.

Es ist die Zeit des stummen Weltgerichts;
    In Wasserfluten nicht und nicht in Flammen:
    Die Form der Welt bricht in sich selbst zusammen,
Und dämmernd tritt die neue aus dem Nichts.

Der Dichter zeigt im Spiegel des Gedichts,
    Wie Tag und Nacht im Morgenroth verschwammen,
    Doch wird er nicht beschwören, nicht verdammen,
Der keusche Priester am Altar des Lichts.

Er soll mit reiner Hand des Lebens pflegen,
    Und wie er für des Frühlings erste Blüte
    Ein Auge hat, und sie mit Liebe bricht,

So darf er auch des Herbstes letzten Segen
    Nicht überseh'n, und die zu spät erglühte
    Nicht kalt verschmähen, wenn den Kranz er flicht.

1842

FRANZ FREIHERR VON DINGELSTEDT

Weib, gib mir Dekkel, Spieß und Mantel,
Der Dienst geht los, ich muß hinaus.
Noch einen Schluck... Adies, Mariandel!
Ich hüt' die Stadt, hüt' du das Haus!
Nun schrei' ich wieder wie besessen,
Was sie nicht zu verstehen wagen

Und was sie alle Tag' vergessen:
Uht! Hört, ihr Herrn, und laßt Euch sagen!

10 Schnarcht ruhig fort in Eu'ren Nestern
Und habt auf mein Gekreisch nicht Acht!
Die Welt ist akkurat wie gestern,
Die Nacht so schwarz wie alle Nacht.
Auch welche Zeit, will niemand wissen,
15 's giebt keine Zeit in uns'ren Tagen,
Duckt Euch nur in die warmen Kissen,
Die Glokke die hat nichts geschlagen!

Laß keiner sich im Schlaf berükken
Vom (vulgo Zeitgeist) Antichrist,
20 Und sollte wen ein Älplein drükken,
Dankt Gott, daß es nichts Ärg'res ist.
Das Murren, Meistern, Zerr'n und Zanken,
Das Träumen thut es freilich nicht,
Drum schluckt sie 'runter die Gedanken,
25 *Bewahrt das Feuer und das Licht!*

Auch wakkelt nicht im bösen Willen
An Eu'rem Bett und räkelt nicht,
Die Zipfelmüzze zieht im Stillen
Zufrieden über's Angesicht.
30 Der Hund im Stall, der Mann beim Weibe,
Die Magd beim Knecht, wie Recht und Pflicht,
So ruht und rührt Euch nicht beileibe,
Auf daß der Stadt kein Schad' geschicht!

Und wann die Nacht, wie alle Nächte,
35 Vollendet hat den trägen Lauf,
Dann steigt, doch stäts zuerst das rechte
Bein aus den Federn, sittsam auf!
Labt Euch an dem Zichorientranke
Und tretet Eure Mühlen gern,
40 Freut Euch des Lebens voller Danke
Und lobt, nächst Gott, den Landesherrn!

GEORG HERWEGH*

Wiegenlied.

„Schlafe, was willst du mehr?"
Göthe

5
Deutschland – auf weichem Pfühle
Mach' dir den Kopf nicht schwer!
Im irdischen Gewühle
Schlafe, was willst du mehr?

Laß' jede Freiheit dir rauben,
10
Setze dich nicht zur Wehr,
Du behältst ja den christlichen Glauben:
Schlafe, was willst du mehr?

Und ob man dir Alles verböte,
Doch gräme dich nicht so sehr,
15
Du hast ja Schiller und Göthe:
Schlafe, was willst du mehr?

Dein König beschützt die Kameele
Und macht sie pensionär,
Dreihundert Thaler die Seele:
20
Schlafe, was willst du mehr?

Es fechten dreihundert *Blätter*
Im Schatten, ein Sparterheer;
Und täglich erfährst du das Wetter:
Schlafe, was willst du mehr?

25
Kein Kind läuft ohne Höschen
Am Rhein, dem freien, umher:
Mein Deutschland, mein Dornröschen
Schlafe, was willst du mehr? –

Im Grase.

Süße Ruh', süßer Taumel im Gras,
Von des Krautes Arom umhaucht,
Tiefe Flut, tief, tief trunkne Flut,
Wenn die Wolke am Azure verraucht,
Wenn aufs müde schwimmende Haupt
Süßes Lachen gaukelt herab,
Liebe Stimme säuselt und träuft
Wie die Lindenblüth' auf ein Grab.

Wenn im Busen die Todten dann
Jede Leiche sich streckt und regt,
Leise, leise den Odem zieht,
Die geschloss'ne Wimper bewegt,
Todte Lieb', todte Lust, todte Zeit,
All die Schätze, im Schutt verwühlt,
Sich berühren mit schüchternem Klang
Gleich den Glöckchen, vom Winde umspielt.

Stunden, flücht'ger ihr als der Kuß
Eines Strahls auf den trauernden See,
Als des zieh'nden Vogels Lied,
Das mir niederperlt aus der Höh',
Als des schillernden Käfers Blitz
Wenn den Sonnenpfad er durcheilt,
Als der flücht'ge Druck einer Hand,
Die zum letzten Male verweilt.

Dennoch, Himmel, immer mir nur
Dieses Eine nur: für das Lied
Jedes freien Vogels im Blau
Eine Seele, die mit ihm zieht,
Nur für jeden kärglichen Strahl
Meinen farbig schillernden Saum,
Jeder warmen Hand meinen Druck
Und für jedes Glück einen Traum.

Hamlet.

Deutschland ist Hamlet! – Ernst und stumm
In seinen Thoren jede Nacht
Geht die begrabne Freiheit um,
Und winkt den Männern auf der Wacht.
Dasteht die Hohe, blank bewehrt,
Und sagt dem Zaudrer, der noch zweifelt:
„Sei mir ein Rächer, zieh' dein Schwert!
Man hat mir Gift in's Ohr geträufelt!"

Er horcht mit zitterndem Gebein,
Bis ihm die Wahrheit schrecklich tagt;
Von Stund' an will er Rächer sein –
Ob er es wirklich endlich wagt?
Er sinnt und träumt und weiß nicht Rath;
Kein Mittel, das die Brust ihm stähle!
Zu einer frischen, muth'gen That
Fehlt ihm die frische, muth'ge Seele!

Das macht, er hat zu viel gehockt;
Er lag und las zu viel im Bett.
Er wurde, weil das Blut ihm stockt,
Zu kurz von Athem und zu fett.
Er spann zu viel gelehrten Werg,
Sein bestes Thun ist eben Denken;
Er stack zu lang in Wittenberg,
Im Hörsaal oder in den Schenken.

Drum fehlt ihm die Entschlossenheit;
Kommt Zeit, kommt Rath – er stellt sich toll,
Hält Monologe lang und breit,
Und bringt in Verse seinen Groll;
Stutzt ihn zur Pantomime zu,
Und fällt's ihm einmal ein, zu fechten:
So muß Polonius-Kotzebue
Den Stich empfangen statt des Rechten.

So trägt er träumerisch sein Weh',
Verhöhnt sich selber in's Geheim,
Läßt sich verschicken über See,
Und kehrt mit Stichelreden heim;

Verschießt ein Arsenal von Spott,
Spricht von geflickten Lumpenkön'gen –
Doch eine That? Behüte Gott!
Nie hatt' er Eine zu beschön'gen!

Bis endlich er die Klinge packt,
Ernst zu erfüllen seinen Schwur;
Doch ach – das ist im letzten Akt,
Und streckt ihn selbst zu Boden nur!
Bei den Erschlagnen, die sein Haß
Preis gab der Schmach und dem Verderben,
Liegt er entseelt, und Fortinbras
Rückt klirrend ein, das Reich zu erben. –

Gottlob, noch sind wir nicht so weit!
Vier Akte sahn wir spielen erst!
Hab' Acht, Held, daß die Ähnlichkeit
Nicht auch im fünften du bewährst!
Wir hoffen früh, wir hoffen spät:
O, raff' dich auf, und komm' zu Streiche,
Und hilf entschlossen, weil es geht,
Zu ihrem Recht der fleh'nden Leiche!

Mach' den Moment zu Nutze dir!
Noch ist es Zeit – drein mit dem Schwert,
Eh' mit französischem Rapier
Dich schnöd vergiftet ein Laert!
Eh' rasselnd naht ein nordisch Heer,
Daß es für sich die Erbschaft nehme!
O, sieh' dich vor – ich zweifle sehr,
Ob dießmal es aus Norweg käme!

Nur ein Entschluß! Aufsteht die Bahn –
Tritt in die Schranken kühn und dreist!
Denk' an den Schwur, den du gethan,
Und räche deines Vaters Geist!
Wozu dieß Grübeln für und für?
Doch – darf ich schelten, alter Träumer?
Bin ich ja selbst ein Stück von dir,
Du ew'ger Zauderer und Säumer!

Lieb und Leid im leichten Leben,
Sich erheben, abwärts schweben,
Alles will das Herz umfangen,
Nur verlangen, nie erlangen.

In dem Spiegel all ihr Bilder
Blicket milder, blicket wilder,
Kann doch Jugend nichts versäumen,
Fort zu träumen, fort zu schäumen.

Frühling soll mit süßen Blicken
Mich entzücken und berücken,
Sommer mich mit Frucht und Myrthen
Reich bewirthen, froh umgürten.

Herbst du sollst mich Haushalt lehren,
Zu entbehren, zu begehren,
Und du Winter lehr mich sterben,
Mich verderben, Frühling erben.

Wasser fallen um zu springen,
Um zu klingen, um zu singen
Schweig ich stille, wie und wo? –
Trüb und froh, nur so, so!

1845　　AUGUST HEINRICH HOFFMANN VON FALLERSLEBEN

Michel-Enthusiast.

Es wächst der Mensch mit seinen höhern Zwecken.
Schiller.

Es reist so mancher Philister
Ins Land Italia,
Auf daß er nachher sich rühme:
Auf Ehr', auch ich war da!

Zwar hat er des Ärgers nicht wenig
Und manchen großen Verdruß,
Und theuer muß er erkaufen
Den hochgepriesnen Genuß.

Doch nur ein deutscher Philister,
Der achtet nicht Hitz' und Durst,
Nicht Mauth und Paßbeschwerniß,
Es ist ihm Alles Wurst.

Trotz glühendem Scirocco,
Trotz drückendem Sonnenschein
Spaziert er zu allen Ruinen,
Zu allen Villen hinein.

Er geht in alle Kirchen,
In alle Gallerien,
Und läßt sich vom Servidore
Wie ein Bär am Seile ziehn.

Noch spät am Abend besteigt er
Ganz müde die steilsten Höhn
Und spricht vom Schweiße triefend:
Italien ist doch schön!

1845   GOTTFRIED KELLER

Willkommen, klare Sommernacht,
Die auf thautrunknen Fluren liegt!
Gegrüßt mir, hehre Sternenpracht,
Die spielend sich im Weltraum wiegt!

Das Urgebirge um mich her
Ist schweigend, wie ein Nachtgebet:
Weit hinter ihm hör' ich das Meer,
Im Geist, und wie die Brandung geht.

Ich höre einen Flötenton,
Den mir der Wind von Westen bringt,
Indes herauf im Osten schon
Die Ahnung, wie vom Tage, dringt.

Ich sinne, wo in weiter Welt
Jetzt sterben mag ein Menschenkind –
Und ob vielleicht den Einzug hält
Das längst ersehnte Heldenkind.

Doch wie auf blühn'dem Erdenthal
Ein unermeßlich Schweigen ruht:

20

Ich fühle mich so leicht zumal
Und, wie die Welt, so still und gut.

Der letzte, leise Schmerz und Spott
Verschwindet aus des Herzens Grund:
Es ist, als thät' der alte Gott
Mir endlich seinen Namen kund.

1846   FRIEDRICH HEBBEL

                          Ballade.

Der Knabe träumt: man schike ihn fort
Mit dreißig Thalern zum Heide-Ort;
    Er ward d'rum erschlagen am Wege
    Und war doch nicht langsam und träge.

Noch liegt er im Angstschweiß, da rüttelt ihn
Sein Meister, und heißt ihm, sich anzuzieh'n,
    Und wirft ihm das Geld auf die Deke
    Und fragt ihn, warum er erschreke.

„Ach Meister, mein Meister, sie schlagen mich todt,
Die Sonne, sie ist ja wie Blut, so roth!"
    Sie ist es für dich nicht alleine,
    D'rum schnell, sonst mach' ich dir Beine!

„Ach Meister, mein Meister, so sprachst du schon,
Das war das Gesicht, der Blik, der Ton,
    Gleich greifst du" – zum Stok! will er sagen,
    Er sagt's nicht, er wird schon geschlagen!

„Ach Meister, mein Meister, ich geh', ich geh,
Bring meiner Mutter das letzte Ade!
    Und sucht sie nach allen vier Winden,
    Am Weidenbaum bin ich zu finden!"

Hinaus aus der Stadt! – Und da dehnt sie sich,
Die Haide, nebelnd, gespenstiglich!
    Die Winde darüber sausend!
    „Ach, wäre hier ein Schritt, wie tausend!"

192

Und Alles so still und Alles so stumm,
Man sieht sich umsonst nach Lebendigem um,
Nur hungerige Vögel schießen
30   Aus Wolken, um Würmer zu spießen.

Er kommt an's einsame Hirtenhaus.
Der alte Hirt schaut eben heraus,
Des Knaben Angst ist gestiegen,
Am Wege bleibt er noch liegen.

35   „Ach Hirte, du bist ja von frommer Art,
Vier gute Groschen hab' ich erspart,
Gib deinen Knecht mir zur Seite,
Daß er bis zum Dorf mich begleite!

Ich will sie ihm geben, er trinke dafür,
40   Am nächsten Sonntag ein gutes Bier,
Dieß Geld hier, ich trag' es mit Beben,
Man nahm mir im Traum d'rum das Leben."

Der Hirt, der winkte dem langen Knecht,
Er schnitt sich eben den Steken zurecht,
45   Jetzt trat er hervor, wie graute
Dem Knaben, als er ihn schaute!

„Ach Meister Hirte, ach nein, ach nein,
Es ist doch besser, ich geh' allein!"
Der Lange spricht grinsend zum Alten:
50   „Er will die vier Groschen behalten!"

„Da sind die vier Groschen"! Er wirft sie hin
Und eilt hinweg mit verstörtem Sinn.
Schon kann er die Weide erbliken,
Da klopft ihn der Knecht in den Rüken.

55   „Du hältst es nicht aus, du gehst zu geschwind,
Ei, Eile mit Weile, du bist ja noch Kind,
Auch muß dich das Geld ja beschweren,
Wer kann dir das Ausruhn verwehren!"

Komm, setz' dich unter den Waidenbaum
60   Und dort erzähl' mir den häßlichen Traum,
Ich träumte – Gott soll mich verdammen,
Trifft's nicht mit deinem zusammen!"

Er faßt den Knaben wohl bei der Hand,
Der leistet auch nimmermehr Widerstand,
65   Die Blätter flüstern so schaurig,
Das Wässerlein rieselt so traurig!

„Nun sprich, du träumtest" – Es kam ein Mann –
„War ich das? Sieh mich doch näher an!
Ich denke du hast mich gesehen!
70   Nur weiter, wie ist es geschehen"?

– Er zog ein Messer – „War das, wie dieß?"
– Ach ja! ach ja! – „Er zog's?" Und stieß –
„Er stieß dir's wohl so durch die Kehle? –
Was hilft's auch, daß ich ihn quäle!"

75   Und fragt Ihr, wie's weiter gekommen sei,
So fragt zween Vögel, sie saßen dabei,
Der Rabe verweilte gar heiter,
Die Taube konnte nicht weiter.

Der Rabe erzählt, was der Böse noch that,
80   Und auch, wie's der Henker gerochen hat,
Die Taube erzählt, wie der Knabe
Geweint und gebetet habe!

1846   HEINRICH HEINE

Der Asra.

Täglich ging die wunderschöne
Sultanstochter auf und nieder,
5   Um die Abendzeit, am Springbrunn,
Wo die weißen Wasser plätschern.

Täglich stand der junge Sklave
Um die Abendzeit am Springbrunn,
Wo die weißen Wasser plätschern;
10   Täglich ward er bleich und bleicher.

Eines Tages trat die Fürstin
Auf ihn zu mit raschen Worten:
„Deinen Namen will ich wissen,
Auch die Heimath, auch die Sippschaft?"

15   Und der Sklave sprach: „Ich heiße
Mohamet, ich bin aus Yemmen,
Und mein Stamm sind jene Asra,
Welche sterben, wenn sie lieben."

Arm in Arm und Kron an Krone steht der Eichenwald
                                                    verschlungen,
Heut hat er bei guter Laune mir sein altes Lied gesungen.

Fern am Rand fing eine junge Eiche an sich sacht zu wiegen,
5 Und dann ging es immer weiter an ein Sausen, an ein Biegen;

Kam es her in mächt'gem Zuge, schwoll es an zu breiten Wogen,
Hoch sich durch die Wipfel wälzend kam die Sturmesfluth
                                                    gezogen.

Und nun sang und pfiff es graulich in den Kronen, in den Lüften,
Und dazwischen knarrt' und dröhnt' es unten in den
                                                    Wurzelgrüften.

10 Manchmal schwang die höchste Eiche gellend ihren Schaft alleine:
Donnernder erscholl nur immer drauf der Chor vom ganzen Haine!

Einer wilden Meeresbrandung hat das schöne Spiel geglichen,
Alles Laub war, weißlich schimmernd, starr nach Süden
                                                    hingestrichen.

Also streicht die alte Geige Pan der Alte, laut und leise,
15 Unterrichtend seine Wälder in der alten Weltenweise.

In den sieben Tönen schweift er unerschöpflich auf und nieder,
In den sieben alten Tönen, die umfassen alle Lieder.

Und es lauschen still die jungen Dichter und die jungen Finken,
Kauernd in den dunklen Büschen sie die Melodien trinken.

Hoffnung.

Und dräut der Winter noch so sehr
Mit trotzigen Geberden,
Und streut er Eis und Schnee umher,
Es muß *doch* Frühling werden.

Und drängen die Nebel noch so dicht
Sich vor den Blick der Sonne,
Sie wecket doch mit ihrem Licht
Einmal die Welt zur Wonne.

Blast nur ihr Stürme, blast mit Macht,
Mir soll darob nicht bangen,
Auf leisen Sohlen über Nacht
Kommt doch der Lenz gegangen.

Da wacht die Erde grünend auf,
Weiß nicht, wie ihr geschehen,
Und lacht in den sonnigen Himmel hinauf,
Und möchte vor Lust vergehen.

Sie flicht sich blühende Kränze in's Haar,
Und schmückt sich mit Rosen und Ähren,
Und läßt die Brünnlein rieseln klar,
Als wären es Freudenzähren.

Drum still! Und wie es frieren mag,
O Herz, gib dich zufrieden;
Es ist ein großer Maientag
Der ganzen Welt beschieden.

Und wenn dir oft auch bangt und graut,
Als sei die Höll' auf Erden,
Nur unverzagt auf Gott vertraut!
Es muß *doch* Frühling werden.

Auf dem Bau.

Am Hals ein Eisen, eins am Fuß,
　　Zweifarbig seine Jacke,
5　Die Haare wirr, den Blick gesenkt,
　　So schwingt er seine Hacke.
Wie der, der ihm zur Seite geht
　　Mit drohendem Gewehre,
So trug auch er sonst ander Tuch,
10　So dient' auch er im Heere.

Die Zeit war schlecht, das Korn war rar
　　Und groß die Noth der Armen,
Auf jedem Platz und Wege schlug
　　Empor der Schrei: Erbarmen!
15　Ach lieber Herr, ein Stückchen Brod,
　　Hab gestern schon gehungert,
Nach Arbeit, doch vergebens nur,
　　Den ganzen Tag gelungert.

Und als für Geld kein Brod mehr feil
20　Und leer die Magazine,
Da sprang, die längst schon vollgefüllt,
　　Die todesschwangre Mine.
Da heult' es: Arbeit oder Tod!
　　Und durch der Städte Straßen
25　Sah man, vom Hunger angefacht,
　　Des Aufruhrs Flamme rasen.

Da reißt der Trommel dumpfer Ton
　　Ihn in der Brüder Mitte,
Die Bayonnette aufgepflanzt,
30　Gings vor im Sturmesschritte.
Als gält' es nur ein lustig Spiel,
　　Ein Schießen nach den Scheiben,
So waren Kugeln ausgetheilt –
　　Den Hunger zu vertreiben.

35　Und horch, ein Schrei! Ein wilder Hauf
　　Wogt her im Straßenschatten,
Und gegenüber stehen sich
　　Die *Hungernden*, die *Satten*.

Hoch vor dem Trupp 'nen Fetzen Zeug
  An einer hohen Stange,
Als Fahne flatternd in der Luft,
  Trägt eine wilde Range.

Brod – ruft es, – Brüder, gebt uns Brod!
  Macht Brod aus diesen Steinen!
Daß unsre Kinder nicht daheim
  Vor Hunger länger weinen.
Ihr schießt doch nicht?! Um ein Loth Blei
  Wär' das Pfund Brod zu theuer – –
Da tönt es drüben durch die Reih'n:
  „Schlagt an, Gewehre! Feuer!"

Die Salve kracht – nun wilde Flucht,
  Nichts bleibt als – blutge Leiber;
Die haben keinen Hunger mehr,
  Drei Männer und zwei Weiber.
Der Hauptmann ruft: „In Lauf den Stock!"
  Und lauscht mit scharfem Ohre –
„Weh Euch, find ich noch einen Schuß
  Bei Einem in dem Rohre!"

Er fand ihn. – Der dort auf dem Wall,
  Der hatte *nicht* geschossen,
In Königs Rocke fühlte er
  Sich aus dem Volk entsprossen.
Ihm pocht' in wildem Schlag das Herz,
  Ihm zitterten die Glieder.
Auf die er hob das Mordgewehr –
  Die waren seine Brüder.

Sie stellten ihn vors Kriegsgericht,
  Weil, treulos seinem Eide,
Er noch als Mensch gefühlt, gedacht,
  In dem Gehorsamskleide.
Die Kugel bracht' das Urtel ihm,
  Nach Fug und Recht im Staate,
Doch edelmüthig schickte ihn
  „Zum Bau" des Königs Gnade.

An der Eisenbahn.

Hei! da fliegen sie von dannen
Auf den schmalen Eisenschienen,
Kaufleut', feile Fabrikanten
Mit verklärten Wuchermienen.

Hört ihr's pfeifen, hört ihr's zischen
Aus dem stolzen Eisenrohre?
Und sie fühlen mit Entzücken
Diesen Weihgesang dem Ohre.

Hört sie rollen, hört sie rasseln
Jener Wagen flücht'ge Räder;
Und es dringt mit süßem Wohllaut
In ihr innerstes Geäder.

Und ich stehe da und höre,
Auf den Bahnen, welch' Gewimmer!
Und ich stehe da und sehe,
Auf den Schienen, welch' Geflimmer!

Dies Gewimmer? dieses Stöhnen?
Ach, es sind die Schmerzenslaute
Jener Armen, deren Stärke
Dieses Riesenwerk erbaute.

Auf den Schienen dies Geflimmer?
Ach, es sind Millionen Thränen,
Die dahin die Augen weinten
Unter bangem, leisem Sehnen! –

Und dahin im leichten Fluge
Rollt die Eisenlast der Wagen;
Ja, sie fliegen von der Armuth
Schmerz und Jammer fortgetragen!

Fort schleich ich. Ein bleicher Nebel
Hüllt gespenstig ein die Bahnen: –
Weh', wenn einst die tausend Hände
Euch an eure Schulden mahnen!

ADOLF GLASSBRENNER*

Gebet
der belagerten Berliner.

Vater Wrangel, der Du bist im Schlosse,
Gepriesen sei, wie Brandenburgs, Dein Name.
Zu uns kamen Deine Kanonen;
Dein Wille geschieht gegen Himmel und Erde!
Unser täglich Brod giebst Du den Soldaten,
Und vermehrst unsere Schulden,
Wie Du vertrittst die Schuldigen.
Führe uns nicht in Versuchung!
Sondern erlöse uns von dem Übel,
Denn Dein ist der Geist des ganzen Preußens
Und seine Kraft und seine Herrlichkeit,
So lange es dauert.   Amen!

1849

ROBERT EDUARD PRUTZ

Der zehnte November 1848.

Ja wahrlich sie war schön, die Nacht der Barrikaden
In jenem Monat März, da, auch von Gottes Gnaden,
    Die Freiheit auf den Thron sich schwang!
Da hell im Mondenschein, voran den dunklen Massen,
Die Tricolore flog! da durch die stillen Gassen
    Der Donner der Kartätschen klang!

Doch schöner jene Nacht, da, Arm in Arm geschlossen,
Aufrechten Haupts, umragt von starrenden Geschossen,
    Die Volksvertreter wandelten!
Da selbst ein Wrangel sich vor Groll den Bart zerwühlte,
Da in der engen Brust der Füselier es fühlte,
    Daß sie wie Männer handelten!

In jener Nacht zuerst, da ist, o Fürst, geschehen,
Was Deine Söldlinge im Traum der Angst gesehen
    Bei Tag, bei Nacht, seit langer Zeit:
Da wankte, da zuerst der Grund von Deinem Throne,
Da zitterte, o Fürst, auf Deinem Haupt die Krone,
    Die Krone der Gerechtigkeit! –

Ihr habt von Haus zu Haus sie flüchtig jagen können,
Dürft ihnen selbst daheim die karge Ruh' mißgönnen –
    Ihr dürft es –: denn Ihr habt die Macht!
Doch aber, o bedenkt, daß über Jedes Haupte
25   Das nie verlöschende, von Euch zwar nicht geglaubte,
    Der Freiheit heil'ges Auge wacht! –

's ist nicht das erste Mal, wird nicht das letzte bleiben,
Noch öfter wird, wie heut, Gewalt das Recht vertreiben,
    Und doch berauscht Euch nicht im Glück:
30   Es ging die Freiheit wohl schon öfters mit Verbannten,
In fremdem Sand verweht der Staub der kaum Gekannten,
    – Sie selber aber kehrt zurück!

1850   GEORG BÜCHNER

O meine müden Füße, ihr müßt tanzen
In bunten Schuhen,
Und möchtet lieber tief
5   Im Boden ruhen.

O meine heißen Wangen, ihr müßt glühn
Im milden Kosen,
Und möchtet lieber blühn –
Zwei weiße Rosen.

10 O meine armen Augen, ihr müßt blitzen
Im Strahl der Kerzen,
Und schlieft im Dunkel lieber aus
Von euren Schmerzen.

1851   GOTTFRIED KELLER

Wie schlafend unter'm Flügel ein Pfau den Schnabel hält,
Von luft'gen Vogelträumen die blaue Brust geschwellt,
Geduckt auf Einem Fuße, dann plötzlich oft einmal,
5 Im Traume phantasirend das Funkelrad er stellt:
So hing betäubt und trunken, ausreckend Berg und Thal,
Der große Wundervogel in tiefem Schlaf, die Welt.
So schwoll der blaue Himmel von Träumen ohne Zahl,
Mit leisem Knistern schlug er ein Rad, das Sternenzelt.

Wenn schlanke Lilien wandelten, vom Weste leis geschwungen,
Wär' doch ein Gang, wie deiner ist, nicht gleicherweis' gelungen!
Wohin du gehst, da ist nicht Gram, da ebnet sich der Pfad,
5 So dacht' ich, als vom Garten her dein Schritt mir leis erklungen.
Und nach dem Takt, in dem du gehst, dem leichten, reizenden,
Hab' ich im Nachschau'n wiegend mich dies Liedchen leis
gesungen.

1851   ANNETTE ELISABETH FREIIN VON DROSTE-HÜLSHOFF

Am letzten Tage des Jahres.

Das Jahr geht um,
Der Faden rollt sich sausend ab.
5 Ein Stündchen noch, das letzte heut,
Und stäubend rieselt in sein Grab
Was einstens war lebend'ge Zeit.
Ich harre stumm.

's ist tiefe Nacht!
10 Ob wohl ein Auge offen noch?
In diesen Mauern rüttelt dein
Verrinnen, Zeit! Mir schaudert doch.
Es will die letzte Stunde sein
Einsam durchwacht.

15 Geschehen all!
Was ich begangen und gedacht,
Was mir aus Haupt und Hirne stieg,
Das steht nun eine ernste Wacht
Am Himmelsthor. O halber Sieg,
20 O schwerer Fall!

Wie ras't der Wind
Am Fensterkreuze! Ja es will
Auf Sturmesfittigen das Jahr
Zerstäuben, nicht im Schatten still
25 Verhauchen unterm Sternenklar,
Du Sündenkind!

War nicht ein hohl
Und heimlich Sausen jeden Tag
In deiner wüsten Brust Verließ,
30 Wo langsam Stein an Stein zerbrach
Wenn es den kalten Odem stieß
Vom starren Pol?

Mein Lämpchen will
Verlöschen, und begierig saugt
35 Der Docht den letzten Tropfen Oel.
Ist so mein Leben auch verraucht,
Eröffnet sich des Grabes Höhl
Mir schwarz und still.

Wohl in dem Kreis,
40 Den dieses Jahres Lauf umzieht,
Mein Leben liegt. Ich wußt, es log;
Und dennoch hat dieß Herz geglüht
In eitler Leidenschaften Joch.
Mir bricht der Schweiß

45 Der tiefsten Angst
Auf Stirn und Hand! Wie, dämmert feucht
Ein Stern dort durch die Wolken nicht?
Wär' es der Liebe Stern vielleicht,
Dir zürnend mit dem trüben Licht,
50 Daß du so bangst?

Horch, welch Gesumm!
Und wieder Sterbemelodie!
Die Glocke regt den ehrnen Mund.
O Herr! ich falle auf die Knie.
55 Sey gnädig meiner letzten Stund!
Das Jahr ist um!

Das Preußische Hurrah-Lied.
1848.

Was predigt der Pöbel von Volksmajestät
5   Und Volksregiment uns frühe und spät?
Hurrah Kamerad, marsch, marsch Kamerad:
Das leidet kein Preuß'scher Soldat!

Hat Preußen der Pöbel einst groß gemacht?
Nein, Friedrich, der donnernde König der Schlacht;
10 Hurrah Kamerad, marsch, marsch Kamerad,
Und mit ihm der Preuß'sche Soldat!

Zog der Pöbel für Deutschland nach Schleswig vorauf?
Nein, Friedrich Wilhelm und Vater „Drauf!"
Hurrah Kamerad, marsch, marsch Kamerad,
15 Und der Preuß'sche, der Preuß'sche Soldat!

O Friedrich Wilhelm so lieb und so theu'r,
Mein König, wann geht es wieder ins Feu'r?
Hurrah Kamerad, marsch, marsch Kamerad,
Wie sehnt sich der Preuß'sche Soldat!

20 Erlöste der Pöbel bei Leipzig die Welt?
Nein, Friedrich Wilhelm, der herrliche Held,
Hurrah Kamerad, marsch, marsch Kamerad,
Und mit ihm der Preuß'sche Soldat!

Wann wirbeln die donnernden Trommeln empor
25 Und die Pfeifen dazwischen im lieblichen Chor?
Hurrah Kamerad, marsch, marsch Kamerad,
Wie sehnt sich der Preuß'sche Soldat!

Wann prüfst du, mein König, die alte Treu,
Wann wird Hohenzollern das Kriegsgeschrei?
30 Hurrah Kamerad, marsch, marsch Kamerad,
Wie sehnt sich der Preuß'sche Soldat! –

Und stirbt er für seinen König allhier,
Giebt ihm droben der größte König Quartier!
Hurrah Kamerad, marsch, marsch Kamerad:
35 Ich sterbe als Preuß'scher Soldat! –

Im Eisenbahnhofe.

Hört ihr den Pfiff, den wilden, grellen,
Es schnaubt, es rüstet sich das Thier,
Das eiserne, zum Zug, zum schnellen,
Herbraust's, wie ein Gewitter schier.

In seinem Bauche schafft ein Feuer,
Das schwarzen Qualm zum Himmel treibt;
Ein Bild scheint's von dem Ungeheuer,
Von dem die Offenbarung schreibt.

Jetzt welch ein Rennen, welch Getümmel,
Bis sich gefüllt der Wagen Raum!
Drauf „fertig!" schreit's, und Erd' und Himmel
Hinfliegen, ein dämon'scher Traum.

Dampfschnaubend Thier! seit du geboren,
Die Poesie des Reisens flieht;
Zu Roß mit Mantelsack und Sporen
Kein Kaufherr mehr zur Messe zieht.

Kein Handwerksbursche bald die Straße
Mehr wandert froh in Regen, Wind,
Legt müd sich hin und träumt im Grase
Von seiner Heimath schönem Kind.

Kein Postzug nimmt mit lust'gem Knallen
Bald durch die Stadt mehr seinen Lauf,
Und wecket mit des Posthorns Schallen
Zum Mondenschein den Städter auf.

Auch bald kein trautes Paar die Straße
Gemüthlich fährt im Wagen mehr,
Aus dem der Mann steigt und vom Grase
Der Frau holt eine Blume her.

Kein Wand'rer bald auf hoher Stelle,
Zu schauen Gottes Welt, mehr weilt,
Bald alles mit des Blitzes Schnelle
An der Natur vorüber eilt.

Ich klage: Mensch, mit deinen Künsten
Wie machst du Erd' und Himmel kalt!

Wär' ich, eh' du gespielt mit Dünsten,
Geboren doch im wildsten Wald!

Wo keine Axt mehr schallt, geboren,
Könnt's seyn, in Meeres stillem Grund,
Daß nie geworden meinen Ohren
Je was von deinen Wundern kund.

Fahr' zu, o Mensch! treib's auf die Spitze,
Vom Dampfschiff bis zum Schiff der Luft!
Flieg' mit dem Aar, flieg' mit dem Blitze!
Kommst weiter nicht, als bis zur Gruft.

1852

CLEMENS BRENTANO

Wo schlägt ein Herz, das bleibend fühlt?

Wo schlägt ein Herz, das bleibend fühlt?
Wo ruht ein Grund nicht stets durchwühlt?
Wo strahlt ein See, nicht stets durchspült?
Ein Mutterschooß, der nie erkühlt?
Ein Spiegel, nicht für jedes Bild –
Wo ist ein Grund, ein Dach, ein Schild,
Ein Himmel, der kein Wolkenflug,
Ein Frühling, der kein Vögelzug,
Wo eine Spur, die ewig treu,
Ein Gleis, das nicht stets neu und neu?
Ach, wo ist Bleibens auf der Welt,
Ein redlich, ein gefriedet Feld,
Ein Blick, der hin und her nicht schweift,
Und Dies und Das, und Nichts ergreift,
Ein Geist, der sammelt und erbaut –
Ach, wo ist meiner Sehnsucht Braut?
Ich trage einen treuen Stern,
Und pflanzt' ihn in den Himmel gern,
Und find kein Plätzchen tief und klar,
Und keinen Felsgrund zum Altar;
Hilf suchen, Süße, halt, o halt!
Ein jeder Himmel leid't Gewalt.

Octoberlied.

Der Nebel steigt, es fällt das Laub;
Schenk' ein den Wein, den holden!
Wir wollen uns den grauen Tag
Vergolden, ja vergolden.

Und geht es draußen noch so toll,
Unchristlich oder christlich,
Ist doch die Welt, die schöne Welt
So gänzlich unverwüstlich!

Und wimmert auch einmal das Herz, –
Stoß' an, und laß es klingen!
Wir wissen's doch, ein rechtes Herz
Ist gar nicht umzubringen.

Der Nebel steigt, es fällt das Laub;
Schenk' ein den Wein, den holden!
Wir wollen uns den grauen Tag
Vergolden, ja vergolden.

Wohl ist es Herbst; doch warte nur,
Doch warte nur ein Weilchen!
Der Frühling kommt, der Himmel lacht,
Es steht die Welt in Veilchen.

Die blauen Tage brechen an;
Und ehe sie verfließen,
Wir wollen sie, mein wackrer Freund,
Genießen, ja genießen!

Die Stadt.

Am grauen Strand, am grauen Meer,
Und seitab liegt die Stadt;
Der Nebel deckt die Dächer schwer,
Und durch die Stille braust das Meer
Eintönig um die Stadt.

Es rauscht kein Wald, es schlägt im Mai
Kein Vogel ohn' Unterlaß;
Die Wandergans mit hartem Schrei
Nur fliegt in Herbstesnacht vorbei,
Am Strande weht das Gras.

Doch hängt mein ganzes Herz an dir,
Du graue Stadt am Meer;
Der Jugend Zauber für und für
Ruht lächelnd doch auf dir, auf dir,
Du graue Stadt am Meer.

1853   FRIEDRICH HEBBEL

Die alten Naturdichter Brockes, Geßner
und ihre modernen Nachzügler Stifter, Kompert u. s. w.

Wißt ihr, warum Euch die Käfer, die Butterblumen so glücken?
    Weil ihr die Menschen nicht kennt, weil ihr die Sterne nicht
                                                            seht!
Schautet ihr tief in die Herzen, wie könntet ihr schwärmen für
                                                            Käfer,
    Säht ihr das Sonnensystem, sagt doch, was wär' euch ein
                                                            Strauß?
Aber das mußte so sein; damit ihr das Kleine vortrefflich
    Liefertet, hat die Natur klug euch das Große entrückt.

1854   PAUL HEYSE

Euch beneid' ich, ihr Lacerten,
Die ihr an der Mauer tänzelt,
In den lichten Rebengärten
Sonnig auf und nieder schwänzelt.

Euer lustiges Gelichter
Achtet nicht der Lorbeerhecken
Dort im Garten, die den Dichter
Aus der süßen Ruhe schrecken.

Nicht der dunkelgrünen Predigt
Jener stattlichen Cypressen,

Die die Seele, kurzbeseligt,
Mit den bangen Schauern pressen.

Ach, und nicht der Myrtenbäume,
Deren Zweige mir verkünden,
Wieviel Wonnen ich versäume,
Bis sie dir das Haar umwinden!

1854

HEINRICH HEINE

Babylonische Sorgen.

Mich ruft der Tod – Ich wollt', o Süße,
Daß ich dich in einem Wald verließe,
In einem jener Tannenforsten,
Wo Wölfe heulen, Geier horsten
Und schrecklich grunzt die wilde Sau,
Des blonden Ebers Ehefrau.

Mich ruft der Tod – Es wär' noch besser,
Müßt' ich auf hohem Seegewässer
Verlassen dich, mein Weib, mein Kind,
Wenn gleich der tolle Nordpol-Wind
Dort peitscht die Wellen, und aus den Tiefen
Die Ungethüme, die dort schliefen,
Haifisch' und Crocodile, kommen
Mit offnem Rachen emporgeschwommen –
Glaub' mir, mein Kind, mein Weib, Mathilde,
Nicht so gefährlich ist das wilde,
Erzürnte Meer und der trotzige Wald,
Als unser jetziger Aufenthalt!
Wie schrecklich auch der Wolf und der Geier,
Haifische und sonstige Meerungeheuer:
Viel grimmere, schlimmere Bestien enthält
Paris, die leuchtende Hauptstadt der Welt,
Das singende, springende, schöne Paris,
Die Hölle der Engel, der Teufel Paradies –
Daß ich dich hier verlassen soll,
Das macht mich verrückt, das macht mich toll!

Mit spöttischem Sumsen mein Bett umschwirr'n
Die schwarzen Fliegen; auf Nas' und Stirn

Setzen sie sich – fatales Gelichter!
Etwelche haben wie Menschengesichter,
Auch Elephantenrüssel daran,
Wie Gott Ganesa in Hindostan. – –
35 In meinem Hirne rumort es und knackt,
Ich glaube, da wird ein Koffer gepackt,
Und mein Verstand reist ab – o wehe –
Noch früher als ich selber gehe.

1856   JULIUS LEVY RODENBERG
                    Das Leben der Nacht

                    (An Johanne.)

Die Nacht ist still. Kein Hauch bewegt die Luft;
5 Vom Wald herein weht frischer Eichenduft,
Durch's Thal hör' ich die kühlen Wasser fallen,
Vertraulich lieber Ton! Du weißt warum –
Aus fernen Dörfern leise Stimmen schallen.
Sonst liegt die Welt versunken, lautlos stumm.
10 Der Himmel glänzt aus mattem Nebelflore,
Mondlichtdurchflossen; seine Wolkenthore
Leicht angelehnt – zwei Sterne seh'n mich an,
Wie deine lieben Augen sonst gethan.

Gern in der Nacht betracht' ich meine Landschaft.
15 Wie anders dann erscheint sie! Es durchkreist
Sie heil'ges Leben, und der eig'ne Geist
Fühlt mit dem Geist in ihr dann die Verwandtschaft.

Das Weh'n, das Tags die Bäume nur bewegt,
Macht dann das Herz in seinen Tiefen beben;
20 Und was man sonst zu überhören pflegt,
Klingt dann wie Melodie und ew'ges Leben.
Die Zweige – sonst von Blättern nur belaubt –
Beleben sich mit seltenem Bewegen;
Und manches wunderlich geformte Haupt
25 Starrt aus dem grünen Dunkel dir entgegen.
Die Blumen all', die anmuthreichen Schläfer,
Die Händchen fromm gefaltet, athmen kaum;
Wie leuchtende Gedanken zieh'n die Käfer
Durch ihren tiefen, düfteschweren Traum.

Wohl klopft dein Herz – du aber hörst es nicht –
Vom Wind gejagt weht deiner Kerze Licht;
Und, wie um deines Seelenflugs zu spotten,
Versengen sich die Flüglein d'ran die Motten.
O, in die Mitternacht solch' eine Schau
Ist wie ein Blick in's Geisterreich! Es lächelt
Der Himmel mild, verheißungsvoll; und lau
Wirst du vom Hauch der Zukunft angefächelt.
Und sanft mit dem Gefühl für Raum und Zeit
Verschwinden auch für dich des Tages Sorgen;
Du hast ein Vorgefühl der Ewigkeit,
Und durch die Nacht siehst du den fernen Morgen.

1857   FRIEDRICH HEBBEL

Herbstbild.

Dieß ist ein Herbsttag, wie ich keinen sah!
  Die Luft ist still, als athmete man kaum,
Und dennoch fallen raschelnd, fern und nah,
  Die schönsten Früchte ab von jedem Baum.

O stört sie nicht, die Feier der Natur!
  Dieß ist die Lese, die sie selber hält,
Denn heute lös't sich von den Zweigen nur,
  Was vor dem milden Strahl der Sonne fällt.

1859   AUGUST HEINRICH HOFFMANN VON FALLERSLEBEN

Bundeszeichen.

Mel.: Brüder, laßt uns lustig sein.

Frei und unerschütterlich
Wachsen unsre Eichen,
Mit dem Schmuck der grünen Blätter
Stehn sie fest in Sturm und Wetter,
Wanken nicht noch weichen.

Wie die Eichen himmelan
Trotz den Stürmen streben,
Wollen wir auch ihnen gleichen,
Frei und fest wie deutsche Eichen
Unser Haupt erheben.

Darum sei der Eichenbaum
Unser Bundeszeichen:
Daß in Thaten und Gedanken
Wir nicht schwanken oder wanken,
Niemals muthlos weichen.

1864   EMANUEL GEIBEL

Einst geschieht's, da wird die Schmach
Seines Volks der Herr zerbrechen;
Der auf Leipzigs Feldern sprach,
Wird im Donner wieder sprechen.

Dann, o Deutschland, sei getrost!
Dieses ist das erste Zeichen,
Wenn zum Bündniß West und Ost
Wider dich die Hand sich reichen.

Wenn verbündet Ost und West
Wider dich zum Schwerte fassen,
Wisse, daß dich Gott nicht läßt,
So du dich nicht selbst verlassen.

Deinen alten Bruderzwist
Wird das Wetter dann verzehren;
Thaten wird zu dieser Frist,
Helden dir die Noth gebären,

Bis du wieder stark, wie sonst,
Auf der Stirn der Herrschaft Zeichen,
Vor Europa's Völkern thronst,
Eine Fürstin sonder Gleichen.

Schlage, schlage denn empor,
Läutrungsglut des Weltenbrandes!
Steig' als Phönix draus hervor,
Kaiseraar des deutschen Landes!

Reichslied.

10. Juli 1870.

Nun seid bereit mit Gut und Blut
In jedem deutschem Stamme,
Nun lodre deutscher Mannesmuth
Als himmelhohe Flamme.
Die Stunde schlug,
Zum Siegeszug
Uns heilig zu verbünden
Und, ob sich auch die halbe Welt
Entgegenstellt,
Das deutsche Reich zu gründen.

Der Friedenslügner ist entlarvt,
Er will den Rhein uns rauben!
Ihr dürft, bis ihr ihn niederwarft,
Für Gott zu streiten glauben;
Denn zornentflammt
Hat ihn verdammt
Der Herr der Ewigkeiten;
Wir sollen – fragt nicht länger, wie? –
Nun oder nie
Das deutsche Reich erstreiten.

Geknebelt und geknechtet lag
In Bonaparte's Banden
Die halbe Welt. Die Kette brach,
Als Deutschland aufgestanden
Und siegesfroh
Bis Waterloo
Ihn unsre Väter trieben.
Doch, ob sie fochten heldengleich,
Ihr Preis, das Reich,
Wo ist das Reich geblieben?

Mit Tücken stürzt zum zweiten mal
Sein Garn ein Bonaparte!
Schon zeichnet man wie er's befahl
Europa's neue Karte.
Doch Uns bestellt
Der Herr der Welt,

Ihm sein Gelüst zu dämpfen.
So seien wir den Vätern gleich,
Daß wir das Reich,
Das deutsche Reich erkämpfen.

Ein heilig ernstes Rüsten sei
Von Niemen bis zum Rheine,
Vom Schneeberg zu den Küsten sei
Nur eine Kampfgemeine,
Ein waltend Wort
Ein Herr, ein Hort,
Ein Regen und ein Ringen.
So werden wir, ob sich die Welt
Entgegenstellt,
Das deutsche Reich erzwingen.

1872   THEODOR FONTANE

Der 6. November 1632
(Schwedische Sage)

Schwedische Haide, Novembertag,
Der Nebel grau am Boden lag.
Hin über das Steinfeld von Dalarn
Holpert, stolpert ein Räderkarrn.

Ein Räderkarren, beladen mit Korn;
Lorns Atterdag zieht an der Deichsel vorn,
Niels Rudbeck schiebt; Sie zwingens nicht,
Das Gestrüpp wird dichter, Niels aber spricht:

„Busch-Ginster wächst hier über den Steg,
Wir geh'n in die Irr', wir missen den Weg,
Wir haben links und rechts vertauscht, –
Hörst du, wie die Dal-Elf rauscht?"

„Das ist nicht die Dal-Elf, die Dal-Elf ist weit,
Es rauscht nicht vor uns und nicht zur Seit',
Es lärmt in Lüften, 's klingt wie Trab,
Wie Reiter wogt es auf und ab.

Es ist wie Schlacht die herwärts dringt,
Wie Kirchenlied es zwischen klingt,

214

Ich hör' in der Rosse wieherndem Trott:
Eine feste Burg ist unser Gott!"

Und kaum gesprochen, da Lärmen und Schrei'n,
In tiefen Geschwadern bricht es herein,
Es brausen und dröhnen Luft und Erd',
Vorauf ein Reiter auf weißem Pferd.

Signale, Schüsse, Rossegestampf,
Der Nebel wird schwarz wie Pulverdampf,
Wie wilde Jagd so fliegt es vorbei; –
Zitternd ducken sich die Zwei.

Nun ist es vorüber... Da wieder mit Macht
Rückwärts wogt die Reiterschlacht,
Und wieder dröhnt und donnert die Erd',
Und wieder vorauf das weiße Pferd.

Wie ein Lichtstreif durch den Nebel es blitzt,
Kein Reiter mehr im Sattel sitzt.
Das fliehende Thier, es dampft und raucht,
Sein Weiß ist tief in Roth getaucht.

Der Sattel blutig, blutig die Mähn';
Ganz Schweden hat das Roß gesehn; –
Auf dem Felde von *Lützen* am selben Tag
Gustav Adolf in seinem Blute lag.

1872   UNBEKANNTER VERFASSER

Nachtwächterlied

Aus den Papieren eines reaktionären Ober-Nachtwächters.
1848.

1. Ihr Deutschen, hört und laßt euch sagen:
Wollt ihr die Freiheit noch länger ertragen?
Ihr habt sie lang genug doch besessen,
Und könnt sie endlich mit Freuden vergessen.
                    Tu tu!

2. Schaut um euch nur zu dieser Stunde!
Geht das Geschäft nicht ganz zu Grunde,
Seit Preßfreiheit die Volksversammelten
Erzwungen von unsern Angestammelten?
                    Tu tu!

3. Wie thaten wir uns früher gütlich:
Wie war der Censor so gemüthlich,
Wenn er allerunterthänigst sich sputete
Und Schriftsteller und Verleger knutete!
                              Tu tu!

4. O schöne Zeit in vergangnen Jahren,
Wo wir rasiert und bezopft noch waren,

Nur was in der „Allgemeinen" gestanden!
                              Tu tu!

5. Da ging der Bürger mit seiner Familie
Des Sonntags im Felde durch Ros' und Lilie
Und freute sich, bis zu Thränen gerührt,
Daß Gott die Welt so schön ausstaffiert.
                              Tu tu!

6. Auch hatt er noch andere glückliche Zeiten
Bei fürstlichen Taufen und Lustbarkeiten,
Bei Kirchenparaden und so weiter,
Und der Zopf war immer sein treuer Begleiter.
                              Tu tu!

7. Jetzt aber ist Alles anders geworden,
Auf den Straßen nichts als Banditenhorden,
Heckerianer mit Turnern im Arme,
Und Alles ohne Zopf – daß sich Gott erbarme!
                              Tu tu!

8. Wie soll das enden, ihr Treuen und Frommen?
Schon seh' ich der Schrecken schrecklichstes kommen,
Den Adel abgeschafft, Alle gleich,
Und die Jesuiten verjagt aus dem Reich.
                              Tu tu!

9. Der Tag vertreibt die finstre Nacht,
Ihr Krebse und Reactionaire, habt Acht,
Habt Acht und laßt verbrüdert uns halten
An unsrer Parole: „'s bleibt Alles beim Alten!"
                              Tu tu!

Friedrich Rückert

Du bist ein Schatten am Tage
Und in der Nacht ein Licht;
Du lebst in meiner Klage
5   Und stirbst im Herzen nicht.

Wo ich mein Zelt aufschlage,
Da wohnst du bei mir dicht;
Du bist mein Schatten am Tage
Und in der Nacht mein Licht.

10 Wo ich auch nach dir frage,
Find' ich von dir Bericht,
Du lebst in meiner Klage
Und stirbst im Herzen nicht.

Du bist ein Schatten am Tage,
15 Doch in der Nacht ein Licht;
Du lebst in meiner Klage
Und stirbst im Herzen nicht.

Friederike Kempner

Die Poesie.

Die Poesie, die Poesie,
Die Poesie hat immer Recht,
Sie ist von höherer Natur,
5   Von übermenschlichem Geschlecht.

Und kränkt ihr sie, und drückt ihr sie,
Sie schimpfet nie, sie grollet nie,
Sie legt sich in das grüne Moos,
10 Beklagend ihr poetisch Loos!

Dem Kaiser Wilhelm.
Sonett.

Staunest ob der Alpenhöhe,
Sinkest nieder vor den Sternen,
Vor dem Glanz des Meteores
Aus den unbegriffnen Fernen?

Staun' nicht ob der Alpenhöhe,
Sink' nicht nieder vor den Sternen,
Vor dem Glanz des Meteores
Aus den unbegriffnen Fernen:

An und für sich sind sie wenig,
– Wahre Größe wohnt im Geist –
Staune an den großen König,
Den mit Recht man „Ersten" heißt –
Jeder Zoll ein Kaiser-König,
Der die Völker mit sich reißt! –

1874   WILHELM BUSCH

Die Liebe war nicht geringe.
   Sie wurden ordentlich blaß;
Sie sagten sich tausend Dinge
   Und wußten noch immer was.

Sie mußten sich lange quälen.
   Doch schließlich kam's dazu,
Daß sie sich konnten vermählen.
   Jetzt haben die Seelen Ruh.

Bei eines Strumpfes Bereitung
   Sitzt sie im Morgenhabit;
Er liest in der Kölnischen Zeitung
   Und theilt ihr das Nöthige mit.

Der Kampf um's Dasein.

Es wandelt der Neuzeit gewaltiger Fortschritt
In oft viel Staub aufwirbelndem Wortschritt,
5   Wobei Mancher die kühnsten Sprünge wagt,
Ohne selbst recht zu wissen, was er sagt.

„Der Kampf um's Dasein" heißt die Phrase
Als Schlagwort der neuen Erkenntnißphase,
Und wirklich ist, wie man's erkor,
10 Dies Wort ein Schlag auf's deutsche Ohr,
Der das Gehör gleich wirksam dämpft
Beim Eingang zur Erkenntnißpforte.

Wer hat um's *Dasein* je gekämpft?
In welcher Zeit? an welchem Orte?

15 Bewußtlos ward es uns gegeben
Mit unserm ersten Athemzug.
Wir kämpften nur, um *fortzuleben.*
Und Mancher hat gar bald genug
An diesem Kampf, und sucht der Zuchtwahl,
20 Sammt den Gesetzen der Vererbung
Und alles Erdenglücks Erwerbung,
Sich zu entziehn durch freie Fluchtwahl
Aus dieser Kampfeswelt, die schmerzlos
Niemand betritt und Niemand flieht,
25 Und wo nur glücklich ist, wer herzlos
Auf all' das Elend um sich sieht.

Mittag.

Am Waldessaume träumt die Föhre,
Am Himmel weiße Wölkchen nur;
5   Es ist so still, daß ich sie *höre,*
Die tiefe Stille der Natur.

Rings Sonnenschein auf Wies' und Wegen,
Die Wipfel stumm, kein Lüftchen wach,

Und doch, es klingt als ström' ein Regen
Leis tönend auf das Blätterdach.

1877

GEORG HERWEGH

Groß.
Mai 1872.

„Seid umschlungen, Milliarden!"
    Hör ich mit Begeisterung
Singen unsre Einheits-Barden:
    Welche Federn! welcher Schwung!
Sah man jemals solche Beute?
    Wir verstehen unser Fach,
Ja, ihr Professorenleute,
    Wir sind groß, brüllt Auerbach.

Gottesfurcht und fromme Sitte,
    Blut und Eisen wirkten gut,
Und vor unserm Reich der Mitte
    Zieht Europa stolz den Hut.
Geibel wird ein Epos schreiben;
    Einen blinderen Homer
Wüßt' ich nirgends aufzutreiben:
    Wir sind groß – es freut mich sehr.

Elsaß unser – Dank, Ihr Streiter!
    Lothringen in deutscher Hand!
Immer länger, immer breiter
    Machen wir das Vaterland.
Eine Million Soldaten
    Stehen da, wenn Cäsar spricht,
Stramm gedrillt zu Heldenthaten:
    Wir sind groß – ich leugn' es nicht.

Thöricht zwar ins Herz geschlossen
    Hatt' ich einst ein Ideal,
Das zerfetzt nun und zerschossen
    Liegt im preußischen Spital.
Doch was kümmern uns die Wunden
    Die der Ruhm der *Freiheit* schlug!
Mag sie, wie sie kann, gesunden:
    Wir sind groß – das ist genug.

Welt-Anschauung.

Natur durchforschend und Geschichte
   Gelangst du zu dem herben Schluß,
Daß alles Einzelne zu nichte
   Gesetznothwendig werden muß. –

Das schmerzt! – Doch mußt du's lernen tragen. –
   Zwar niemals trägst du's ohne Schmerz:
Es will durchaus nicht ruh'n, zu schlagen,
   Wie schwer es schlagend litt, das Herz.
Der Held sogar, der hochbegeistert
   Für's Vaterland zu sterben sprang –
Wann ihn die Wunde nun bemeistert,
   Wie hangt am Leben all sein Drang!

Das aber ist das Große eben,
Daß du das heißgeliebte Leben
   Doch opferst für dein Ideal:
   Das ist des Menschen Ruhm – und Qual.
Das Thier weiß nichts von Todesgrauen:
Der Mensch soll festen Muthes schauen
   In's Angesicht der Vollvernichtung!
   Wohl dem, den Glaube, Traum und Dichtung
Hinweg täuscht über diesen Schlund!
Doch wer dem Sein sah auf den Grund,
   Den majestätischen Gesetzen,
   Die, ob sie wohlthun, ob verletzen,
Gleich unerbittbar sich vollziehn – –
Kein frommes Wähnen tröstet ihn! –

Ihm hilft nur Eins: der bittern Wahrheit
In furcht- und hoffnungsfreier Klarheit
   Als des Nothwend'gen sich gewöhnen
   Und mit dem Weltzwang sich versöhnen.

Vielleicht herrscht in dem „Kosmos" doch
Nicht blos des dumpfen Zwanges Joch,
Vielleicht, wenn wir *das Ganze* hörten
   Der ew'gen Welten-Melodie, –
Die schrillen Töne, die uns störten,
   Sie lösten sich in Harmonie! –

Wer will das leugnen? wer beweisen?
In *unsres Wissens* engen Kreisen
  Steht nur das Eine traurig fest,
  Daß sich nicht Mehr *beweisen* läßt,
Als eines Urgesetzes Walten,
  Das sonder Gnade, sonder Liebe,
  Endlos in ew'gem Radgetriebe
Stets neue Welten muß gestalten. –

Das nennt ihr: „trostlos", „unertragbar?"
Ja wohl! Es leidet auch unsagbar
  Die Seele, welche dies erkannt –
  Bis daß sie – selbst sich überwand:
Bis sie erfaßt, daß unvergänglich
  Doch ward, was einmal sich vollendet:
  Denn niemals mehr wird rückgewendet,
Was sich an Schönheit überschwänglich,
  An Kraft und Weisheit wunderbar
  Auf Erden Einmal lebte dar!

Was Einmal selig du genossen
  An Liebe, Freundschaft, Volkesruhm,
  An Wissen, Kunst und Heldenthum –
Das hältst auf ewig du umschlossen,
Das ist auf ewig dir gegeben,
  So lang du denkst, zu Eigenthum!

„So lang du denkst! – da liegt es eben!"
  Nun sage, Freund: Ist's gar so schwer,
Daß Einmal nicht du denkest mehr?
Der Augenblick ist Ewigkeit,
Den du dem Ideal geweiht.

„Beglückt dich solche Lehre? Nein!
Der Glaube nur beglückt allein."
Müßt ihr denn durchaus „glücklich" sein?
Begeisterung ist Glück allein:
Und *sie* kann auch *mein* Denken leih'n,
Sich allem Edelsten zu weih'n.

Ich rüttle nicht an eurem Glauben –
Wollt' mir auch nicht die Einsicht rauben,
Die nicht aus Muthwill', nein, gezwungen
  Von des Gedankens Machtgebot,
In Kämpfen schwer ich mir errungen,
  In Kämpfen, bitter wie der Tod. –

Und lästert nicht, bei solcher Lehre
Verloren sei der Menschheit Ehre!
Mich dünkt, wer, ohne Lohn zu hoffen
   In eines Jenseits Seligkeit,
Wo ihm die Himmel stehen offen,
   Der Pflicht sein Leben selbstlos weiht,
In seines Volkes Herrlichkeit
Das höchste Gut des Mannes findet,
   Für das er lehren, schaffen, werben,
   Für das er leben soll und sterben –
Mir dünkt, daß den ein Kranz umwindet,
Der höchsten Menschenruhm verleiht.

Leonidas stirbt ohne Wanken,
   Obgleich ihm grau der Hades dräut:
Soll minder ihm die Menschheit danken,
   Als einem Martyr, der sich freut
   Im Tod die Seligkeit zu erben?
Wie *König Teja* leben, sterben,
   Ganz für sein Volk, ein ernster Held: –
Das ist die Art, die mir gefällt.

Nicht Freude spendet solche Lehre:
So gönnt ihr doch des Lorbeers Ehre.

Die Seelenstimmung aber, die
   Aus solcher Weltbetrachtung fließt,
Ist zwar nicht jene Melodie,
   Die *Mozart's* Silberton ergießt: –
Doch ist nicht auch Vollharmonie
Beethoven's Helden-Symphonie?

So zwischen Lust und Jammer schweben,
   Gedämpften Tons, nicht laut, nicht zag,
Und stets empor zum Lichte streben
   Mit nimmer müdem Flügelschlag,
Sich selbst genügend, hilfreich Andern,
Der Rose: „Kunst" im heißen Wandern
Sich manchmal freu'n: jedoch das Schwert
Des Kampfs nie legen aus den Händen: –
Das scheint ein Leben, völlig werth,
   Als Mann, als Held es zu vollenden:
Denn bei der Art, die mir gefällt,
   Heißt „Mann" genau soviel als – Held.

Fülle.

Genug ist nicht genug! Gepriesen werde
Der Herbst! Kein Ast, der seiner Frucht entbehrte!
Tief beugt sich mancher allzureich beschwerte,
Der Apfel fällt mit dumpfem Laut zur Erde.

Genug ist nicht genug! Es lacht im Laube!
Die Pfirsche hat dem Munde zugewunken!
Ein helles Zechlied summt die Wespe trunken –
Genug ist nicht genug! – um eine Traube.

Genug ist nicht genug! Mit vollen Zügen
Schlürft Dichtergeist am Borne des Genußes,
Das Herz, auch es bedarf des Überflußes,
Genug kann nie und nimmermehr genügen!

Der römische Brunnen.

Aufsteigt der Strahl und fallend gießt
Er voll der Marmorschaale Rund,
Die, sich verschleiernd, überfließt
In einer zweiten Schaale Grund;
Die zweite giebt, sie wird zu reich,
Der dritten wallend ihre Flut,
Und jede nimmt und giebt zugleich
Und strömt und ruht.

Wohin Du horchst...

Wohin Du horchst, vernimmst Du den Hülferuf
Der Noth! Wohin Du blickest, erschrecken Dich
    Gerungne Hände, bleiche Lippen,
      Welche des Todes Beschwörung murmeln!

Wohin Du helfend schreitest, versinkt Dein Fuß
Im Koth der Lügen. – Selbstischer Dummheit voll
   Schreit dort ein Protz nach „Ordnung", ihm ja
      Füllte der „gütige Gott" den Fleischtopf.

„Reformation", so heulen die Pfaffen rings.
„Es muß die Kirche wieder im Geisterreich
   Als Herrin thronen: ihre Lehren
      Scheuchen das Sorgen um *weltlich* Wohlsein!"

Des Staates Herren hoffen des Staates Heil
Vom sichren Maulkorb, welcher das Beißen wehrt,
   Sogar das unbequeme Bellen
      Wissen sie knebelgewandt zu dämpfen...

In diesem dunkelflutenden Wogenschwall
Wo ist der Boden, welcher den Anker hält?
   Wann naht der Gott im Sturm fahrend,
      Der die verpesteten Lüfte reinigt?

Wo blitzt ein Lichtstrahl kommenden Morgenroths
An diesem nachtbelasteten Horizont?
   Wo sieht der Jugend Thatensehnsucht
      Flattern die Wimpel des fernen Zieles?

1886   ARNO HOLZ

Ihr Dach stieß fast bis an die Sterne,
Vom Hof her stampfte die Fabrik,
Es war die richtge Miethskaserne
Mit Flur- und Leiermannsmusik!
Im Keller nistete die Ratte,
Parterre gab's Branntwein, Grogk und Bier,
Und bis ins fünfte Stockwerk hatte
Das Vorstadtelend sein Quartier.

Dort saß er nachts vor seinem Lichte
– Duck nieder, nieder, wilder Hohn! –
Und fieberte und schrieb Gedichte,
Ein Träumer, ein verlorner Sohn!
Sein Stübchen konnte grade fassen
Ein Tischchen und ein schmales Bett;

Er war so arm und so verlassen,
Wie jener Gott aus Nazareth!

Doch pfiff auch dreist die feile Dirne,
Die Welt, ihn aus: „Er ist verrückt!"
20 Ihm hatte leuchtend auf die Stirne
Der Genius seinen Kuß gedrückt.
Und wenn vom holden Wahnsinn trunken,
Er zitternd Vers an Vers gereiht,
Dann schien auf ewig ihm versunken
25 Die Welt und ihre Nüchternheit.

In Fetzen hing ihm seine Blouse,
Sein Nachbar lieh ihm trocknes Brod,
Er aber stammelte: „O Muse!"
Und wußte nichts von seiner Noth.
30 Er saß nur still vor seinem Lichte
Allnächtlich, wenn der Tag entflohn,
Und fieberte und schrieb Gedichte,
Ein Träumer, ein verlorner Sohn!

1892   STEFAN GEORGE

Mühle lass die arme still
Da die haide ruhen will
Teiche auf den thauwind harren
5 Ihrer pflegen lichte lanzen
und die kleinen bäume starren
Wie getünchte ginsterpflanzen

Weisse kinder schleifen leis
Ueberm see auf blindem eis
10 Nach dem segentag · sie kehren
Heim zum dorf in stillgebeten
DIE beim fernen gott der lehren
DIE schon bei dem Naherflehten

Kam ein pfiff am grund entlang?
15 Alle lampen flackern bang
War es nicht als ob es riefe?
Es empfingen ihre bräute
Schwarze knaben aus der tiefe...
Glocke läute   glocke läute

FRIEDRICH FREIHERR VON LILIENCRON*

Acherontisches Frösteln.

Schon nascht der Staar die rothe Vogelbeere,
Zum Erntekranze juchheiten die Geigen,
Und warte nur, bald nimmt der Herbst die Scheere
Und schneidet sich die Blätter von den Zweigen,
Dann ängstet in den Wäldern eine Leere,
Durch kahle Äste wird ein Fluß sich zeigen,
Der schläfrig an mein Ufer schickt die Fähre,
Die mich hinüberholt ins große Schweigen.

1893   FRIEDRICH FREIHERR VON LILIENCRON*

Vorfrühling am Waldrand.

In nackten Bäumen um mich her der Häher,
Der ewig kreischende, der Eichelspalter,
Und über Farnkraut gaukelt nah und näher
Und wieder weiter ein Citronenfalter,
Ein Hühnerhabicht schießt als Mäusespäher
Pfeilschnell knicklängs vorbei dem Pflugsterzhalter,
Der Himmel lacht, der große Knospensäer,
Und auf den Feldern klingen Osterpsalter.

1893   ARNO HOLZ

Alter Garten.

Kein Laut!
Nur die Pappeln flüstern . . .

Der alte Tümpel vor mir schwarz wie Tinte,
Um mich, über mir, von allen Seiten,
Auf Fledermausflügeln,
Die Nacht,
Und nur drüben noch,
Zwischen den beiden Weidenstümpfen,

227

Die sich im Dunkel wie Drachen dehnen,
Matt, fahl, verröchelnd,
Ein letzter Schwefelstreif.

Auf ihm, scharf, ein Schattenbild:
15   Ein Faun, der die Flöte bläst.

Ich sehe deutlich seine Finger.
Zierlich alle gespreizt
Und die beiden kleinsten höchst kokett aufwärts gehoben.
Das graziöse Röhrchen quer in ihrer Mitte
20   Schwebt fast wagerecht über der linken Schulter.
Auf die rechte seh ich.
Nur den Kopf nicht.
Der fehlt.
Der ist runtergekullert.
25   Der liegt seit hundert Jahren schon
Unten im Tümpel.

Plitsch! –?
Ein Frosch.

Ich bin zusammengeschrocken.
30   Der Streif drüben erlischt,
Ich fühle, wie das Wasser Kreise treibt,
Und die uralte Steinbank,
Auf der ich sitze,
Schauert mir plötzlich ihre Kälte
35   Bis ins Genick hinauf.

Still!! Schritte?

Nein. Nichts.
Nur die Pappeln . . . . .

Gesänge der Düfte.

Geruch der Walderde.

Unter schwarzen röchelnden Algen,
5   Scharfen Harzen, rothen Blättern
Stumm eine qualmende Quelle.

In lallender Welle sengender Wein.
Nelken, entzündet, scharlachwild,
Müdes Glimmen schwüler Amethysten.
10   Kühler Narzissen weiße Stimmen
Singen und lachen im Welken.
Nächte fliehen auf eisigen Schwingen.
Heiß schleichen der Wein und die Nelken.

Regenduft.

15   Schreie.   Ein Pfau.
Gelb schwankt das Rohr.
Glimmendes Schweigen von faulem Holz.
Flüstergrün der Mimosen.
Schlummerndes Gold nackter Rosen
20   Auf braunem Moor.

Rauschende Dämmerung in weißen Muscheln.
Granit blinkt eisengrau.
Matt im Silberflug Kranichheere
Über die Schaumsaat stahlkühler Meere.

25   Jasmin.

Wachsbleich die Sommernacht.
Auf erddunkeln Moderlachen
Singen rosigblaue Irislichter.
Wetterleuchten, schwefelgrün, in Splittern.
30   Eine weiße dünne Schlange sticht
Züngelnd nach dem blauen Mond.

Morgenduft.

Schwergebogen nasse Zweige.
Trübe Aprikosenblüten.
Unter tiefem Himmel schleichen
Feuchte Wege.

Aschenweiche Buchenwälder.
Kahle perlenmatte Fjorde.
Kaltes Schilf. Auf nacktem Grunde
Spielen scheue Rosenmuscheln.

Rosen.

Weinrot brennen Gewitterwinde.
Purpurblau der Seerand.
Hyazinthentief die ferne Küste.

Ein Regenbogen, veilchenschwül,
Schmilzt durch weihrauchblaue Abendwolken.

Im Thaudunkel lacht
Eine heiße Nachtigall.

1894

WILHELM FRIEDRICH NIETZSCHE

Vereinsamt.
(1884).

Die Krähen schrein
Und ziehen schwirren Flugs zur Stadt:
Bald wird es schnein –
Wohl dem, der jetzt noch – Heimat hat!

Nun stehst du starr,
Schaust rückwärts, ach! wie lange schon!
Was bist du Narr
Vor Winters in die Welt – entflohn?

Die Welt ein Tor
Zu tausend Wüsten stumm und kalt!

Wer das verlor,
Was du verlorst, macht nirgends halt.

Nun stehst du bleich,
Zur Winter-Wanderschaft verflucht,
Dem Rauche gleich,
Der stets nach kältern Himmeln sucht.

Flieg, Vogel, schnarr
Dein Lied im Wüsten-Vogel-Ton! –
Versteck, du Narr,
Dein blutend Herz in Eis und Hohn!

Die Krähen schrein
Und ziehen schwirren Flugs zur Stadt:
Bald wird es schnein –
Weh dem, der keine Heimat hat!

1895   STEFAN GEORGE

Komm in den totgesagten park und schau!
Der schimmer ferner lächelnder gestade
Der reinen wolken unverhofftes blau
Erhellt die weiher und die bunten pfade.

Dort nimm das tiefe gelb das weiche grau
Von birken und von buchs · der wind ist lau
Die späten rosen welkten noch nicht ganz
Erlese küsse sie und flicht den kranz

Vergiss auch diese lezten astern nicht!
Den purpur um die ranken wilder reben
Und auch was übrig blieb von grünem leben
Verwinde leicht im herbstlichen gesicht.

Die Stunden! wo wir auf das helle Blauen
Des Meeres starren und den Tod verstehn
So leicht und feierlich und ohne Grauen,

5   Wie kleine Mädchen, die sehr blass aussehn,
Mit grossen Augen, und die immer frieren,
An einem Abend stumm vor sich hinsehn

Und wissen, dass das Leben jetzt aus ihren
Schlaftrunk'nen Gliedern still hinüberfliesst
10   In Bäum' und Gras, und sich matt lächelnd zieren,

Wie eine Heilige die ihr Blut vergiesst.

Zuweilen kommen niegeliebte Frauen
Im Traum als kleine Mädchen uns entgegen
Und sind unsäglich rührend anzuschauen,

5   Als wären sie mit uns auf fernen Wegen
Einmal an einem Abend lang gegangen,
Indess die Wipfel athmend sich bewegen,

Und Duft herunterfällt und Nacht und Bangen.
Und längs des Weges, unsres Wegs, des dunkeln
Im Abendschein die stummen Weiher prangen,

10   Und, Spiegel unsrer Sehnsucht, traumhaft funkeln,
Und allen leisen Worten, allem Schweben
Der Abendluft und erstem Sternefunkeln

Die Seelen schwesterlich und tief erbeben
Und traurig sind und voll Triumphgepränge
15   Vor tiefer Ahnung, die das grosse Leben

Begreift und seine Herrlichkeit und Strenge.

HUGO VON HOFMANNSTHAL

Ballade des äusseren lebens

Und kinder wachsen auf mit tiefen augen
Die von nichts wissen, wachsen auf und sterben
5   Und alle menschen gehen ihre wege,

Und süsse früchte werden aus den herben
Und fallen nachts wie tote vögel nieder
Und liegen wenig tage und verderben,

Und immer weht der wind und immer wieder
10   Vernehmen wir und reden viele worte
Und spüren lust und müdigkeit der glieder

Und strassen laufen durch das gras, und orte
Sind da und dort, voll fackeln bäumen teichen
Und drohende, und totenhaft verdorrte...

15   Wozu sind diese aufgebaut? und gleichen
Einander nie? und sind unzählig viele?
Was wechselt lachen weinen und erbleichen?

Was frommt das alles uns und diese spiele
Die wir doch gross und ewig einsam sind,
20   Und wandernd nimmer suchen irgend ziele?

Was frommt's dergleichen viel gesehen haben?:
Und dennoch sagt der viel der abend sagt,
Ein wort daraus tiefsinn und trauer rinnt
Wie schwerer honig aus den hohlen waben.

1897   JOHANNES SCHLAF

Spätherbst.

I.

Wie ist mein Herz so müd und alt,
So müd und kalt! . . .
5   Die roten Hagebutten
Hängen über den Rain:
Ich starre in die welken

Blätter hinein
Und suche
10   Nach jenen alten warmen Ofenmärchen ...

II.

Prinz Zuckerkant
Kommt in's Land.
Seine Pracht schimmert auf gelben Blättern,

An Stamm und Kraut,
15   Auf dunklem Ackerbraun.
Wie heimisch ist sie zu schaun!
Nun könnt' ich hier immer so bei den grauen Weiden stehn
Und die blinkenden Tropfen fallen sehn! ...

III.
Am Kamin

20   Alt, alt bin ich
Wie der greise Wandrer, der nun kommt,
Und so still und dunkeläugig froh.

Ein kleines Liedchen
Hüpft und gaukelt immer so lieb
25   Und so schlicht über meine Tiefen ...

1897   ARNO HOLZ

Lachend in die Siegesallee
schwenkt ein Mädchenpensionat.

Donnerwetter, sind die chic!

5   Wippende, grünblau schillernde Changeantschirme,
lange, buttergelbe schwedische Handschuhe,
sich bauschende, silbergraue, von roten Tulpen durchflammte
Velvetblousen.

Drei junge Leutnants drehn ihre Schnurrbärte

Monocles.

10   Die Kavalkade amüsiert sic!

234

Fünfzig braune, trappelnde Strandschuhe,
fünfundzwanzig klingelnde Bettelarmbänder.

Links,
hinter ihnen drein,
die Blicke kohlschwarz,
ihr Drache.

Wehe!

Wie die Sonne durch die Bäume goldne Kringel wirft ...

Ach was!

Und ich kriege die Schönste, die sich nicht sträubt, um die Taille,
– die ganze Gesellschaft stiebt kreischend auseinander,
Huuch! die alte Anstandsglucke fällt in Ohnmacht –
und rufe:

Mädchen, entgürtet Euch und tanzt nackt zwischen den
Schwertern!

1899   ROBERT WALSER

Helle.

Graue Tage, wo die Sonne
sich wie ein blasse Nonne
hat gebärdet, sind nun hin.
Blauer Tag steht blau da oben,
eine Welt ist frei erhoben,
Sonn und Sterne blitzen drin.

Alles das begab sich stille,
ohne Lärm, als großer Wille,
der nicht Federlesens macht.
Lächelnd öffnet sich das Wunder;
nicht Raketen und nicht Zunder
braucht's dazu, nur klare Nacht.

STEFAN GEORGE*

Nietzsche.

Schwergelbe wolken ziehen überm hügel
Und kühle stürme halb des herbstes boten
5 Halb frühen frühlings... also diese mauer
Umschloss den Donnerer – ihn der einzig war
Von tausenden aus rauch und staub um ihn?
Hier sandte er auf flaches mittelland
Und tote stadt die lezten stumpfen blitze
10 Und ging aus langer nacht zur längsten nacht.

Blöd trabt die menge drunten · scheucht sie nicht!
Was wäre stich der qualle schnitt dem kraut!
Noch eine weile walte fromme stille
Und das getier das ihn mit lob befleckt
15 Und sich im moder-dunste weiter mästet
Der ihn erwürgen half sei erst verendet!
Dann aber stehst du strahlend vor den zeiten
Wie andre führer mit der blutigen krone.

Erlöser du! selbst der unseligste –
20 Beladen mit der wucht von welchen losen
Hast du der sehnsucht land nie lächeln sehn?
Erschufst du götter nur um sie zu stürzen
Nie einer rast und eines baues froh?
Du hast das nächste in dir selbst getötet
25 Um neu begehrend dann ihm nachzuzittern
Und aufzuschrein im schmerz der einsamkeit.

Der kam zu spät der flehend zu dir sagte:
Dort ist kein weg mehr über eisige felsen
Und horste grauser vögel – nun ist not:
30 Sich bannen in den kreis den liebe schliesst ...
Und wenn die strenge und gequälte stimme
Dann wie ein loblied tönt in blaue nacht
Und helle flut – so klagt: sie hätte singen
Nicht reden sollen diese neue seele.

Rosen, Goethe, Mozart

Was will ich mehr? Auf meinem Tische stehn
In schönem Glase dunkelrote Rosen,
Der weiße Marmor-Goethe sieht mich an,
Und eben hört' ich Mozarts Figaro.

Ich litt einst Schmerz? Ich war einst müd und krank?
Ich log mir Glück und dichtete ein Wunder
Von Weib, das nichts als gute Maske war? –:
Die Rosen glühen: Alles war ein Traum,
Der weiße Goethe leuchtet Heiterkeit,
Und in mir singt Susanne, Cherubin.

Wie aber: Hab' ich denn nicht Kummers viel?
Verliebten Zweifel und des Schaffens Angst? –:
Die roten Rosen glühen: Sieh uns an,
Der weiße Goethe lächelt: Denk an mich,
Und Mozart singt mich süß und heiter ein.

Ich frevelte, wollt' ich nicht glücklich sein.

Glück.

Es lachen, es entstehen
Im Kommen und im Gehen
Der Welt viel tiefe Welten,
Die alle wieder wandern
Und fliehend durch die andern
Als immer schöner gelten.

Sie geben sich im Ziehen,
Sie werden groß im Fliehen,
Das Schwinden ist ihr Leben. –
Ich bin nicht mehr bekümmert,
Da ich kann unzertrümmert
Die Welt als Welt durchstreben.

LUDWIG THOMA*

Protestversammlung

In allen deutschen
Universitätsstädten
5   Und überall sonst, wo
Nationales Fühlen und Denken
Sich regt,
Findet an einem Sonnabend Abend
In dem hiezu geeigneten
10   Lokal
Eine Versammlung
Patriotisch gesinnter,
Das Heiligste
Nicht schänden lassender
15   Jünglinge und Männer
Statt.
Pst!
Ruhe! *Silentium!*
Still!
20   Ein dichtes Gedränge.
Vorne sitzen
Mit furchtbaren Bärten
Und blitzenden Brillen
Die Professoren
25   Und die sonstigen
Besseren Kreise.
Überhaupt ist
Das Publikum sehr gewählt
Und besteht
30   Zum größten Teil
Aus akademisch gebildeten
Leuten,
Wie wir mit
Großer Befriedigung konstatieren.
35   Es sind fast gar keine,
Oder doch nur sehr wenige,
Niedrige,
Arbeitende
Bevölkerungsklassen darunter.
40   Gottlob!
Über dem Ganzen

Lodert die Flamme
Einer gewaltigen
Begeisterung
45 Und zum Teil auch
Entrüstung.
Die Gesichter glühen;
In den meisten
Stecken Cigarren.
50 Jetzt geht's los!
Pst!
Ruhe!
Ein würdig aussehender,
Mit dem Feldzugszeichen
55 Geschmückter
Und auch sonst sehr anständiger
Älterer Herr
Besteigt die Tribüne.
Seine Augen rollen
60 Und schießen Blitze
Hier hin –
Dort hin –
Und funkeln.
Er reckt die Arme
65 Hinauf zum Himmel;
Sein mächtiger Bart
Sträubt sich
Und
Er öffnet den Mund
70 Furchtbar weit
Und bringt ein Hoch auf den Landesherrn aus.
Hurra!
Als Zweiter kommt
Ein Kommerzienrat,
75 Welcher unter der Hand
An das verruchte,
Hundsgemeine,
Schuftige Volk der Engländer
Mit ziemlichem Profit
80 Waffen verkauft.
Er protestiert
Im Namen der Menschheit
Und insbesondere
Der deutschen Nation

Zwar nicht gegen den Krieg,
Aber
Gegen den frechen Vergleich
Welchen der Schurke
Chamberlain
Mit Beziehung auf den Krieg
Von 1870
Gemacht hat.
Die Hörer brüllen
Und stampfen
Und schreien
Und senden zur Decke
Gellende
Hurrarufe empor
Und trinken
Fürchterlich
Mit langen Zügen.

Es folgen noch fünfzehn,
Welche mit anderen
Oder mit gleichen
Worten das
Nämliche sagen.
Alle blieben jedoch
In denjenigen Grenzen,
Welche
Dem loyalen
Staatsbürger gezogen sind,
Und welche immerhin
Eine gewisse
Beschränkung der Gefühle
Selbst da, wo man
Könnte, dürfte und sollte,
Auferlegen.

Immer höher
Lodert die Flamme
Der nationalen
Begeisterung;
Immer glühender
Wurden die Herzen,
Daß es zischte,
Wenn einer
Aus schäumendem Krug
Die größere Hälfte

85
90
95
100
105
110
115
120
125

Hinuntergoß.
Mit Fug und Recht
130 Durfte der Präses
Konstatieren,
Daß das treue,
Stammverwandte
Volk der Buren
135 Mit diesem herrlichen Abend
Zufrieden sein konnte.
Alle sagten dasselbe,
Als sie torkelnd
Durch die Straßen der Stadt
140 Gingen.
Nur zwei Landgerichtsräte
Welche sich
An der Ecke hinstellten
Und wie Cypressen
145 Hin- und herwiegend
Ihre Notdurft verrichteten,
Sprachen rülpsend
Ihre Bedenken aus:
Erstens weil Chamberlain doch
150 Beamter wäre
Und als solcher
Einige Rücksicht verdiene,
Zweitens aber
Weil man nicht gewiß sei,
155 Ob er nicht morgen
Einen Orden bekäme.

1903 RAINER MARIA RILKE

Der Panther
(Jardin des plantes, Paris)

Sein Blick ist vom Vorübergehn der Stäbe
5 so müd geworden, daß er nichts mehr hält;
ihm ist als ob es tausend Stäbe gäbe
und hinter tausend Stäben keine Welt.

Der weiche Gang geschmeidig starker Schritte,
der sich im allerkleinsten Kreise dreht,

ist wie ein Tanz von Kraft um eine Mitte,
in der betäubt ein großer Wille steht.

Nur manchmal schiebt der Vorhang der Pupille
sich lautlos auf.   Dann geht ein Bild hinein;
geht durch der Glieder angespannte Stille
15 und hört im Herzen auf zu sein.

1905   ELSE LASKER-SCHÜLER

                Weltende

        Es ist ein Weinen in der Welt,
        Als ob der liebe Gott gestorben wär,
5   Und der bleierne Schatten, der niederfällt
        Lastet grabesschwer.

        Komm, wir wollen uns näher verbergen . . . .
        Das Leben liegt in aller Herzen
        Wie in Särgen.

10   Du! wir wollen uns tief küssen . . . .
        Es pocht eine Sehnsucht an die Welt,
        An der wir sterben müssen.

1905   RAINER MARIA RILKE

        Die Städte aber wollen nur das ihre
        und reißen alles mit in ihren Lauf.
        Wie hohles Holz zerbrechen sie die Tiere
5   und brauchen viele Völker brennend auf.

        Und ihre Menschen dienen in Kulturen
        und fallen tief aus Gleichgewicht und Maß,
        und nennen Fortschritt ihre Schneckenspuren
        und fahren rascher, wo sie langsam fuhren,
10   und fühlen sich und funkeln wie die Huren
        und lärmen lauter mit Metall und Glas.

        Es ist, als ob ein Trug sie täglich äffte,
        sie können gar nicht mehr sie selber sein;
        das Geld wächst an, hat alle ihre Kräfte

und ist wie Ostwind groß, und sie sind klein
und ausgeholt und warten, daß der Wein
und alles Gift der Tier- und Menschensäfte
sie reize zu vergänglichem Geschäfte.

1906

ERICH MÜHSAM

Symbole.

Mein Gemüt brennt heiß wie Kohle –
Könnt' ich's doch durch Verse kühlen!
Ach, ich berst' fast von Gefühlen,
Doch mir fehlen die Symbole.
Weltschmerz, banne meine Nöte!
Weltschmerz, den so oft ich reimte.
Tückisch greint die abgefeimte,
Schleimig-weinerliche Kröte.
Laster, die mich erdwärts leiten,
Gebt mir Verse, zeigt mir Bilder!
Satan lacht, und läßt nur wilder –
Höllen mir vorüberreiten.
Helft denn ihr, soziale Tücken!
Mußt' durch euch ich viel verzichten –
Seid auch Spender! Laßt mich dichten! –
Doch sie stechen nur wie Mücken.
In des Monds verfluchtem Scheine
Such' ich und im Alkohole; –
Alles quält mich; doch Symbole,
Ach, Symbole find' ich keine.
Aus. Vorbei. – Ich war ein Dichter. –
All mein Sehnen, all mein Hassen
Ist vom Genius verlassen. –
Leben, zeig' mir neue Lichter! . .
Mag mich denn die Liebe trösten,
Mutter meiner besten Schmerzen.
Strahlend stehn in tausend Kerzen
Die Symbole, die erlösten.

Pädagogik

O, schlagt mir nicht die Dichter tot
in eurer Kinder Ammen!
Euch tun die Märchen nicht mehr not
vom Satan und Herrn Zebaoth; –
ihr rafft das Hirn zusammen
und mögt wohl Gott verdammen.

O, macht nicht Seelen zu Verstand, –
laßt Kinder sein die Kinder!
Die Lüge ist zum Kind das Band, –
denn wer zu früh die Wahrheit fand,
der ward zu früh ein Blinder,
zu früh ein Lügenfinder.

Verflucht sei euer Wissensbrei,
Gelehrsamkeits-Gelichter! –
Zerbrecht die Schale nicht vom Ei, –
sie bleibt in Ewigkeit entzwei! –
Ehrt mir im Kind den Dichter,
und fürchtet es als Richter!

Ecce Germania

Was redet ihr so viel von Einsamkeit,
von Selbstentblößung, Tragik mimischer Kunst! . .
Sieh da, mein Volk, die Frucht viel tieferer Not!
Dein Künstler fühlt sich nicht mit dir verwandt,
er glaubt entwürdigt sich, wenn er dir dient;
du hast ihn nicht als solchen Mann gezeugt,
der, ob in vielem auch von ihr entfernt,
doch Lieberes nichts als seine Mutter kennt.
Was jener Russen jeder in sich trug,
die ihre Dichter vor uns spielten: Dies,
mein armes Volk, in allem Reichtum arm,
in aller Ordnung arm und allem Fleiß,
dies bischen unantastbar heilige Liebe,

das sie mit ihrem ‚Mütterchen‘ verband,
Du weckst es, scheint es, heut zu dir nicht mehr.
Was in dir wertvoll, dünkt sich heimatlos,
genügt der ‚Pflicht‘, verbirgt sich in sich selbst;
und jenes unter all dem bunten Tag
treuschmerzliche sich eins und einig Fühlen,
es ist die Seele seines Tuns nicht mehr.
Du wardst ein Reich, mein Volk, und stolz geeint –
doch: ‚Mütterchen Deutschland!‘ – fremd klingts, keiner sagts.

20

1908   CHRISTIAN MORGENSTERN

Palmström

Palmström steht an einem Teiche
und entfaltet groß ein rotes Taschentuch:
Auf dem Tuch ist eine Eiche
dargestellt, sowie ein Mensch mit einem Buch.

5

Palmström wagt nicht sich hineinzuschneuzen –
er gehört zu jenen Käuzen,
die oft unvermittelt nackt
Ehrfurcht vor dem Schönen packt.

10

Zärtlich faltet er zusammen,
was er eben erst entbreitet.
Und kein Fühlender wird ihn verdammen,
weil er ungeschneuzt entschreitet.

1910   ELSE LASKER-SCHÜLER

Ein alter Tibetteppich

Deine Seele, die die meine liebet
Ist verwirkt mit ihr im Teppichtibet

5

Strahl in Strahl, verliebte Farben,
Sterne, die sich himmellang umwarben.

Unsere Füsse ruhen auf der Kostbarkeit
Maschentausendabertausendweit.

Süsser Lamasohn auf Moschuspflanzentron
Wie lange küsst dein Mund den meinen wohl
Und Wang die Wange buntgeknüpfte Zeiten schon.

1911

GEORG HEYM

Die Dämonen der Städte

Sie wandern durch die Nacht der Städte hin,
Die schwarz sich ducken unter ihrem Fuß.
Wie Schifferbärte stehen um ihr Kinn
Die Wolken, schwarz vom Rauch und Kohlenruß.

Ihr langer Schatten schwankt im Häusermeer,
Und löscht der Straßen Lichterreihen aus.
Er kriecht wie Nebel auf dem Pflaster schwer
Und tastet langsam vorwärts Haus für Haus.

Den einen Fuß auf einen Platz gestellt,
Den anderen gekniet auf einen Turm,
Ragen sie auf, wo schwarz der Regen fällt,
Panspfeifen blasend in den Wolkensturm.

Um ihre Füße kreist das Ritornell
Des Städtemeeres mit trauriger Musik,
Ein großes Sterbelied. Bald dumpf, bald grell
Wechselt der Ton, der in das Dunkel stieg.

Sie wandern an dem Strom, der schwarz und breit
Wie ein Reptil, den Rücken gelb gefleckt
Von den Laternen, in die Dunkelheit
Sich traurig wälzt, die schwarz den Himmel deckt.

Sie lehnen schwer auf einer Brückenwand
Und stecken ihre Hände in den Schwarm
Der Menschen aus, wie Faune die am Rand
Der Sümpfe bohren in dem Schlamm den Arm.

Einer steht auf. Dem weißen Monde hängt
Er eine schwarze Larve vor. Die Nacht,
Die sich wie Blei von finstern Himmel senkt,
Drückt tief die Häuser in des Dunkels Schacht.

Der Städte Schultern knacken. Und es birst
Ein Dach, daraus ein rotes Feuer schwemmt.

Breitbeinig sitzen sie auf seinem First,
Und schrein wie Katzen auf zum Firmament.

35 In einer Stube voll von Finsternissen
Schreit eine Wöchnerin in ihren Wehn.
Ihr starker Leib ragt riesig aus den Kissen,
Um den herum die großen Teufel stehn.

Sie hält sich zitternd an der Wehebank.
40 Das Zimmer schwankt um sie von ihrem Schrei,
Da kommt die Frucht. Ihr Schoß klafft rot und lang
Und blutend reißt er von der Frucht entzwei.

Der Teufel Hälse wachsen wie Giraffen.
Das Kind hat keinen Kopf. Die Mutter hält
45 Es vor sich hin. In ihrem Rücken klaffen
Des Schrecks Froschfinger, wenn sie rückwärts fällt.

Doch die Dämonen wachsen riesengroß.
Ihr Schläfenhorn zerreißt den Himmel rot.
Erdbeben donnert durch der Städte Schoß,
50 Um ihren Huf, den Feuer überloht.

1912   GOTTFRIED BENN

Kleine Aster

Ein ersoffener Bierfahrer wurde auf den Tisch gestemmt.
Irgendeiner hatte ihm eine dunkelhellila Aster
5 zwischen die Zähne geklemmt.
Als ich von der Brust aus
unter der Haut
mit einem langen Messer
Zunge und Gaumen herausschnitt,
10 muß ich sie angestoßen haben, denn sie glitt
in das nebenliegende Gehirn.
Ich packte sie ihm in die Bauchhöhle
zwischen die Holzwolle,
als man zunähte.
15 Trinke dich satt in deiner Vase!
Ruhe sanft,
kleine Aster!

D-Zug

Braun wie Cognac. Braun wie Laub. Rotbraun. Malaiengelb.
D-Zug Berlin–Trelleborg und die Ostseebäder.

5   Fleisch, das nackt ging.
Bis in den Mund gebräunt vom Meer.
Reif gesenkt. Zu griechischem Glück.
In Sichel-Sehnsucht: wie weit der Sommer ist!
Vorletzter Tag des neunten Monats schon! –

10   Stoppel und letzte Mandel lechzt in uns.
Entfaltungen, das Blut, die Müdigkeiten,
Die Georginennähe macht uns wirr. –

Männerbraun stürzt sich auf Frauenbraun:

Eine Frau ist etwas für eine Nacht.
15   Und wenn es schön war, noch für die nächste!
O! Und dann wieder dies Bei-sich-selbst-sein!
Diese Stummheiten! Dies Getriebenwerden!

Eine Frau ist etwas mit Geruch.
Unsägliches. Stirb hin. Resede.
20   Darin ist Süden, Hirt und Meer.
An jedem Abhang lehnt ein Glück. –

Frauenhellbraun taumelt an Männerdunkelbraun:

Halte mich! Du, ich falle!
Ich bin im Nacken so müde.
25   O dieser fiebernde süße
Letzte Geruch aus den Gärten. –

Deutschlands Fahnenlied

Es zieht eine Fahne vor uns her,
herrliche Fahne.
5   Es geht ein Glanz von Gewehr zu Gewehr,
Glanz um die Fahne.

Es schwebt ein Adler auf ihr voll Ruh,
der rauschte schon unsern Vätern zu:
        hütet die Fahne!

Der Adler, der ist unsre Zuversicht;
        fliege, du Fahne!
Er trägt eine Krone von Herrgottslicht;
        siege, du Fahne!
Lieb Vaterland, Mutterland, Kinderland,
wir schworen's dem Kaiser in die Hand:
        hoch, hoch die Fahne!

Des Kaisers Hand hält den Ehrenschild
        blank ob der Fahne.
Seine Kraft ist Deiner Kraft Ebenbild,
        Volk um die Fahne.
Ihr Müller, Schmidt, Maier, du ganzes Heer,
jetzt sind wir allzumal Helden wie er,
        dank unsrer Fahne!

O hört, sie rauscht: lieber Tod als Schmach,
        hütet die Fahne!
Unsre Fraun und Mädchen winken uns nach,
        herrliche Fahne!
Sie winken, die Augen voll Adlerglanz,
ihr Herz kämpft mit um den blutigen Kranz:
        hoch, hoch die Fahne,
        ewig hoch! –

1914   AUGUST STRAMM

Die Menschheit

Tränen kreist der Raum!   Springen auf und quirlen
Tränen Tränen   Quirlen quirlen
Dunkle Tränen   Wirbeln glitzen
Goldne Tränen   Wirbeln sinken
Lichte Tränen   Wirbeln springen
Wellen kriesen   Zeugen
Glasten stumpfen   Neu und neu und neu
Tränen Tränen   Vertausendfacht
Tränen   Zermilliont
Funken   Im Licht!

Tränen Tränen
Tränen Funken
25 Augen schimmern
Augen Augen
Nebeln schweben
Tauchen blinzeln
Saugen
30 Schwere schwere
Blinde
Tief
Hinunter
In die Nächte
35 Reißen
Schaun!
Schatten dampfen
Weiche blasse
Fließen fließen
40 Wallen wogen
Hart und härter
Runden Formen
Ungetüme
Ungestüme
45 Ungefüge
Leiber
Leiber
Walzen wälzen
Stalten sondern
50 Einen fliehen
Zeugen schwellen
Tummeln starren
Fliegen stürzen
Stürzen stürzen
55 Stürzen stürzen
In
Den
Schrei!
Mäuler
60 Gähnen
Gähnen klappen
Klappen schnappen
Schnappen
Laute
65 Laute Laute

Schüttern Ohren
Horchen Horchen
Schärfen Horchen
Schwingen Schreie
70 Töne Töne
Rufe Rufe
Klappen Klarren
Klirren Klingen
Surren Summen
75 Brummen Schnurren
Gurren Gnurren
Gurgeln Grurgeln
Pstn Pstn
Hsstn Hsstn
80 Rurren Rurren
Rurren Rurren
Sammeln Sammeln
Sammeln Stammeln
Worte Worte Worte
85 Wort
Das Wort!
Worte Worte
Worte Worte
Binden
90 Schauen
Fühlen
Tasten
Bauen
Worte Worte Worte
95 Sinnen
Schrecken Grausen Furcht
Bringen
Hilfe Stütze Nahrung
Schlingen
100 Bänder Fesseln Ketten
Schüttern
Freuen Fluchen Weh
Bilden
Bilder
105 Bilder Formen
Wecken nähren
Nähren mehren
Stützen gängeln

Lehren
110 Stehen
Lehren lehren
Aufrecht stehn
Den
Menschengeist!
115 Taumeln Taumeln
Irren Wirren
Wippeln Kanten
Fallen Heben
Tappen Halten
120 Zagen Leben
Gehen
Vorwärts rückwärts
Seitwärts seitwärts
Aufwärts
125 Abwärts
Tasten Schwanken
In das Dunkel
Bauet
Krücken
130 Krücken Krücken
Brücken Brücken
Wahne Wahne
Wahne Tiefen
Wahne Höhen
135 Wahne Schrecken
Wahne Hoffen
Wahne Strafen
Wahne Löhne
Aus
140 Dem
Eigenen
Blute Blute
Stückt den Raum
In
145 Wahne Wahne
Reißet aus dem Raum
Das
Ich!
Reißt aus Ich
150 Das
Um ihn Um ihn

Reißt
Das
Um ihn Um ihn
155 Reißt
Sich
Selber Selber Selber
Reißt
Die Formen
160 Reckt
Die Formen
Reckt
Das
Um ihn
165 Reckt
Das
Um sich
Reckt
Sich
170 Selber Selber Selber
Reckt
Die
Hand!
Hände
175 Kampfen
Krampfen kämpfen
Bluten Beten
Holen Leben
Schmettern würgen
180 Morden morden
Streicheln schmeicheln
Rächen rächen
Hüten wehren
Treiben stoßen
185 Jagen
Füße
Über
Felder
Felder Felder
190 Wüsten Wälder
Spreiten Schenkel
Schmettern Hirne
Stopfen Mäuler
Sticken Worte

195 Würgen Leiber
Trümmern Formen
Wehren Schatten
Pressen Tränen
Tränen Tränen
200 Schwarze Tränen
Tränen Tränen
Blutige Tränen
Tränen Tränen
Greuel Greuel
205 Unerhörte Greuel
Ziehen
Ziehen wachsen
Wachsen deihen
Reifen reifen
210 Reifen Früchte
Stählen Kräfte
Spannen
Zeit
Spannen
215 Zeit
Spannen
Zeit
Spannen Zeit
Die wesensbare
220 Spannen Zeit
Die grauenbäre
Spannen Zeit
Die fassenstrotze
Spannen Zeit
225 In
Feste Schirre
Ungeheure
Winzge
Schirre
230 Knechten Zeit
In
Starre Masse
Knechten Zeit
Um
235 Sterne Sterne
Knechten
Sterne

Aus dem Raume
Sterne Sterne
240 Sterne Sterne
Krammen Sterne
In
Die Arme
Sterne Welten
245 Welten
Und
Umpranken
Ihr
Geheimnis
250 Ihr Geheimnis
Ihr Geheimnis
Grauenrund
Und
Richtespurvag
255 Raum und Raum
Und
Raum und Raum
Raum und Raum
Ringsum um um
260 Höhe Tiefe
Länge Breite
Raum
Nur Raum
Nur Raum nur Raum
265 Schwingen Rasen
Rasen Schwingen
Um
Im Raum
Im Raum
270 Im Raume
Klammern Krallen
Feste fester
Zittern Beben
Klammern Krallen
275 Aneinander
Durcheinander
Oben unten
Unten oben
Raum und Schwingen
280 Raum und Wirbeln

Schwingen Prellen
Prellen Schleudern
Klammern Klammern
Klammern Klammern
285 Menschen Menschen
Menschen Menschen
Über
Menschen
Knochen Knochen
290 Über
Knochen
Beine Beine
Köpfe Köpfe
Hände Hände
295 Hirne Hirne
Herzen Herzen
Leiber Leiber
Dicht gedrängt
Gehäuft gemasset
300 Wirr verschlungen
Hinter Zeichen
Fahnen Fahnen
Trommelnd brechend
Fluchend betend
305 Mordend sengend
Heilend lindernd
Tröstend löschend
Mütter Kinder
Väter Gatten
310 Freunde Fremde
Feinde Brüder
Schwestern Huren
Bräute Krieger
Mörder Beter
315 Fallen fallen
Schichten Wege
Fallen fallen
Schütten Wege
Fallen fallen
320 Wege Wege
Wegeschotter
Wege Wege
Neue Wege

Wege
325 Wege
Durch das Elend
Durch das Grausen
Durch das Leiden
Durch den Atem
330 Voll von Keimen
Durch den Atem
Voll von Toden
Durch den Atem
Voll von Leben
335 Durch die Tränen
Tränen Tränen
Durch
Die
Nächte Nächte
340 Nächte
Voran Voran
Hoch die Zeichen
Voran Voran
Schauer Zucken
345 Voran Voran
Schrei und Täuben
Voran Voran
In die Gähne
Voran Voran
350 In die Leere
Voran Voran
In die Wiege
Voran Voran
In die Gruft
355 Kreis im Kreise
Kreis im Kreise
Voran Voran
In den Anfang
Voran Voran
360 In das Ende
Voran Voran
In den Abgrund
Voran Voran
In die Höhe
365 Voran Voran
In das Sterben

Voran Voran
In das Werden
Kreis im Kreise
370 In das Werden
Kreis im Kreise
In das Werden
In
Das
375 Werden Werden Werden
In
Das

Kreisen Kreisen Kreisen
In
380 Die
Tränen Tränen Tränen
In die
Tränen
In den Raum
385 In den Raum
In den Raum!

Tränen kreist der Raum!

1914   GEORG HEYM

Der Krieg

Aufgestanden ist er, welcher lange schlief,
Aufgestanden unten aus Gewölben tief.
5 In der Dämmrung steht er, groß und unbekannt,
Und den Mond zerdrückt er in der schwarzen Hand.

In den Abendlärm der Städte fällt es weit,
Frost und Schatten einer fremden Dunkelheit.
Und der Märkte runder Wirbel stockt zu Eis.
10 Es wird still. Sie sehn sich um. Und keiner weiß.

In den Gassen faßt es ihre Schulter leicht.
Eine Frage. Keine Antwort. Ihr Gesicht erbleicht.
In der Ferne zittert ein Geläute dünn,
Und die Bärte zittern um ihr spitzes Kinn.

15 Auf den Bergen hebt er schon zu tanzen an,
Und er schreit: Ihr Krieger alle, auf und an!
Und es schallet, wenn das schwarze Haupt er schwenkt,
Drum von tausend Schädeln laute Kette hängt.

In die Nacht er jagt das Feuer querfeldein,
20 Einen roten Hund mit wilder Mäuler Schrein.
Aus dem Dunkel springt der Nächte schwarze Welt,
Von Vulkanen furchtbar ist ihr Rand erhellt.

Und die Flammen fressen brennend Wald um Wald,
Gelbe Fledermäuse, zackig in das Laub gekrallt,

25 Seine Stange haut er wie ein Köhlerknecht
    In die Bäume, daß das Feuer brause recht.

    Eine große Stadt versank in gelbem Rauch,
    Warf sich lautlos in des Abgrunds Bauch.
    Aber riesig über glüh'nden Trümmern steht,
30 Der in wilde Himmel dreimal seine Fackel dreht

    Über sturmzerfetzter Wolken Widerschein,
    In des toten Dunkels kalten Wüstenein,
    Daß er mit dem Brande weit die Nacht verdorr',
    Pech und Schwefel träufelt unten auf Gomorrh.

1914   ERNST STADLER

            In Dir

    Du wolltest dir entfliehn, an Fremdes dich fortschenken,
    Vergangenheit auslöschen, neue Ströme in dich lenken –
5   Und fandest tiefer in dich selbst zurück.
    Befleckung glitt von dir und ward zu Glück.
    Nun fühlst du Schicksal deinem Herzen dienen,
    Ganz nah bei dir, leidend von allen treuen Sternen überschienen.

1915   GEORG TRAKL

            Grodek.

    Am Abend tönen die herbstlichen Wälder
    Von tödlichen Waffen, die goldnen Ebenen
5   Und blauen Seen, darüber die Sonne
    Düstrer hinrollt; umfängt die Nacht
    Sterbende Krieger, die wilde Klage
    Ihrer zerbrochenen Münder.
    Doch stille sammelt im Weidengrund
10 Rotes Gewölk, darin ein zürnender Gott wohnt
    Das vergoßne Blut sich, mondne Kühle;
    Alle Straßen münden in schwarze Verwesung.

Unter goldnem Gezweig der Nacht und Sternen   [Hain,
Es schwankt der Schwester Schatten durch den schweigenden
15 Zu grüßen die Geister der Helden, die blutenden Häupter;
Und leise tönen im Rohr die dunkeln Flöten des Herbstes.
O stolzere Trauer! ihr ehernen Altäre
Die heiße Flamme des Geistes nährt heute ein gewaltiger
Die ungebornen Enkel.   [Schmerz,

1918   IVAN GOLL

O die ihr nie auf Gipfeln auferwachen dürft,
Ihr nachtgezeugten Menschen könnt die Erde liebend nie
                        umschlingen!
Ihr müßt euch täglich immer neu aus dumpfen Nebeldämpfen
                        ringen!
5 O die ihr Straßen schottert und Kanäle schürft:
Die Erde muß geebnet sein für euren nachtbeschwerten Gang,
Dampfwalzen stanzen und die Erdarbeiter müssen stampfen
                        tagelang,
Neubauten krallen mit Gestöhn und mit Geramm
Sich langsam in den Makadam,
10 Und so sind Häuser hingestülpt und kleben an dem Erdenrand,
Schwarz angelaufene Kadaver, nie berührt von einer himmlischen
                        Hand.
Die Kinder zetern und die Mütter seufzen und die Kranken sterben
                        immer,
Und alles glaubt doch tief an Gott trotz Fluch und Ekel und
                        Gewimmer.

1918   ERNST TOLLER

Marschlied

Wir Wand'rer zum Tode,
Der Erdnot geweiht,
Wir kranzlose Opfer,
Zu Letztem bereit.

Wir fern aller Freude
Und fremd aller Qual.

Wir Blütenverwehte
Im nächtlichen Tal.

Wir Preis einer Mutter,
Die nie sich erfüllt,
Wir wunschlose Kinder,
Von Schmerzen gestillt.

Wir Tränen der Frauen,
Wir lichtlose Nacht,
Wir Waisen der Erde
Ziehn stumm in die Schlacht.

1918   RICHARD DEHMEL

Lichter Augenblick

Als du geboren wurdest, Kind,
mußte dein Vater morden helfen.
Die Menschheit war besessen vom Weltkriegswahnsinn.
In einem lichten Augenblick,
auf Stunden heimgekehrt von der finstern Pflicht,
noch den täglichen Todesdonner im Ohr
und die nächtliche Stille der Massengräber,
nahm er dich aus dem Arm der Mutter,
dein Erzeuger,
und sah dich an voll tiefer Liebe,
voll tieferen Bangens: war's wohlgetan,
dich in die Welt zu setzen, Kind,
in diese Welt?

Solang du lebst, wird nun die dunkle Frage
durch deine Adern kreisen bei Tag und Nacht.
Kind deiner Mutter, deines Vaters bleibst du;
der Weltkriegswahnsinn nistet in deinem Blut,
im tiefsten Frieden wirst du ihn wurmen fühlen,
im höchsten Glück.
Wenn du den Finger rührst, nur den kleinen Finger,
an eines Menschen, nur des geringsten Menschen
– Kind eines Vaters, einer Mutter ist er –
Schicksal deine Hand zu legen,
wird dich mit geisterhaften Armen
in jedem lichten Augenblick

das Bangen über dich erheben:
ist's wohlgetan?

1919 WALTER HASENCLEVER

Die Mörder sitzen in der Oper!

In memoriam Karl Liebknecht

Der Zug entgleist. Zwanzig Kinder krepieren.
Die Fliegerbomben töten Menschen und Tier.
Darüber ist kein Wort zu verlieren.
Die Mörder sitzen im Rosenkavalier.

Soldaten verachtet durch die Straßen ziehen.
Generäle prangen im Ordensstern.
Deserteure, die vor dem Angriff fliehen,
Erschießt man im Namen des obersten Herrn.

Auf, Dirigent, von deinem Orchesterstuhle!
Du hast Menschen getötet. Wie war dir zu Mut?
Waren es viel? Die Mörder machen Schule.
Was dachtest du beim ersten spritzenden Blut?

Der Mensch ist billig, und das Brot wird teuer.
Die Offiziere schreiten auf und ab.
Zwei große Städte sind verkohlt im Feuer.
Ich werde langsam wach im Massengrab.

Ein gelber Leutnant brüllt an meiner Seite:
„Sei still, du Schwein!" Ich gehe stramm vorbei,
Im Schein der ungeheuren Todesweite
Vor Kälte grau in alter Leichen Brei.

Das Feld der Ehre hat mich ausgespieen;
Ich trete in die Königsloge ein.
Schreiende Schwärme nackter Vögel ziehen
Durch goldene Tore ins Foyer hinein.

Sie halten blutige Därme in den Krallen,
Entrissen einem armen Grenadier.
Zweitausend sind in dieser Nacht gefallen!
Die Mörder sitzen im Rosenkavalier.

Verlauste Krüppel sehen aus den Fenstern.
Der Mob schreit: „Sieg!" Die Betten sind verwaist.

Stabsärzte halten Musterung bei Gespenstern;
35   Der dicke König ist zur Front gereist.

„Hier, Majestät, fand statt das große Ringen!"
Es naht der Feldmarschall mit Eichenlaub.
Die Tafel klirrt. Champagnergläser klingen.
Ein silbernes Tablett ist Kirchenraub.

40   Noch strafen Kriegsgerichte das Verbrechen
Und hängen den Gerechten in der Welt.
Geh hin, mein Freund, du kannst dich an mir rächen!
Ich bin der Feind. Wer mich verrät, kriegt Geld.

Der Unteroffizier mit Herrscherfratze
45   Steigt aus geschundenem Fleisch ins Morgenrot.
Noch immer ruft Karl Liebknecht auf dem Platze:
„Nieder der Krieg!" Sie hungern ihn zu Tod.

Wir alle hungern hinter Zuchthaussteinen,
Indes die Oper tönt im Kriegsgewinn.
50   Mißhandelte Gefangene stehn und weinen
Am Gittertor der ewigen Knechtschaft hin.

Die Länder sind verteilt. Die Knochen bleichen.
Der Geist spinnt Hanf und leistet Zwangsarbeit.
Ein Denkmal steht im Meilenfeld der Leichen
55   Und macht Reklame für die Ewigkeit.

Man rührt die Trommel. Sie zerspringt im Klange.
Brot wird Zusatz und Blut wird Bier.
Mein Vaterland, mir ist nicht bange!
Die Mörder sitzen im Rosenkavalier.

1919   KURT SCHWITTERS

An Anna Blume

O, du Geliebte meiner siebenundzwanzig Sinne, ich liebe dir! –
Du deiner dich dir, ich dir, du mir. – Wir?

5 Das gehört (beiläufig) nicht hierher.

Wer bist du, ungezähltes Frauenzimmer? Du bist – bist du? – Die
Leute sagen, du wärest – laß sie sagen, sie sie wissen nicht, wie der
Kirchturm steht.

Du trägst den Hut auf deinen Füßen und wanderst auf die Hände,
10 auf den Händen wanderst du.

Hallo deine roten Kleider, in weiße Falten zersägt. Rot liebe ich
Anna Blume, rot liebe ich dir! – Du deiner dich dir, ich dir, du
mir. – Wir?

Das gehört (beiläufig) in die kalte Glut.

15 Rote Blume, rote Anna Blume, wie sagen die Leute?

Preisfrage: 1. Anna Blume hat ein Vogel.
                    2. Anna Blume ist rot.
                    3. Welche Farbe hat der Vogel?
Blau ist die Farbe deines gelben Haares.
20 Rot ist das Girren deines grünen Vogels.

Du schlichtes Mädchen im Alltagskleid, du liebes grünes Tier, ich
liebe dir! – Du deiner dich dir, ich dir, du mir. – Wir?

Das gehört (beiläufig) in die Glutenkiste.

Anna Blume! Anna, a–n–n–a ich träufle deinen Namen. Dein
25 Name tropft wie weiches Rindertalg.

Weißt du es Anna, weißt du es schon?

Man kann dich auch von hinten lesen, und du, du Herrlichste von
allen, du bist von hinten wie von vorne: „a–n–n–a".

Rindertalg träufelt streicheln über meinen Rücken.

30 Anna Blume, du tropfes Tier, ich liebe dir!

1922   Bertolt Brecht

Als sie ertrunken war und hinunterschwamm
von den Bächen in die größeren Flüsse
schien der Azur des Himmels sehr wundersam
5 als ob er die Leiche begütigen müsse.

Tang und Algen hielten sich an ihr ein
so daß sie langsam viel schwerer ward
kühl die Fische schwammen an ihrem Bein.
Pflanzen und Tiere beschwerten noch ihre letzte Fahrt.

10 Und der Himmel ward abends dunkel wie Rauch
Und hielt nachts mit den Sternen das Licht in Schwebe
aber früh ward er hell, daß es auch
noch für sie Morgen und Abend gebe.

Als ihr bleicher Leib im Wasser verfaulet war
15 geschah es, sehr langsam, daß Gott sie allmählich vergaß:
Erst ihr Gesicht, dann die Hände und ganz zuletzt erst ihr Haar.
Dann ward sie Aas in Flüssen mit vielem Aas.

1923   RAINER MARIA RILKE

Die dritte Elegie

Eines ist, die Geliebte zu singen. Ein anderes, wehe,
jenen verborgenen schuldigen Fluß-Gott des Bluts.
5 Den sie von weitem erkennt, ihren Jüngling, was weiß er
selbst von dem Herren der Lust, der aus dem Einsamen oft,
ehe das Mädchen noch linderte, oft auch als wäre sie nicht,
ach, von welchem Unkenntlichen triefend, das Gotthaupt
aufhob, aufrufend die Nacht zu unendlichem Aufruhr.
10 O des Blutes Neptun, o sein furchtbarer Dreizack.
O der dunkele Wind seiner Brust aus gewundener Muschel.
Horch, wie die Nacht sich muldet und höhlt. Ihr Sterne,
stammt nicht von euch des Liebenden Lust zu dem Antlitz
seiner Geliebten? Hat er die innige Einsicht
15 in ihr reines Gesicht nicht aus dem reinen Gestirn?

Du nicht hast ihm, wehe, nicht seine Mutter
hat ihm die Bogen der Brau'n so zur Erwartung gespannt.
Nicht an dir, ihn fühlendes Mädchen, an dir nicht
bog seine Lippe sich zum fruchtbarern Ausdruck.
20 Meinst du wirklich, ihn hätte dein leichter Auftritt
also erschüttert, du, die wandelt wie Frühwind?
Zwar du erschrakst ihm das Herz; doch ältere Schrecken
stürzten in ihn bei dem berührenden Anstoß.
Ruf ihn... du rufst ihn nicht ganz aus dunkelem Umgang.
25 Freilich, er *will*, er entspringt; erleichtert gewöhnt er
sich in dein heimliches Herz und nimmt und beginnt sich.
Aber begann er sich je?
Mutter, *du* machtest ihn klein, du warsts, die ihn anfing;
dir war er neu, du beugtest über die neuen

30 Augen die freundliche Welt und wehrtest der fremden.
Wo, ach, hin sind die Jahre, da du ihm einfach
mit der schlanken Gestalt wallendes Chaos vertratst?
Vieles verbargst du ihm so; das nächtlich verdächtige Zimmer
machtest du harmlos, aus deinem Herzen voll Zuflucht
35 mischtest du menschlichern Raum seinem Nacht-Raum hinzu.
Nicht in die Finsternis, nein, in dein näheres Dasein
hast du das Nachtlicht gestellt, und es schien wie aus Freundschaft.
Nirgends ein Knistern, das du nicht lächelnd erklärtest,
so als wüßtest du längst, *wann* sich die Diele benimmt...
40 Und er horchte und linderte sich. So vieles vermochte
zärtlich dein Aufstehn; hinter den Schrank trat
hoch im Mantel sein Schicksal, und in die Falten des Vorhangs
paßte, die leicht sich verschob, seine ünruhige Zukunft.

Und er selbst, wie er lag, der Erleichterte, unter
45 schläfernden Lidern deiner leichten Gestaltung
Süße lösend in den gekosteten Vorschlaf –:
schien ein Gehüteter... Aber innen: wer wehrte,
hinderte innen in ihm die Fluten der Herkunft?
Ach, da war keine Vorsicht im Schlafenden; schlafend,
50 aber träumend, aber in Fiebern: wie er sich einließ.
Er, der Neue, Scheuende, wie er verstrickt war,
mit des innern Geschehns weiterschlagenden Ranken
schon zu Mustern verschlungen, zu würgendem Wachstum, zu
jagenden Formen. Wie er sich hingab –. Liebte.   [tierhaft
55 Liebte sein Inneres, seines Inneren Wildnis,
diesen Urwald in ihm, auf dessen stummem Gestürztsein
lichtgrün sein Herz stand. Liebte. Verließ es, ging die
eigenen Wurzeln hinaus in gewaltigen Ursprung,
wo seine kleine Geburt schon überlebt war. Liebend
60 stieg er hinab in das ältere Blut, in die Schluchten,
wo das Furchtbare lag, noch satt von den Vätern. Und jedes
Schreckliche kannte ihn, blinzelte, war wie verständigt.
Ja, das Entsetzliche lächelte... Selten
hast du so zärtlich gelächelt, Mutter. Wie sollte
65 er es nicht lieben, da es ihm lächelte. Vor dir
hat ers geliebt, denn, da du ihn trugst schon,
war es im Wasser gelöst, das den Keimenden leicht macht.
Siehe, wir lieben nicht, wie die Blumen, aus einem
einzigen Jahr; uns steigt, wo wir lieben,
70 unvordenklicher Saft in die Arme. O Mädchen,
dies: daß wir liebten *in* uns, nicht Eines, ein Künftiges, sondern

das zahllos Brauende; nicht ein einzelnes Kind,
sondern die Väter, die wie Trümmer Gebirgs
uns im Grunde beruhn; sondern das trockene Flußbett
75 einstiger Mütter –; sondern die ganze
lautlose Landschaft unter dem wolkigen oder
reinen Verhängnis –: *dies* kam dir, Mädchen, zuvor.

Und du selber, was weißt du –, du locktest
Vorzeit empor in dem Liebenden. Welche Gefühle
80 wühlten herauf aus entwandelten Wesen. Welche
Frauen haßten dich da. Was für finstere Männer
regtest du auf im Geäder des Jünglings? Tote
Kinder wollten zu dir... O leise, leise,
tu ein liebes vor ihm, ein verläßliches Tagwerk, – führ ihn
85 nah an den Garten heran, gib ihm der Nächte
Übergewicht......
            Verhalt ihn......

1924   HUGO VON HOFMANNSTHAL

            Ein Knabe

                  I

      Lang kannte er die Muscheln nicht für schön,
      Er war zu sehr aus einer Welt mit ihnen,
5   Der Duft der Hyazinthen war ihm nichts
      Und nichts das Spiegelbild der eignen Mienen.

      Doch alle seine Tage waren so
      Geöffnet wie ein leierförmig Tal,
      Darin er Herr zugleich und Knecht zugleich
10   Des weißen Lebens war und ohne Wahl.

      Wie einer, der noch tut, was ihm nicht ziemt,
      Doch nicht für lange, ging er auf den Wegen:
      Der Heimkehr und unendlichem Gespräch
      Hob seine Seele ruhig sich entgegen.

                  II

15   Eh er gebändigt war für sein Geschick,
      Trank er viel Flut, die bitter war und schwer.

                                          263

Dann richtete er sonderbar sich auf
Und stand am Ufer, seltsam leicht und leer.

20 Zu seinen Füßen rollten Muscheln hin,
Hyazinthen hatte er im Haar,
Und ihre Schönheit wußte er, und auch
Daß dies der Trost des schönen Lebens war.

Doch mit unsicherm Lächeln ließ er sie
Bald wieder fallen, denn ein großer Blick
25 Auf diese schönen Kerker zeigte ihm
Das eigne unbegreifliche Geschick.

1925 SIEGFRIED VON VEGESACK

Deutscher Okkultismus

Wir sind das Volk der wunderbaren Kulte
für alle Herrlichkeiten, die gewesen.
5 Wir schwärmen sehr für das Okkulte
und haben unsern Steiner brav gelesen.
Wir lieben unsre greisen Generäle,
besonders, wenn sie einen Krieg verloren.
Wir haben eine sehr okkulte Seele
10 und weniger okkulte Eselsohren.
Geduld, Geduld –
uns trifft gar keine Schuld:
Die deutsche Seele ist nun mal okkult!

Wir haben zwar kein Pulver, keine Waffen,
15 doch rüsten wir uns frisch zu neuen Taten:
Ein großes Volk hat immer was zu schaffen –
für neue Kriege gibt es neue Staaten.
Zwar ist der Westen leider uns verrammelt,
doch gibts im Osten freie Bahn dem Tüchtigen:
20 Was Gott in seiner Dämlichkeit verdammelt –
wir Deutsche werden unsre Feinde züchtigen!
Geduld, Geduld –
uns trifft gar keine Schuld:
Wir rüsten zwar – doch immer nur okkult!

25 Wir sind das Volk der freisten Demokraten,
der herrlichsten und schönsten Republike:

sie füttert ihre alten Potentaten
und feiert ihre Prinzen mit Musike.
Ihr eignes Haupt nennt sie zwar „Landsverräter"
30 und wühlt in jedem Schmutz mit Wohlgefallen,
doch schützt und hätschelt sie die Attentäter,
die ihre besten Söhne niederknallen!
        Geduld, Geduld –
        uns trifft gar keine Schuld:
35   Die deutsche Republik ist noch etwas okkult!

1925   THEODOR DÄUBLER

            Das Herz im Delta

Die Lieder verlieben sich still mit dem Nile.
Dort hockt ein Flamingo auf blutender Glut;
5 Am Tag meine Lampe; und leuchtet so gut.
Kein Dort, wo es Wortlosen kommend gefiele.

Gedichte ersammelt sich Fortflut wie Spiele.
Der Vogel hat nie bis zu Gott hin geruht:
Auf einziger Stelze entflammt seine Hut:
10 Flamingo ersichtet vor fließendem Ziele.

Gesegnetes Ebben im Schenkel der Wüste,
Dort wittert das Tier, feuerflügelnd, nach mir:
Einst hab ichs gewahrt, noch Löwin, halb Büste.

Oft Ei und dann Vogel, erwarte mich, Tier,
15 Dich findet Gesang, weil ihn Atem lebendigt:
Beim Herz ward der Hauch unsrer Herkunft umendigt.

1927   BERTOLT BRECHT

            Gegen Verführung

                1

        Laßt euch nicht verführen!
        Es gibt keine Wiederkehr.
5   Der Tag steht in den Türen;

Ihr könnt schon Nachtwind spüren:
Es kommt kein Morgen mehr.

2

Laßt euch nicht betrügen!
Das Leben wenig ist.
10 Schlürft es in vollen Zügen!
Es wird euch nicht genügen
Wenn ihr es lassen müßt!

3

Laßt euch nicht vertrösten!
Ihr habt nicht zu viel Zeit!
15 Laßt Moder den Erlösten!
Das Leben ist am größten:
Es steht nicht mehr bereit.

4

Laßt euch nicht verführen!
Zu Fron und Ausgezehr!
20 Was kann euch Angst noch rühren?
Ihr sterbt mit allen Tieren
Und es kommt nichts nachher.

19 8   ERICH KÄSTNER

Zeitgenossen, haufenweise

Es ist nicht leicht, sie ohne Haß zu schildern,
und ganz unmöglich geht es ohne Hohn.
5 Sie haben Köpfe wie auf Abziehbildern
und, wo das Herz sein müßte, Telephon.

Sie wissen ganz genau, daß Kreise rund sind
und Invalidenbeine nur aus Holz.
Sie sprechen fließend, und aus diesem Grund sind
10 sie Tag und Nacht – auch Sonntags – auf sich stolz.

In ihren Händen wird aus allem Ware.
In ihrer Seele brennt elektrisch Licht.
Sie messen auch das Unberechenbare.
Was sich nicht zählen läßt, das gibt es nicht!

15   Sie haben am Gehirn enorme Schwielen,
     fast als benutzten sie es als Gesäß.
     Sie werden rot, wenn sie mit Kindern spielen.
     Die Liebe treiben sie programmgemäß.

     Sie singen nie (nicht einmal im August)
20   ein hübsches Weihnachtslied auf offner Straße.
     Sie sind nie froh und haben immer Lust
     und denken, wenn sie denken, durch die Nase.

     Sie loben unermüdlich unsre Zeit,
     ganz als erhielten sie von ihr Tantiemen.
25   Ihr Intellekt liegt meistens doppelt breit.
     Sie können sich nur noch zum Scheine schämen.

     Sie haben Witz und können ihn nicht halten.
     Sie wissen vieles, was sie nicht verstehn.
     Man muß sie sehen, wenn sie Haare spalten!
30   Es ist, um an den Wänden hochzugehn.

     Man sollte kleine Löcher in sie schießen!
     Ihr letzter Schrei ist fast ein dernier cri.
     Jedoch, sie haben viel zuviel Komplicen,
     als daß sie sich von uns erschießen ließen.
35   Man trifft sie nie.

1930   KURT TUCHOLSKY*

              50% Bürgerkrieg

     Wenn der Stahlhelm anrückt, wenn die Nazis schrein:
                    „Heil!"
5   dann steckt die Polizei den Gummiknüppel ein
                    und denkt sich still ihr Teil.
     Denn auf Deutsche schießen, in ein deutsches Angesicht:
                    Das geht doch nicht!
                         Das kann man doch nicht!

10   Wenn die Arbeiter marschieren, wenn die Arbeitslosen schrein:
                    „Hunger!"
     dann schlägt die Polizei mit dem Gummiknüppel drein –
                    Hunger –?
     Dir wern wa! Weitergehn! Schluß mit dem Geschrei!
15   Straße frei!

267

Wenn Deutschland einmal seufzt unter einer Diktatur,
wenn auf dem Lande lasten Spitzel und Zensur,
ein Faschismus mit Sauerkohl, ein Mussolini mit Bier . . .
wenn ihr gut genug seid für Militärspalier –:
20   dann erinnert euch voll Dankbarkeit für Uniformenpracht
an jene, die das erst möglich gemacht.
An manchen Innenminister. Und ein Bureaugesicht . . .
     Es ging nun mal nicht anders.
          Sie konnten es nicht.

1932   OSKAR LOERKE

          Opfer

     Keine Kletterrosen umklammern
     Die gelben Pfeiler im Garten mehr.
5   Nun steigst du in die Waffenkammern
     Tief innen und sie sind leer.

     Ein Fernweh war an dein Ohr gebogen
     Und sprach etwas hinein.
     Von Geisternähe angesogen,
10   Ließ dich dein Herz allein.

     So wieder und nochmals. Du hast nicht verstanden.
     Oh, schönster Jahre Entscheid!
     Der kam abhanden, doch nicht kam abhanden
     Ein leis erinnerndes Leid.

15   Der Weltlärm will seinen Atem nicht dulden,
     Er schleifte es trommelnd vorbei.
     Du gabst es zum Opfer, damit dein Verschulden
     Mitgeopfert sei.

     Auftun wird sich und Rosen entsenden
20   Die leere Wolkenwand.
     Trauer zu trösten, ein Werk zu vollenden,
     Gut ist die leere Hand.

Das Glasperlenspiel

Musik des Weltalls und Musik der Meister
Sind wir bereit in Ehrfurcht anzuhören,
5   Zu reiner Feier die verehrten Geister
Vergangener Zeiten zu beschwören.

Wir lassen vom Geheimnis uns erheben
Der magischen Formelschrift, in deren Bann
Das Uferlose, Stürmende, das Leben
10   Zu klaren Gleichnissen gerann.

Sternbildern gleich ertönen sie kristallen,
In ihrem Dienst ward unsrem Leben Sinn,
Und keiner kann aus ihren Kreisen fallen
Als nach der heiligen Mitte hin.

An Deutschland

Da uns, ach, die heimliche Liebe unfroh im Herzen glimmt
zu Dir: sieh uns am Tag an, Vaterland, wann wir dir stehn,
5   Ungewillte im Zorn. Nicht den Schläfer schreckt Dein Gebot auf,
der bettet sich tiefer; wie er die Augen verhält, ist er
umfangen von Dir.

Aber am Tage die Wachen, die höben sich gerne,
aber in Mühsal geschirrt, wer bewahrt Dir das feurige Herz?
10   Ungeboren war ich Dein Kind; eh ich lallte zum Sohn Dir
                          bezeichnet,
jetzt widerstehend, in Brüdern erkenn ich Dich nicht mehr.

Jahre häuften den Trug auf uns. Wir aßen und nahmen.
Ob wir von Unrat gegessen, es mischte in ihn sich
Dein verfallenes Blatt noch; wir würgten es bitter
15   mit dem Andern hinab.

Deiner Untreuen nimm Dich an. Sie wohnen,
wo Dein Name nicht klingt, wo die Flur zerstampft ist,
und giftig die Luft von dem Segen des Fremden.
Wie Gewürm kroch es in Dich,

20 und hattest doch, ob Du in Ohnmacht lagst
und genarrt warst, es zu beschämen Dein Leben.

Wir erkannten Dich nicht. Nicht den hellen Himmel liebst Du,
blickest verborgen auf uns. Wir stehn, Ausgesetzte, am Rande.
Da tritt des Lichtes Schärfe als ein Messer vor uns:
25 wollten wir greifen nach Dir, es schnitt in unsere Hände;
noch mit den Stumpfen reichen wir hin,
wo Du lebst, in das Dunkel.
Wir sind Beraubte. Hitze und Alter
langer Geschlechter machten uns heller.

30 Du aber bläst uns den Atem.
Sind wir, fremderen Leibs, denn noch die Deinen?
Ach, der unfrohen Liebe im Herzen,
der heimlichen, laß uns genesen!
Nimm uns an Dich! daß wir stehn,
35 und führ uns am Tag auch!

1938   JOSEF WEINHEBER

                  Hymnus auf die Heimkehr

Dies im Namen des Volks!
Dies im Namen des Bluts!
5 Dies im Namen des Leids!

Leiden läutert das Herz.
Ach, und wie anders sonst
reift ein Volk zu sich selbst?
Volkhaft empört, wie sonst
10 als aus flammendem Blut
rauscht die Freiheit ins Licht?

Sollten wir kleinlich nun
klagen des Übermuts,
der, Verrat um Verrat,
15 Liebe von Lieb getrennt,
der das hilflose Kind
riß aus dem Mutterarm
und ihm Büttel und Vögt'
frevelnd zu Herren gab?

Sollten wir, Aug um Aug,
etwa dem Rachgelüst
Nahrung geben und Sporn,
da ihre Kerker doch
heißer uns lieben gelehrt,
heißer, was in die Brust
tief versenkt, mit uns
weinte: Das Vaterland?
Sollten wir Gott nicht, ihm,
dessen Namen sie frech,
prahlend und heuchlerisch
vor ihre Schuld gespannt,
ihm nicht danken dafür,
daß er sie zuließ, die Schmach?
Jegliche Stund des Jochs,
grub sie nicht tiefer in
unsre Seelen die Saat,
nährte den Keim mit Schmerz,
machte den Schmerz geheim
und das Geheimnis groß?

Der im zwanzigsten Jahr
heimfand, zu rüsten den Tod
furchtbar dem Freiergeschmeiß,
jenen Odysseus rühmt
dröhnend starker Gesang
fernher, durch den Äon.

Wie er das Werk getan,
wie nun die Frauen ihm
Antlitz küßten und Händ',
und wie ein süß Begehrn
aufzuweinen ihm kam,
da er noch alle erkannt:
Dieses rühmt der Gesang
durch die Jahrhunderte.

Aber Jahrhunderte –
Ach, wie so anders war
weiland des Ithakers
Irrfahrt bloß *einer* Nacht
wilder und schrecklicher Traum:
Aber Jahrhunderte
Fortsein, Entzweiung, Gram;

aber des Mannes Tat,
der da heraufrief das Blut
vielmillionenmal,
der uns den Boden beschwor,
65   groß gewärtig zu sein;
aber Heimkehr wie die,
heilig und Rühmens wert:
Welchem Sterblichen leiht
magisch die Harfe sich,
70   daß er den Anbeginn
aufbewahre im Wort,
würdig des neuen Äons?

Worte, mächtige sind's,
welche das Herz gebiert,
75   oder zärtliche auch:
Treue, Glaube, Geduld,
Opfer, Liebe und Stolz,
Dienen und Tapferkeit.
Doch sie reichen nicht, sind
80   an den Rand gesagt; klein.
Stünde doch Pindar auf
oder des Vaterlands
dreimal heiliger Mund:
Hölderlin! Hölderlin!
85   Daß er sagte, was not
tut zu sagen mit Macht:

Das geeinigte Herz
und die Größe der Pflicht
und die Fülle des Reichs –

90   Wie der Genius nun,
Genius unsers Volks,
(den er trauernd ersehnt),
endlich uns ganz erschien,
schöpferischer denn einst,
95   da unsre Städte nun
hell und offen und wach,
reineren Feuers voll,
und die Berge des Lands
Berge der Musen sind;
100   wie die Toten nun all,
nun die Gefallenen,

alle Geschlechterreihn
weit aus Dunkelheit her
mitzufeiern den Tag
105 rühmend versammelt stehn;
wie nun Garben von Kraft
jäh die verborgene
Trauer weisen dahin
jener, die ungeborn:

110 Nein, noch fassen wir's nicht.
Hatten wir doch zu lang
Vaterland nur im Traum.
Nun aber Bruderhand
liegt in der Bruderhand,
115 laßt uns schwören den Schwur:
Nie mehr werde getrennt
weises von wachem Blut,
nie mehr stilleres Herz
von der gestählten Stirn,
120 Himmel von Himmel nicht
und nicht Träne von Trän.

Keine Pflicht uns zu hart,
uns kein Auftrag zu schwer,
gleich in Würde wie Dienst,
125 und vor größerm Volk
klein nicht, wolln wir bestehn.

Hüben und Drüben nicht,
nicht mehr Süden und Nord:
Wie nur Liebenden, in
130 seligem Ausgleich, schenkt
Gott ein Lebendes neu:
Hauses Hoffnung und Heil..

Dies im Namen des Volks!
Dies im Namen des Bluts!
135 Dies im Namen des Leids:

Deutschland, ewig und groß,
Deutschland, wir grüßen dich!
Führer, heilig und stark,
Führer, wir grüßen dich!
140 Heimat, glücklich und frei,
Heimat, wir grüßen dich!

HERMANN HESSE

Der letzte Glasperlenspieler
(Fragment aus Josef Knechts Gedichten)

Sein Spielzeug, bunte Perlen, in der Hand,
Sitzt er gebückt, es liegt um ihn das Land
Von Krieg und Pest verheert, auf den Ruinen
Grünt Efeu, und im Efeu summen Bienen,
Ein müder Friede mit gedämpftem Psalter
Durchtönt die Welt, ein stilles Greisenalter.
Der Greis mit schwachen Fingern Perlen zählt,
Hier eine blaue, eine weiße faßt,
Da eine große, eine kleine wählt
Und sie im Ring zum Spiel zusammenpaßt.
Er war einst groß im Spiel mit den Symbolen,
War vieler Künste, vieler Sprachen Meister,
War ein weltkundiger, ein weitgereister,
Berühmter Mann, gekannt bis zu den Polen,
Umgeben stets von Schülern und Kollegen.
Jetzt blieb er übrig, alt, verbraucht, allein,
Es wirbt kein Jünger mehr um seinen Segen,
Es lädt ihn kein Magister zum Disput;
Sie sind dahin, und auch die Tempel, Bücherein,
Schulen Kastaliens sind nicht mehr. Der Alte ruht
Im Trümmerfeld, die Perlen in der Hand,
Hieroglyphen, die einst viel besagten,
Nun sind sie nichts als bunte gläserne Scherben,
Sie rollen lautlos aus des Hochbetagten
Händen dahin, verlieren sich im Sand ...

BERTOLT BRECHT

Wie künftige Zeiten unsere Schriftsteller beurteilen werden

I

Die auf die goldenen Stühle gesetzt sind, zu schreiben
Werden gefragt werden nach denen, die
Ihnen die Röcke webten.
Nicht nach ihren erhabenen Gedanken

Werden ihre Bücher durchforscht werden, sondern
Irgendein beiläufiger Satz, der schließen läßt
10 Auf eine Eigenheit derer, die Röcke webten
Wird mit Interesse gelesen werden, denn hier mag es sich um Züge
Der berühmten Ahnen handeln.

Ganze Literaturen
In erlesenen Ausdrücken verfaßt
15 Werden durchsucht werden nach Anzeichen
Daß da auch Aufrührer gelebt haben, wo Unterdrückung war.
Flehentliche Anrufe überirdischer Wesen
Werden beweisen, daß da Irdische über Irdischen gesessen sind.
Köstliche Musik der Worte wird nur berichten
20 Daß da für viele kein Essen war.

II

Aber in jener Zeit werden gepriesen werden
Die auf dem nackten Boden saßen, zu schreiben
Die unter den Niedrigen saßen
Die bei den Kämpfern saßen.

25 Die von den Leiden der Niedrigen berichteten
Die von den Taten der Kämpfer berichteten
Kunstvoll. In der edlen Sprache
Vordem reserviert
Der Verherrlichung der Könige.

30 Ihre Beschreibungen der Mißstände und ihre Aufrufe
Werden noch den Daumenabdruck
Der Niedrigen tragen. Denn diesen
Wurden sie übermittelt, diese
Trugen sie weiter unter dem durchschwitzten Hemd
35 Durch die Kordone der Polizisten
Zu ihresgleichen.

Ja, es wird eine Zeit geben, wo
Diese Klugen und Freundlichen
Zornigen und Hoffnungsvollen
40 Die auf dem nackten Boden saßen, zu schreiben
Die umringt waren von Niedrigen und Kämpfern
Öffentlich gepriesen werden.

Martin Andersen-Nexö zum 26. Juni 1939

An die Nachgeborenen

I

Wirklich, ich lebe in finsteren Zeiten!
Das arglose Wort ist töricht. Eine glatte Stirn
5 Deutet auf Unempfindlichkeit hin. Der Lachende
Hat die furchtbare Nachricht
Nur noch nicht empfangen.

Was sind das für Zeiten, wo
Ein Gespräch über Bäume fast ein Verbrechen ist
10 Weil es ein Schweigen über so viele Untaten einschließt!
Der dort ruhig über die Straße geht
Ist wohl nicht mehr erreichbar für seine Freunde
Die in Not sind?

Es ist wahr: ich verdiene noch meinen Unterhalt
15 Aber glaubt mir: das ist nur ein Zufall. Nichts
Von dem, was ich tue, berechtigt mich dazu, mich sattzuessen.
Zufällig bin ich verschont. (Wenn mein Glück aussetzt, bin ich
verloren.)

Man sagt mir: Iß und trink du! Sei froh, daß du hast!
Aber wie kann ich essen und trinken, wenn
20 Ich es dem Hungernden entreiße, was ich esse, und
Mein Glas Wasser einem Verdurstenden fehlt?
Und doch esse und trinke ich.

Ich wäre gerne auch weise.
In den alten Büchern steht, was weise ist:
25 Sich aus dem Streit der Welt halten und die kurze Zeit
Ohne Furcht verbringen
Auch ohne Gewalt auskommen
Böses mit Gutem vergelten
Seine Wünsche nicht erfüllen, sondern vergessen
30 Gilt für weise.
Alles das kann ich nicht:
Wirklich, ich lebe in finsteren Zeiten!

II

In die Städte kam ich zu der Zeit der Unordnung
Als da Hunger herrschte.
35 Unter die Menschen kam ich zu der Zeit des Aufruhrs

Und ich empörte mich mit ihnen.
So verging meine Zeit
Die auf Erden mir gegeben war.

Mein Essen aß ich zwischen den Schlachten
40 Schlafen legte ich mich unter die Mörder
Der Liebe pflegte ich achtlos
Und die Natur sah ich ohne Geduld.
So verging meine Zeit
Die auf Erden mir gegeben war.

45 Die Straßen führten in den Sumpf zu meiner Zeit.
Die Sprache verriet mich dem Schlächter.
Ich vermochte nur wenig. Aber die Herrschenden
Saßen ohne mich sicherer, das hoffte ich.
So verging meine Zeit
50 Die auf Erden mir gegeben war.

Die Kräfte waren gering. Das Ziel
Lag in großer Ferne
Es war deutlich sichtbar, wenn auch für mich
Kaum zu erreichen.
55 So verging meine Zeit
Die auf Erden mir gegeben war.

III

Ihr, die ihr auftauchen werdet aus der Flut
In der wir untergegangen sind
Gedenkt
60 Wenn ihr von unseren Schwächen sprecht
Auch der finsteren Zeit
Der ihr entronnen seid.

Gingen wir doch, öfter als die Schuhe die Länder wechselnd
Durch die Kriege der Klassen, verzweifelt
65 Wenn da nur Unrecht war und keine Empörung.

Dabei wissen wir doch:
Auch der Haß gegen die Niedrigkeit
Verzerrt die Züge.
Auch der Zorn über das Unrecht
70 Macht die Stimme heiser. Ach, wir
Die wir den Boden bereiten wollten für Freundlichkeit
Konnten selber nicht freundlich sein.

Ihr aber, wenn es so weit sein wird
Daß der Mensch dem Menschen ein Helfer ist
75 Gedenkt unsrer
Mit Nachsicht.

1941   BODO SCHÜTT

                    Kompanieführer

                    Sein Leben – nicht das kleine,
                    um das die Liebe bangt,
5   schon lang nicht mehr das seine,
                    vom Schicksal abverlangt

                    zu einem größern Dinge
                    als je das Herz begann –
                    brennt wie ein Licht im Ringe
10   von hundertsiebzig Mann

                    Und lodert auf im Sturme
                    vor der bedrängten Schar
                    gleich einem Feuerturme
                    und überglüht Gefahr

15   und Tod mit seinem Willen
                    in jedes Herz hinein,
                    den Auftrag zu erfüllen
                    und nichts als Tat zu sein.

1944   GEORG BRITTING

                    Der Tod an den Dichter

Du spielst mit mir, machst Reime und Gedichte,
Gar zierlich redest du von Blut und Schwären,
5 Vom Hirschkalb unterm Prankenhieb des Bären,
Und von dem Henker auf dem Schandgerichte.

Als wärens Perlen, spielst du mit den Zähren
Der Trauernden mit lächelndem Gesichte,
Die Silben setzend streng nach dem Gewichte.
10 Mach nur so zu! Ich lasse dich gewähren

Für eine Zeit, du armer Strophenheld!
Du magst mich so und immer anders schildern –
Verfertiger von Liedern: singe, singe!

Nur werde mir nicht blaß, wenns mir gefällt,
Daß ich urplötzlich dann aus deinen Bildern
Leibhaftig dir und nackt entgegenspringe!

1945 · WERNER BERGENGRUEN

Die Lüge

Wo ist das Volk, das dies schadlos an seiner Seele ertrüge?
Jahre und Jahre war unsre tägliche Nahrung die Lüge.
Festlich hoben sie an, bekränzten Maschinen und Pflüge,
sprachen von Freiheit und Brot, und alles, alles war Lüge.
Borgten von heldischer Vorzeit aufrauschende Adlerflüge,
rühmten in Vätern sich selbst, und alles, alles war Lüge.
Durch die Straßen marschierten die endlosen Fahnenzüge,
Glocken dröhnten dazu, und alles, alles war Lüge.
Nicht nach totem Gesetz bemaßen sie Lobspruch und Rüge,
Leben riefen sie an, und alles, alles war Lüge.
Dürres sollte erblühn! Sie wußten sich keine Genüge
in der Verheißung des Heils, und alles, alles war Lüge.
Noch das Blut an den Händen, umflorten sie Aschenkrüge,
sangen der Toten Ruhm, und alles, alles war Lüge.
Lüge atmeten wir. Bis ins innerste Herzgefüge
sickerte, Tropfen für Tropfen, der giftige Nebel der Lüge.
Und wir schrieen zur Hölle, gewürgt, erstickt von der Lüge,
daß im Strahl der Vernichtung die Wahrheit herniederschlüge.

1945 REINHOLD SCHNEIDER

Kein Wort erreicht Dich aus der Dichter Munde,
Ach, ihrer keiner glaubte ans Gericht,
Kein Bild der Welt und Zeit, des Menschen nicht
Ward Dir zum Erbe für die schwerste Stunde.

Der Erde Heil und unheilbare Wunde
Ward nie Dir rettend sichtbar im Gedicht;

Da Haus und Herrschaft über Dir zerbricht,
Stehst Du betrogen von vermessner Kunde.

10
Der Du ein Lästrer bist im Priesterkleide
Und Gottes Welt nicht willst, Dich frevlen Mutes
Des Worts erkühnend, das der Schöpfer sprach:

Die Wahrheit überleuchte Dich im Leide,
Und Trümmern höchsten, schlecht verwahrten Gutes,
15
Sinkt das Gebild der Dichter haltlos nach.

1946

KARL KROLOW

An den Frieden

Ich möchte dich in meiner hohlen Hand
Wie einen armen Vogel angstvoll bergen,
5
Indes Lemuren schweifen überm Land,
Im Kreise hocken auf den Häusersärgen

Und auf die leer geblieb'ne Erde spei'n
Geköpfte Disteln und die zähe Quecke.
Wie halt' ich dich, wenn rauh die Krähen schrei'n
10
Im Leichenwind auf schräger Unkrautstrecke?

Du tiefer Schwindel, Glück, das meiner Brust
So süß ist, daß ich hilflos steh und weine,
Von dem ich nur in Träumen noch gewußt:
Wie nenn' ich dich dem Grame, beim Gegreine

15
Der blinden Flederwische, höllenzu,
Dem Leichengräberzug, der rastlos karrt?
Die Tage sind voll Jammer: Schlucker, du,
Und Kaspar Hauser, den das Grauen narrt!

Wie er Gespött und unerkannt im Qualm
20
Der Straßenschluchten, die verloren sind,
Den Stätten wilder Hunde, wo der Halm
Der alten Gräser treibt als grüner Grind.

Du im Gelächter, wenn das Blut mir stockt,
Des Lebens Rest in gift'ger Luft zerfällt,
25
Die Ratte mich zum Markt der Toten lockt,
Zu feuchten Schädeln, die mich bleich umstellt,

Du über Schatten, die im Abgrund fliegen,
Darinnen wir die Glieder drehn und schrei'n,
Du Trost, du Engel, dem sich Kniee biegen
30   Im Knochenanger: setz' den *Menschen* ein!

1946   ERICH KÄSTNER

                  Die Jugend hat das Wort

      Ihr seid die Ält'ren.   Wir sind jünger.
      Ihr steht am Weg' mit gutem Rat.
5   Mit scharfgespitztem Zeigefinger
      weist ihr uns auf den neuen Pfad.

      Ihr habt das wundervoll erledigt.
      Vor einem Jahr schriet ihr noch „Heil!"
      Man staunt, wenn ihr jetzt „Freiheit" predigt
10   wie kurz vorher das Gegenteil.

      Wir sind die Jüng'ren.   Ihr seid älter.
      Doch das sieht auch das kleinste Kind:
      Ihr sprecht von Zukunft, meint Gehälter
      und hängt die Bärte nach dem Wind!

15   Nun kommt ihr gar, euch zu beschweren,
      daß ihr bei uns nichts Recht's erreicht?
      O, schweigt mit euren guten Lehren!
      Es heißt: Das Alter soll man ehren...
      Das ist mitunter, das ist mitunter,
20   das ist mitunter gar nicht leicht.

      Wir wuchsen auf in eurem Zwinger.
      Wir wurden groß mit eurem Kult.
      Ihr seid die Ält'ren.   Wir sind jünger.
      Wer älter ist, hat länger schuld.

25   Wir hatten falsche Ideale?
      Das mag schon stimmen, bitte sehr.
      Doch was ist nun?   Mit einem Male
      besitzen wir selbst *die* nicht mehr!

      Um unser Herz wird's kalt und kälter.
30   Wir sind so müd' und ohn' Entschluß.
      Wir sind die Jüng'ren.   Ihr seid älter.
      Ob man euch wirklich – lieben muß?

Ihr wollt erklären und bekehren.
Wir aber denken ungefähr:
35 ‚Wenn wir doch nie geboren wären!'
Es heißt: Das Alter soll man ehren...
Das ist mitunter, das ist mitunter
das ist mitunter furchtbar schwer.

1947   WALTER BAUER

            Wenn wir erobern die Universitäten

Wenn es soweit ist, wenn die Zeit gekommen ist,
wenn wir erobern die Universitäten
5 mit ausgehungertem Geist und sehnsüchtigem Herzen –
aus der Tiefe der Schächte,
aus dem Geruch ewiger Mietshäuser,
aus dem Donnern der Maschinensäle!
Unser Geist ist frisch und ausgeruht wie Acker,
10 der nie berührt wurde vom Pflug –
unser Herz lag brach Jahrhunderte, gedüngt wie Felder
ist es mit Leid, Schmerz, ewigen Peitschenschlägen.
Aus der Masse steigen wir empor, aus der Schweigsamkeit,
unsre Herzen sind erleuchtet! erleuchtet
15 von unserm Licht!
Wenn wir erobern die Universitäten
und füllen die Hörsäle bis auf den letzten Platz
und begrüßen mit donnerndem Gruß den, der kommt,
uns von der Freiheit des Herzens zu sprechen.
20 Die erste Vorlesung gelte der Freiheit des Menschen!
Besteige nur, Kamerad Professor, das Pult, sprich zu uns,
wir werden dir Beifall nicht versagen!
Und es wird die Karte aufgehängt und jemand sagt:
hier ist die Welt!
25 Die Institute, die Laboratorien sind voll von uns,
unser Geist nimmt auf wie ausgehungertes Land den Regen.
Wir verwirren den Vortragenden durch unsere Fragen,
nur Geduld, die Antwort ist schon bereit,
liebende Herzen finden auf alles eine Antwort.
30 Wir werden hören von untergegangenen Völkern –
wir wissen:

die Kraft der Herzen, die die Erde baun, ist ewig, ewig!
Wir werden sehn, wie Häuser gebaut werden – wir wollen sie
baun!
Und wie Maschinen gebaut werden, damit der Mensch frei wird!
35 Wir werden Bilder malen für Volkshäuser und Museen
und in den Kliniken sehen, wie ein Mensch daliegt in der Narkose
mit offenem Leib – wir wollen ihn heilen, froh sei die Erde!
Wir werden Gesänge erfinden für die Masse
und Musik für die Feste und für die Einsamkeit eines Jeden!
40 Aussaugen werden wir die vollen Hände der Bibliothek,
unser Hunger wird groß sein, denn auch unser Leiden war
unermeßlich.
Wir werden spüren, wo der Geruch des Lebens
nicht mehr in den Büchern ist, die sollen weg!
Wir können nur noch das Leben gebrauchen,
45 das lebendige, duftende,
und gebrauchen fortan nur einen Motor der Wissenschaft:
die Erde groß und vollendet zu machen!
Wenn wir die Universitäten erobern,
wenn wir dasitzen mit groben Händen in Arbeitskitteln,
50 wenn wir erfüllen die Säle mit dem Geruch der Werke,
mit dem Geruch von Öl, Ammoniak, Gas und dem Geruch ewiger
Freiheit.
Oh, dieser erste Tag, wenn Antwort uns gegeben wird
auf Fragen, die die Jahrhunderte in uns lagen,
wenn vor unserm Blick sich türmt
55 das unendliche Gebäude der Wissenschaft...
Mächtig rundet sich vor unserm Blick die Welt,
die freie Erde,
wenn wir erobern die Universitäten!

1947   GÜNTER EICH

                     Inventur

             Dies ist meine Mütze,
             dies ist mein Mantel,
5   hier mein Rasierzeug
             im Beutel aus Leinen.

             Konservenbüchse:
             Mein Teller, mein Becher,

ich hab in das Weißblech
den Namen geritzt.

Geritzt hier mit diesem
kostbaren Nagel,
den vor begehrlichen
Augen ich berge.

Im Brotbeutel sind
ein Paar wollene Socken
und einiges, was ich
niemand verrate,

so dient er als Kissen
nachts meinem Kopf.
Die Pappe hier liegt
zwischen mir und der Erde.

Die Bleistiftmine
lieb ich am meisten:
Tags schreibt sie mir Verse,
die nachts ich erdacht.

Dies ist mein Notizbuch,
dies meine Zeltbahn,
dies ist mein Handtuch,
dies ist mein Zwirn.

1947

NELLY SACHS

Chor der Geretteten

Wir Geretteten,
Aus deren hohlem Gebein der Tod schon seine Flöten schnitt,
5 An deren Sehnen der Tod schon seinen Bogen strich –
Unsere Leiber klagen noch nach
Mit ihrer verstümmelten Musik.
Wir Geretteten,
Immer noch hängen die Schlingen für unsere Hälse gedreht
10 Vor uns in der blauen Luft –
Immer noch füllen sich die Stundenuhren mit unserem tropfenden
Wir Geretteten,   [Blut.
Immer noch essen an uns die Würmer der Angst.
Unser Gestirn ist vergraben im Staub.

15 Wir Geretteten
   Bitten euch:
   Zeigt uns langsam eure Sonne.
   Führt uns von Stern zu Stern im Schritt.
   Laßt uns das Leben leise wieder lernen.
20 Es könnte sonst eines Vogels Lied,
   Das Füllen des Eimers am Brunnen
   Unseren schlecht versiegelten Schmerz aufbrechen lassen
   Und uns wegschäumen –
   Wir bitten euch:
25 Zeigt uns noch nicht einen beißenden Hund –
   Es könnte sein, es könnte sein
   Daß wir zu Staub zerfallen –
   Vor euren Augen zerfallen in Staub.
   Was hält denn unsere Webe zusammen?
30 Wir odemlos gewordene,
   Deren Seele zu *Ihm* floh aus der Mitternacht
   Lange bevor man unseren Leib rettete
   In die Arche des Augenblicks.
   Wir Geretteten,
35 Wir drücken eure Hand,
   Wir erkennen euer Auge –
   Aber zusammen hält uns nur noch der Abschied,
   Der Abschied im Staub
   Hält uns mit euch zusammen.

1948   PAUL CELAN

                    Todesfuge

SCHWARZE Milch der Frühe wir trinken sie abends
   wir trinken sie mittags und morgens wir trinken sie nachts
5 wir trinken und trinken
   wir schaufeln ein Grab in den Lüften da liegt man nicht eng
   Ein Mann wohnt im Haus der spielt mit den Schlangen der schreibt
   der schreibt wenn es dunkelt nach Deutschland dein goldenes Haar
                                                            Margarete
   er schreibt es und tritt vor das Haus und es blitzen die Sterne er
                                               pfeift seine Rüden herbei
10 er pfeift seine Juden hervor läßt schaufeln ein Grab in der Erde
   er befiehlt uns spielt auf nun zum Tanz

Schwarze Milch der Frühe wir trinken dich nachts
wir trinken dich morgens und mittags wir trinken dich abends
wir trinken und trinken
15 Ein Mann wohnt im Haus der spielt mit den Schlangen der
schreibt
der schreibt wenn es dunkelt nach Deutschland dein goldenes Haar
Margarete
Dein aschenes Haar Sulamith wir schaufeln ein Grab in den Lüften
da liegt man nicht eng

Er ruft stecht tiefer ins Erdreich ihr einen ihr andern singet und
spielt
er greift nach dem Eisen im Gurt er schwingts seine Augen sind
blau
20 stecht tiefer die Spaten ihr einen ihr andern spielt weiter zum Tanz
auf

Schwarze Milch der Frühe wir trinken dich nachts
wir trinken dich mittags und morgens,wir trinken dich abends
wir trinken und trinken
ein Mann wohnt im Haus dein goldenes Haar Margarete
25 dein aschenes Haar Sulamith er spielt mit den Schlangen

Er ruft spielt süßer den Tod der Tod ist ein Meister aus
Deutschland
er ruft streicht dunkler die Geigen dann steigt ihr als Rauch in die
Luft
dann habt ihr ein Grab in den Wolken da liegt man nicht eng

Schwarze Milch der Frühe wir trinken dich nachts
30 wir trinken dich mittags der Tod ist ein Meister aus Deutschland
wir trinken dich abends und morgens wir trinken und trinken
der Tod ist ein Meister aus Deutschland sein Auge ist blau
er trifft dich mit bleierner Kugel er trifft dich genau
ein Mann wohnt im Haus dein goldenes Haar Margarete
35 er hetzt seine Rüden auf uns er schenkt uns ein Grab in der Luft
er spielt mit den Schlangen und träumet der Tod ist ein Meister
dein goldenes Haar Margarete   [aus Deutschland
dein aschenes Haar Sulamith

Gedicht

Ich kann keine Arbeit finden
und habe doch gelernt.
Ich habe doch gelernt,
auf zweihundert Meter genau
einem Menschen
die Stirn unter dem Helm
zu durchschlagen
und bei Wind
die Schußbahn anders zu legen –
als meine Schuhe noch nicht
vom Mörtel
der nachkriegszeitigen,
der neubauenden Straße
zerfressen waren.
Abgewiesen von Türen,
die gestrichen sein wollen,
nicht verbrannt
mit visiertem Flammenwerfer.

Lehmgrau überzieht das Gesicht
des um Arbeit gefragten Metzgers
zwischen Koteletts und Würsten,
wenn ich sage,
daß ich schlachten könne
und wie ich es gelernt
bei Metzgern,
die einen größeren Laden betrieben
als er seinen
mit den zwei Stufen
und der kleinen Kundschaft.

Ich habe gelernt
in einem rasenden, schlingenden
Werk.
Ohne Glauben an dessen Schließung.
Ohne Ahnung an ein Entzweibrechen
der griffigen Werkzeuge.

Und nun hier
in hingewürfelter Vorstadt

40 durfte ich wieder die Hand
daran legen
in einer Arbeit
schwesterlich verwandt der einstigen.

Hier fand ich Arbeit im Zerstören
45 der Werkzeuge des Wütens,
im Auseinanderbrechen der Kampfwagen
im Regen ohne Ende.
Einen nach dem anderen.
Tag über Tag.
50 Heute einen,
heute einen weniger,
morgen wieder, wieder Schrott mehr,
einen weniger, immer
weniger.

55 Bis zum letzten Wagen,
mit dem ich sterben müßte,
um
Geldbriefträger,
Brotläden,
60 Schaufensterscheiben,
Metzgerschädel
zu schonen.
Weil es keine Arbeit
mehr geben wird
65 für mich
und keinen Weg zurück.

1953   GOTTFRIED BENN

              Den jungen Leuten

„Als ob das alles nicht gewesen wäre" –
es war auch nicht!
5 war ich es denn, der dir gebot: gebäre
und daß dich etwas in die Ferse sticht?

„Der dichtet wie vor hundert Jahren,
kein Krieg, kein Planck, kein USA.,
was wir erlitten und erfahren,
10 das ist ihm Hekuba!"

Lang her, aus Dunkel, Fackeln und Laterne
versuchten sich um eine klare Welt,
versuchten sich – doch Näh und Ferne
blieb reichlich unerhellt!

15   Nun sollte ich – nun müßte ich – beileibe
ich müßte nicht, ich bin kein Ort,
wo etwas sich erhellt, ich treibe
nur meinen kleinen Rasensport!

20   Allons enfants, tut nicht so wichtig,
die Erde war schon vor euch da
und auch das Wasser war schon richtig –
Hipp, hipp, hurra!

1955   PETER HUCHEL

Chausseen, Chausseen
Chronik: Dezember 1942

Wie Wintergewitter ein rollender Hall.
5   Zerschossen die Lehmwand von Bethlehems Stall.

Es liegt Maria erschlagen vorm Tor,
Ihr blutig Haar an die Steine fror.

Drei Landser ziehen vermummt vorbei.
Nicht brennt ihr Ohr von des Kindes Schrei.

10   Im Beutel den letzten Sonnblumenkern,
Sie suchen den Weg und sehn keinen Stern.

Aurum, thus, myrrham offerunt . . .
Um kahles Gehöft streicht Krähe und Hund.

. . . quia natus est nobis Dominus.
15   Auf fahlem Gerippe glänzt Öl und Ruß.

Vor Stalingrad verweht die Chaussee.
Sie führt in die Totenkammer aus Schnee.

Aus „Das Gesetz"

Polnische Fahne

Viel Kirschen die aus diesem Blut
Im Aufbegehren deutlich werden,
das Bett zum roten Inlett überreden.

Der erste Frost zählt Rüben, blinde Teiche,
Kartoffelfeuer überm Horizont,
auch Männer halb im Rauch verwickelt.

Die Tage schrumpfen, Äpfel auf dem Schrank,
die Freiheit fror, jetzt brennt sie in den Öfen,
kocht Kindern Brei und malt die Knöchel rot.

Im Schnee der Kopftücher beim Fest,
Pilsudskis Herz, des Pferdes fünfter Huf,
schlug an die Scheune bis der Starost kam

Die Fahne blutet musterlos,
so kam der Winter, wird der Schritt
hinter den Wölfen Warschau finden.

Römisches Nachtbild

Wenn das Schaukelbrett die sieben Hügel
nach oben entführt, schürft es,
von uns beschwert und umschlungen,
finster den Boden,

taucht in den Flußschlamm, bis in unsrem Schoß
die Fische sich sammeln.
Ist die Reihe an uns,
stoßen wir ab.

Es sinken die Hügel,
wir steigen und teilen
jeden Fisch mit der Nacht.

Keiner springt ab.
So gewiß ist's, daß nur die Liebe
und einer den andern erhöht.

das Sagbare sagen
das Erfahrbare erfahren
das Entscheidbare entscheiden
das Erreichbare erreichen
das Wiederholbare wiederholen
das Beendbare beenden

das nicht Sagbare
das nicht Erfahrbare
das nicht Entscheidbare
das nicht Erreichbare
das nicht Wiederholbare
das nicht Beendbare

das nicht Beendbare nicht beenden

1956   PAUL CELAN

Stilleben mit Brief und Wanduhr

WACHS,
Ungeschriebnes zu siegeln,
das deinen Namen erriet,
das deinen Namen
verschlüsselt.

Kommst du nun, schwimmendes Licht?

Finger, wächsern auch sie,
durch fremde,
eiserne Ringe gezogen.
Fortgeschmolzen die Kuppen.

Kommst du, schwimmendes Licht?

Zeitleer die Waben der Uhr,
bräutlich das Immentausend,
reisebereit.

Komm nun, schwimmendes Licht.

In den Gefängnissen messen wir nicht mehr die Zeit.
Hier hat kein Einlaß der Ungeduld Metamorphose,
Wesen und Dinge sind fremd aneinandergereiht,
5 Alles versinkt nun in lähmende, starre Sklerose.
Nur noch das Sinnen im Dunkel. Das Wissen: es webt
Schon am Gewand, das im Tode uns einhüllt, die Stunde.
Nie mehr ein Mond auf verworrenen Lippen erbebt,
Asche und Blut nur sich seltsam vermischen im Munde.

10 In den Gefängnissen messen wir nicht mehr die Zeit.
Hier ist sogar die Erfahrung des Rehs uns verschlossen:
Das Lauschen im Regen, das Wittern im Winde, und weit,
Ganz weit die Wünsche, die immer im Schilflicht zerflossen.
Hier sind die knisternden Stimmen nicht mehr. Tag und Nacht
15 Wechseln als helles und dunkles Geweb in der Zelle.
Nie mehr die Sonne in reifer Beere erdacht!
Nie mehr den Tod des Delphins verrät uns die Welle!

In den Gefängnissen messen wir nicht mehr die Zeit,
Immer sind Frühe und Abend zugleich in der Speise.
20 Der Taumel der Sommer wird nie mehr sein, Trunkenheit
Wirr hinter Stirnen und nie mehr der Kranich im Eise.
Schon sind entschwunden die Inseln von Zeit und von Raum.
Manchmal entführt uns des Schlafes euphorische Fähre
An die Gestade von Trost, von Erinnrung und Traum,
25 Bis sie versinkt im phantastischen Urwald der Leere.

1957   ERICH FRIED

Versuchung

In Nachbars Garten
wiegt sich der Apfel am Stiel
5   „Still, Stiel!"
„Still stiehl!"

Ich hielt mich an
an dem Zaun
und der Zaun fiel.
10   Viel fiel.

Ich hielt mich nicht mehr im Zaum.
Im Garten
bäumt sich die Schlange
unter dem Baum.

1957   Hans Carl Artmann

                    sah ein kleines unicorn

sah   vor wasserfällen
ein kleines   eichenduft und
5 unicorn   35 zauberveilchen
sprach: ade   brod und butter
und schwung   schwert und lyra
das fähnlein   reich die kisten
liebte auch   samt den kasten
10 ein vaterland   40 elf und elf
mit ihm wol   sind dreiundzwanzig
die holden   gärtlein
mägdlein   voller schmetterlinge
sprung
15 beim fenster   tintenhorn
aus und ein   45 pfefferkorn
liebe   balsamhorn
hochzeit   hirsekorn
sonder gleichen   noch ist polen
20 aus dem bett   nicht verloren
in die sandalen   50 alte liebe
                                    früh ins grab
zählte wieviel   gebt mir einen
glöcklein läuten   groschen ab
und gedacht mein
25 roß zu strählen   hünengrab
um es in die fremd   55 wald am laab
zu reiten   noch ist rom
                                    aus stein aus bein
schlief bei faun   kühl muß es
und nachtigall   in kirchen sein
30 hell gings mir   60 lerche
im morgenwinde   amsel
links und rechts   wiedehopf

lichtmeß und
kaldaunentopf

65 abendrot
abendbrod
morgenrot
gebt mich nicht
ins findelhaus
70 will nicht in
ein zauberhaus

schon erwacht
die böse gicht
sprich frei:
75 eins zwei
robinson
du telegramm
alle tage
amsteldam
80 auf dem zettel
hans und gretel
babylon
laß nicht
deine hand
85 daran

biene biene
botenlohn
süße anemone
die frau
90 sie lugt
zum fenster raus

mein kaiser
braucht soldaten
ein kartenspiel
95 das kleiderlaus
die einhorn
mit dem kuchen
was wollen wir
ihr sagen
100 das gras ist grün
das möndlein voll
die wurst weint
um die würstin
drum bei herbei
105 du ludewig
o teutschland du
in ehren hoch
es stehen viel
trauerrweiden

110 der bach ist seinem
wasser hold
der judas springt
die bäume an
ein braves wort
115 ist wohlgesagt
ach bruder und
ach schwester
und du
mein teurer sylvester
120 mit dir
das land tyrol

1959

PETER RÜHMKORF

Hymne

Völlig im Einklang mit diesem Satze Hamanns,
daß der purpurne Mantel des Genius
5 nur den blutigen Buckel ebendesselben verdecke,
(sehr fein beobachtet!)

justiere ich meinen Hintern auf dem Hocker von Riemerschmidt:
Ja!
in meiner Branche ist Glut und Finsternis durchaus der Umgang!

10   Zwischen Geburt und Beil halte ich mich
meinem Zeitalter zur Verfügung.
Ein klarer Kopf hat sich auf meinen Schultern konstituiert,
voll süßen Grimms
auf die hierorts gehandelten Sitten:
15   wie es speckgeknebelten Halses von Freiheit quäkt:
kein Stroh zu gemein, kein Arm unerschwinglich,
und dem man das Licht noch vorkaut, er mietet
den Streifen Abendlandes vor meiner Türe.

Der unter solchen Umständen zu singen anhebt,
20   was bleibt ihm zu preisen?
was wäre, he-denn, eines erhobenen Kopfes noch wert?
Trainiert und geflügelt
nahet der Gauner im Glück:
eine schöne Gesellschaft möchte sich maßnehmen lassen,
25   zwischen Hacke und Schnauze: Erhabenheit!
Dahinter den Mond, wenn ihm Tran,
Tran, hell wie Tau, aus zerlassener Locke träuft;
schöneres Bild eines Hochkommens, handkoloriert – gemach!
gemach, Señores,
30   euch laß ich den Tiger tanzen!

Aber nun:
die ihre Schwäche nicht adelt,
halten um Lieder an;
brav unter ihre Dächer geduckt,
35   wie sie die Peitsche zu unansehnlichen Brüdern gekämmt hat:
Kumpel!
mach uns ein Lied!
der du als eins unter andern
hungriges Hündlein bist,
40   mit den Lüsten der Hündlein
u-hund
dem trauten Wauwau eines allen gemeinsamen Grundgesanges –
Ihr Jecke, das ist, was einem in Deutschland das Hirn
an die Decke treibt:
45   rührt euer Klinkerherz andres als Schuß und Schlag,
oder:
wo ich euch aufspiel, legt ihr da mit Axt an?

Deutschland[1] – Deutschland[2]
hier wird mir kein Bruder geworfen;
50   hier steht die Luft, wie die Torheit stolz auf der Stelle tritt.
Zwar
mit Forsythia führt sich auch diesmal wieder der Lenz ein,
mit Rosenbändern,
aber Träne auf heißem Stein ist des Wackeren Jammer!
55 Ach, wodenn träfen sich Zweie im stillen Anschaun des Monds,
gleich
in Erörterung der kernwaffenfreien Zone?
Woooooo,
liebende Freunde und reflektierende,
60   drängte hoffnungsvoller nach vorn die Verfeinerung?
Daß des Edlen „Avanti" mächtig aufkläre unter Irdischen,
ihrer Schwalben Geleit, gütlichem Sommer zu –
Oh Ihr Gefährten,
unsichtbar noch, aber im Dunkel schon ausgespart,
65   aus dem Schlamm des Vaterlandes erhebt euch!
Die Unmuts-Zunge rührt,
froh der Anfechtung und *eines* Zornes voll.
Daß ein künftig Geschlecht euch anständig spreche.
Größe von eurer Größe zu nennen weiß
70   und Nein von Eurem Nein.

1 DBR; 2 DDR.

1960   HANS MAGNUS ENZENSBERGER

an alle fernsprechteilnehmer

etwas, das keine farbe hat, etwas,
das nach nichts riecht, etwas zähes,
5   trieft aus den verstärkerämtern,
setzt sich fest in die nähte der zeit
und der schuhe, etwas gedunsenes,
kommt aus den kokereien, bläht
wie eine fahle brise die dividenden
10   und die blutigen segel der hospitäler,
mischt sich klebrig in das getuschel
um professuren und primgelder, rinnt,
etwas zähes, davon der salm stirbt,

in die flüsse, und sickert, farblos,
und tötet den butt auf den bänken.

die minderzahl hat die mehrheit,
die toten sind überstimmt.

in den staatsdruckereien
rüstet das tückische blei auf,
die ministerien mauscheln, nach phlox
und erloschenen resolutionen riecht
der august. das plenum ist leer.
an den himmel darüber schreibt
die radarspinne ihr zähes netz.

die tanker auf ihren helligen
wissen es schon, eh der lotse kommt,
und der embryo weiß es dunkel
in seinem warmen, zuckenden sarg:

es ist etwas in der luft, klebrig
und zäh, etwas, das keine farbe hat
(nur die jungen aktien spüren es nicht):
gegen uns geht es, gegen den seestern
und das getreide. und wir essen davon
und verleiben uns ein etwas zähes,
und schlafen im blühenden boom,
im fünfjahresplan, arglos
schlafend im brennenden hemd,
wie geiseln umzingelt von einem zähen,
farblosen, einem gedunsenen schlund.

1960   GÜNTER GRASS

Goethe
oder eine Warnung an das Nationaltheater zu Mannheim

Ich fürchte Menschen,
die nach englischem Pfeifentabak riechen.
Ihre Stichworte stechen nicht,
sondern werden gesendet,
wenn ich schon schlafe.

Wie fürchte ich mich,
wenn sie aus Frankfurt kommen,
ihren Tabak mitbringen,
meine Frau betrachten
und zärtlich von Büchern sprechen.

Furcht, Pfeifenraucher
werden mich fragen,
was Goethe wo sagte,
wie das, was er meinte,
heut und in Zukunft verstanden sein will.

Ich aber, wenn ich nun meine Furcht verlöre,
wenn ich mein großes Buch,
das da neunhundert Seiten zählt
und den großen Brand beschreibt,
vor ihren Pfeifen aufschlüge?

Furcht, fängt mein Buch an,
bestimmte Herrn Goethe,
als er mit Vorsatz und Lunte
Weimars Theater in Flammen
aufgehen ließ –

wie ja schon Nero, auch Shakespeare
Brandstifter waren und Dichter.

1960   ERICH FRIED

Gedicht von den Gedichten

In meinen ersten Gedichten
gehen sie schlafen
die Männer und Mädchen
die schlafengegangen sind.
In meinen ersten Gedichten
wachen sie auf
die aufgewacht sind
oder nicht mehr erwachen

In meinen zweiten Gedichten
gehn ihre Gedanken
ihrem Schlafen und Wachen nach
und sind wach oder schläfrig.

In meinen zweiten Gedichten
gehen ihre Gedanken
ihrem Wachen und Schlafen voraus
und sind wachsam im Schlaf

In meinen dritten Gedichten
gehen meine Gedanken
ihren Gedanken voraus
und treten als erste ans Bett.
In meinen dritten Gedichten
gehen ihre Gedanken
meinen Gedanken nach
und kommen zuletzt zu mir

In meinen letzten Gedichten
geh ich zum ersten Mal schlafen
in meinen letzten Gedichten
erwach ich zum ersten Mal.
Mit den Männern und Mädchen
und mit ihren Gedanken
sind meine Gedanken vergangen
in meinen letzten Gedichten

1960   ILSE AICHINGER

Winteranfang

Im Fach liegt nichts mehr,
die Soldaten, die um Mittag starben,
schlafen leichter unter dem Glas.
Die Windrichtungen sind schuld,
daß die Gräser sich einzogen
und dürr wurden,
daß die Rahmen paßten,
die beschlossenen Herbste.
Wo flog mein Drachen hin, wie rasch,
wie kam es, sank er
orangenrot, um sich zur Ruh zu betten,
an euer Haus?

PETER HUCHEL

Winterpsalm

Für Hans Mayer

Da ich ging bei träger Kälte des Himmels
Und ging hinab die Straße zum Fluß,
Sah ich die Mulde im Schnee,
Wo nachts der Wind
Mit flacher Schulter gelegen.
Seine gebrechliche Stimme,
In den erstarrten Ästen oben,
Stieß sich am Trugbild weißer Luft:
„Alles Verscharrte blickt mich an.
Soll ich es heben aus dem Staub
Und zeigen dem Richter? Ich schweige.
Ich will nicht Zeuge sein."
Sein Flüstern erlosch,
Von keiner Flamme genährt.

Wohin du stürzt, o Seele,
Nicht weiß es die Nacht. Denn da ist nichts
Als vieler Wesen stumme Angst.
Der Zeuge tritt hervor. Es ist das Licht.

Ich stand auf der Brücke,
Allein vor der trägen Kälte des Himmels.
Atmet noch schwach,
Durch die Kehle des Schilfrohrs,
Der vereiste Fluß?

GÜNTER GRASS

In Ohnmacht gefallen

Wir lesen Napalm und stellen Napalm uns vor.
Da wir uns Napalm nicht vorstellen können,
lesen wir über Napalm, bis wir uns mehr
unter Napalm vorstellen können.
Jetzt protestieren wir gegen Napalm.
Nach dem Frühstück, stumm,
auf Fotos sehen wir, was Napalm vermag.

Wir zeigen uns grobe Raster
und sagen: Siehst du, Napalm.
Das machen sie mit Napalm.
Bald wird es preiswerte Bildbände
mit besseren Fotos geben,
auf denen deutlicher wird,
was Napalm vermag.
Wir kauen Nägel und schreiben Proteste.
    Aber es gibt, so lesen wir,
    Schlimmeres als Napalm.
    Schnell protestieren wir gegen Schlimmeres.
    Unsere berechtigten Proteste, die wir jederzeit
    verfassen falten frankieren dürfen, schlagen zu Buch.
Ohnmacht, an Gummifassaden erprobt.
Ohnmacht legt Platten auf: ohnmächtige Songs.
Ohne Macht mit Guitarre. –
Aber feinmaschig und gelassen
wirkt sich draußen die Macht aus.

1968   ERNST JANDL

        zwei bräute: ein deutsches denkmal

                    goethe:

        komm und stirne mich mein kind
        denn ich habe viele stellen
        unter denen keine sind
        die nicht aus dem herzen quellen

                    schiller:

        komm und herze mich mein kind
        denn ich habe viele stellen
        unter denen keine sind
        die nicht aus der stirne quellen

Das Ende der Kunst

Du darfst nicht, sagte die eule zum auerhahn,
du darfst nicht die sonne besingen
Die sonne ist nicht wichtig

Der auerhahn nahm
die sonne aus seinem gedicht

Du bist ein künstler,
sagte die eule zum auerhahn

Und es war schön finster

1970   GÜNTER KUNERT

Gedicht zum Gedicht

Mehr als ein Gedicht
ist beispielsweise: Kein Gedicht,
denn das Nichtgedicht lebt
als sanfte Lauheit der Inspiration:
Umweltgefühl
des Tropfens im Wasser.
Der Leib fühlt sich geborgen.
Das Herz fühlt nichts.
Die Waage ist ausgeglichen.
Das Lot hängt still.

Gedicht ist Zustand,
den das Gedicht zerstört,
indem es
aus sich selber hervortritt.

Fragegedicht
(Wir suchen Hitler)

Hitler war nicht in Deutschland
niemals
haben sie wirklich herrn Hitler gesehen
Hitler ist eine erfindung

man wollte uns
wie damals
die schuld
Hitler ist eine erfindung
dekadent
ihre dichter

für Hitler
erstmals
den Nobelpreis
für ein kollektiv
Hitler

eine deutsche Frau
ist nicht für Hitler
die deutschen frauen
nicht
sie tun es
die pfarrer
am sonntag frühmorgens
niemand hat Hitler gesehen

niemand hat Hitler gesehen
Hitler ist ein gedicht
nur an gedichten
sterben sie nicht

in blauen Augen
wird Hitler
kein unheil anrichten
wer hat gesagt
die Juden die Deutschen die Polen
gibt es nicht

Hitler ist eine erfindung
der bösen der guten der bösen

wer so etwas
40 wir aber werden
verzeihen
poesie
das hebt
heraus
45 Hitler ist keine nationaldichtung
wir waren schon immer
verderbt
durch fremdländisches

Hitler ist
50 internationale poesie
Goethe hat es
geahnt
Goethe unser

Hitler hat inspiriert
55 autobahnen
briefmarken
wir haben Hitler
umgesetzt
wirtschaftlich autark
60 nichts wurde fortan
unmöglich

Hitler
unsere stärke
war
65 fremdländisches
umzusetzen
umzusetzen
wir haben Hitler
assimiliert geschluckt
70 Hitler
ich
du
Hitler
ohne ende ohne
75 kein ende
ich
du
wir fragen nach
Hitler

Hitler
wir
Hitler
aber wir fragen

1976   WOLFGANG BÄCHLER

Ausbrechen

Ausbrechen
aus den Wortzäunen,
5   den Satzketten,
den Punktsystemen,
den Einklammerungen,
den Rahmen der Selbstbespiegelungen,
den Beistrichen, den Gedankenstrichen
10   – um die ausweichenden, aufweichenden
Gedankenlosigkeiten gesetzt –
Ausbrechen
in die Freiheit des Schweigens.

1976   KARIN KIWUS

An die Dichter

Die Welt ist eingeschlafen
in der Stunde eurer Geburt

5   allein mit den Tagträumen
erweckt ihr sie wieder

roh und süß und wild
auf ein Abenteuer

eine Partie Wirklichkeit lang
10 unbesiegbar im Spiel

ERNST JANDL

von einen sprachen

schreiben und reden in einen heruntergekommenen sprachen
sein ein demonstrieren, sein ein es zeigen, wie weit
5 es gekommen sein mit einen solchenen: seinen mistigen
leben er nun nehmen auf den schaufeln von worten
und es demonstrieren als einen den stinkigen haufen
denen es seien. es nicht mehr geben einen beschönigen
nichts mehr verstellungen. oder sein worten, auch stinkigen
10 auch heruntergekommenen sprachen-worten in jedenen fallen
einen masken vor den wahren gesichten denen zerfressenen
haben den aussatz. das sein ein fragen, einen tötenen.

ILSE AICHINGER

Durch und durch

Wir sind alle
nur für kurz hier eingefädelt,
aber das Öhr
5 hält man uns seither fern,
uns Kamelen.

HELGA M. NOVAK

dunkle Seite Hölderlins

für Sarah

eine handgeschriebene Seite
5 die meine Träume aufreißt
und mich bei Tage
in Finsternis hüllt
in der Schrift meiner ersten Schuljahre
Wörter die ich kaum lesen kann
10 – Abhang Menschen Wilder Hügel
Wunderbar Allda bin ich –

die Apriorität des Individuellen
Seite fünfundsiebzig

eine dunkle Seite und Hölderlins Schrift
15 heftig gespreizte Feder
jeder Ansatz ein Druck wider Druck
er hat die Tinte
nicht sorgfältig abgestreift
und versäumt beizeiten wieder einzutauchen
20 die Feder verdoppelt ihre Schlingen und zieht
Haare Fasern kleine Hölzer
hinter sich her Spuren
als zöge eine Armee von Raben übers Blatt

wie muß das geklungen haben
25 dieses Aufdrücken beim Schreiben
der harte kratzende Laut
dazwischen sechs kurze Zeilen
fein und lesbar
– Vom Abgrund nemlich haben
30 Wir angefangen und gegangen
Dem Leuen gleich
Der lieget
In dem Brand
Der Wüste –

35 über die Seite hin verschmierte Tinte
Kleckse Spritzer Striche scharf
sind Schreibfedern gewesen
verglichen mit unseren weichen flüssigen Kulis
ja aus reinen Stichwaffen
40 haben wir Kulis gemacht

Frankfurt diese himmelschreiende Stadt
als Nabel bezeichnet aber dann steigen
– Citronengeruch auf und das Öl aus der Provence –
– Frankreich –
45 das dröhnte einmal und vibrierte
wie Paris Prag und Portugal

dicke schwarze Wörter Zeilen die einander überlappen
Zeilen die abfallen am Rand
Wörter die sich auf der Seite rechts unten
50 ballen und drängen wie ein Rudel trotziger Kinder
dunkle Seite Hölderlins die mich zerreißt

wie können Wörter so voll Licht so finster aussehen
– Ihr Blüthen von Deutschland, o mein Herz wird
Untrügbarer Krystall an dem
55 Das Licht sich prüfet, wenn – Deutschland –

ach Hölderlin
Vaterland haben wir keins
nur die üblichen hinter Orden
und gezogenen Läufen sich verbergenden Landesväter
60 immernoch
die Nacht auf deiner Seite war nicht die letzte

1978   MICHAEL KRÜGER

Über die Hoffnung

Wir wollten
die Hoffnung überraschen,
5   wenn sie die Fassung verliert:
die Sekunde der Revolte.
Wir richteten
uns auf eine lange Reise ein.
Wir wappneten
10   uns gegen Hitze und Kälte.
Der Proviant
lag schwer auf unsern Schultern:
Geschichte, Erziehung,
die Fähigkeit, die Hoffnungslosigkeit
15   zu ertragen, viel Literatur.
Seit gestern sind wir zurück.
Müde,
wie man sich denken kann,
und hungrig.

20   Die Bilder
sind noch nicht entwickelt.
Die Ergebnisse
werden bekanntgegeben.

ROSE AUSLÄNDER

Was

Was
soll ich euch schenken
5   außer den Lichtblumen
und Trauerblättern
meiner Worte

Ich gehöre meinen Worten
die euch gehören

ERICH FRIED

Was es ist

Es ist Unsinn
sagt die Vernunft
5   Es ist was es ist
sagt die Liebe

Es ist Unglück
sagt die Berechnung
Es ist nichts als Schmerz
10   sagt die Angst
Es ist aussichtslos
sagt die Einsicht
Es ist was es ist
sagt die Liebe

15   Es ist lächerlich
sagt der Stolz
Es ist leichtsinnig
sagt die Vorsicht
Es ist unmöglich
20   sagt die Erfahrung
Es ist was es ist
sagt die Liebe

Kein Grund zum Aufhören, kein Grund zum
Weitermachen; das Schlimmste kommt noch,
die Hoffnung dauert; ich behaupte zu brennen
5   und nehme einen Gletscher wahr; wer sagt, daß
man nicht anderswo sein könnte – aber ich bin
hier; außerstande, etwas zu besitzen, umarme
ich die Welt: Du bist die Klammer, die mich
weder schützt noch bedroht, weder ein- noch
10   ausschließt; darum ist auch mein Inbild von dir
weder tödlich noch gesund – es braucht mich so
wenig wie es mich losläßt; bald werden die
Sinne ersetzt – womit hörst du, wenn ich keinen
Mund habe?; im Begriff, nicht mehr zu sein,
15   klammere ich mich an ihn; im Eigensinn „den
ich hasse" liebe ich „was ich nicht habe" – am
Widerspruch mich weidend, tun mir die Paare
weh; Ja und Nein sind mir gleichermaßen ver-
dächtig; so also steht und fällt es, Partner, um
20   mich durch dich.

Bildnis Peter Huchel

Als ich Sie das erstemal sah schwammen
Schwäne über den See. Mitten auf dem Wasser
5   Lag still das Boot des Fischers.
Sie schwiegen. Aber Sie hörten zu mißtrauten
Dem Dichter der Sandalen trug
Wie eine Botschaft

In Weimar sah ich Sie wieder
10   Als Präsident einer kulturellen Veranstaltung
Wieder haben Sie nur geschwiegen
Wie macht er das, dachte ich
Als Präsident. Kein Zeichen
Keine Bewegung wem denn das Wort erteilt war

15   Später kamen Nachrichten. Autos standen
Vor ihrem Haus. Besucher wurden ferngehalten

Der Sohn wurde geschlagen. Manuskripte auf Lastwagen
In einen Schuppen gekippt.
Sie können alles wiederhaben
20 Die Stimme hörten Sie noch
Zitternd im Schatten südlicher Bäume

In Rom kamen Sie an mit sieben Koffern
Wer ist er? Ein Telefongespräch wurde vermittelt
Er ist ein Dichter *nicht geboren*
25 *Unter den Fittichen der Gewalt zu leben.*
Langsam fingen Sie an zu erzählen
Aufschreiben! rief einer und wußte es besser

Ihre Milde war streng. Auf den Fotografien
Sieht jeder wie tief Ihre Augen gesehen haben
30 Ängstlich bestellten Sie bürgerliche Gerichte
Tingeln nannten Sie anstrengende Lesereisen
Lieber sprachen Sie von Disteln Dornen
Von den *zerbrochenen Sätzen aus vergilbten Papieren.*

Nicht mehr fliegen wollten Sie über die märkischen
35 Wälder. Die Seen lagen still wie immer
Jeder Turm ein Vertrauter jede Erhebung
Was ist aus den Katzen geworden
Wer hat das Holz für die Fensterläden verbrannt
Einmal kam Silone. Er trug einen weißen Hut

40 Sie sind gestorben. Aber wie. Manchmal spricht
Einer von Ihnen. Wie schnell sind viele vergessen
Wie wäre es Sie kämen nur einmal noch
In diese Stadt. Und blieben ein paar Tage
Zu fragen wäre genug. Da könnten Sie
45 Mithalten

1986   FRIEDERIKE MAYRÖCKER

       Begegnung mit Vogelstück

       Fleisch des Gedichts, die
       Qualen groß, verschwinde im
5   Zeilenbruch

       dieses
       Vorauswissen

Baumbüschung
Windbruch und -brust
dieses
stockende
Atmen plötzlich vergeblich
Entliegen, rotes
Wehr

eine ärgste und finsterste
Kohlenarbeit . .

der Peloponnes nämlich, nach
Fußwaschung übers Parkett geschwappt
schmiegt sich ans
Zeilenknie

1987   HANS ARNFRID ASTEL

                        Zikaden

        Geh ich vorüber,
        verstummen die Zikaden.

        Bin ich vorüber,
        singen sie weiter.

        Hör ich sie schaben
        muß ich verstummen.

        Sterben die Sänger,
        singe ich weiter.

        Sterbe ich selber,
        singen sie mich.

VOLKER BRAUN

Das Lehen

Ich bleib im Lande und nähre mich im Osten.
Mit meinen Sprüchen, die mich den Kragen kosten
5 In anderer Zeit: noch bin ich auf dem Posten.
In Wohnungen, geliehn vom Magistrat
Und eß mich satt, wie ihr, an der Silage.
Und werde nicht froh in meiner Chefetage
Die Bleibe, die ich suche, ist kein Staat.
10 Mit zehn Geboten und mit Eisendraht:
Sähe ich Brüder und keine Lemuren.
Wie komm ich durch den Winter der Strukturen.
Partei mein Fürst: *sie hat uns alles gegeben*
Und alles ist noch nicht das Leben.
15 Das Lehen, das ich brauch, wird nicht vergeben.

1987   WULF KIRSTEN

stimmenschotter

Hörst du den Gott im finstern Meer?
Heinrich Heine

5 trostesbang
die abschwünge
wider
alle unumstößlichen verheißungen.
schachfiguren, aus der lebensmitte
10 gerückt, ins totenreich der natur.
der stimmenschotter
im versiegenden flußbett
mit ulmenzweigen gepeitscht
wie damals.
15 die umgeschuldeten mißerfolge
in den gebetsmühlen aufrecht
zersungen, zermalmt.
die rückläufigen erfolge
als bettelsuppe ausgelöffelt.

20　für die mitglieder der menge
　　das backmehl huldreich gestreckt
　　schon wieder ein hungerjahr lang.
　　im handgepäck
　　die kleinen wortrechte.
25　ausgesiedelte lebensgeschichten,
　　gewissenhaft totgeschwiegen.
　　was willst du noch hier?
　　die stühle der königreiche
　　sollen sich umkehren
30　oder auch nicht.
　　wer aber, herr pfarrer,
　　wer soll uns begraben,
　　die wir hierbleiben?
　　fragen die alten
35　in den dörfern reihum.
　　im kirchenschiff
　　tanzt
　　der vom licht getroffene staub.
　　auf einer staubsäule
40　fahrn
　　in das himmelreich!

1987　　　　　　Fitzgerald Kusz

　　　　　　　　Literatur

　　　in meim bäichäschrank
　　　vädroong sersi
5　　　dou schdäihd aa bouch
　　　schäi broov neberm andern
　　　bladz gnouch hamms ja
　　　obbä in meim kubf
　　　dou gehms kann rouh

PAUL WÜHR

Genau

Sie will sich beschreiben lassen wie sie
den kleinen Finger in den Mund steckt
während

ihre linke kleine Brust auf das silberne
Armband blickt am Gelenk und die Augen
diese Wörter

nachlesen wie ihre rechte Hand nämlich
nicht recht weiß ob sie den linken
Schenkel

oder den rechten beruhigen soll während
etwas zurückgefallen der Bauch jedenfalls
genau so

unschuldig wird wie der Nabel als sie
unzufrieden mit dieser Beschreibung
vom

rechten Schenkel ganz und gar
unzensiert sich zur Veröffentlichung
entschließt

SARAH KIRSCH

Krähengeschwätz

Mein Richtstern ist ein faust-
Großer Planet und mein Kompaß
Liegt auf dem Grund der See
Aber die Hoffnung will tanzen
Nur der Sperber über der Ebene
Liest die Gedanken.

Erde und Menschen sind
Gänzlich verwildert hilft
Kein Besinnen der Klotz
Ist unterwegs im freien Fall
Und ich selbst
Entstamme einer Familie von Wölfen.

Aufbruchsstimmung

Hoch über den Vororten
tragen rosig bestrahlte Gase
ihren stillen Kampf aus.
Unter raschen Wolkenfetzen
bröselt, champagnergebadet,
Beton. Am Potsdamer Platz
Wermutflaschen, die Penner
grübeln über „den Doppelsinn
von Sein und Seinsverständnis".
Einwände halten sich hier
in Grenzen. Pilgerscharen
in der Fußgängerzone
auf der Suche nach Identität
und Südfrüchten. Zuzügler
lassen valiumfarbene Scheine
auf der Zunge zergehn.
Auch links in der Beletage
finden Aufbrüche statt:
Gewissenhaft arbeiten Partner
an der Hinrichtung einer Ehe.
Haftschalen, tränenüberströmt,
im luxuriösen Smog. Blindgänger
fallen sich in die Arme.
Das Politbüro: ausgestorben.
Nur im Keller der Dichter
dichtet bei fünfzehn Watt
nach wie vor vor sich hin,
„um der Menschwerdung
aufzuhelfen". Gerührt
schweift das nasse Aug
über die frischen Sichtblenden.

Nachwort
Zur sechsten Auflage

Die hier bereits in sechster Auflage vorgelegte Auswahl deutschsprachiger Lyrik vom Barock bis zur unmittelbaren Gegenwart versteht sich nicht als eine Anthologie der Perlen deutscher Dichtkunst, sondern als eine Sammlung, die geeignete Texte zur Einführung in die Geschichte der neueren deutschen Lyrik bereitstellt: in erster Linie also als ein Arbeitsbuch, das zur kritischen Beschäftigung mit dem deutschen Gedicht in seiner historischen Entwicklung seit dem Beginn des 17. Jahrhunderts auffordert und damit zu eigener, weiterführender Lektüre anregen und anleiten möchte. Ausgewählt wurden dementsprechend Texte, die in ihrer inhaltlichen und formalen Struktur als besonders repräsentativ gelten können für die Lyrik des genannten Zeitraumes bzw. einzelner Epochen oder Strömungen innerhalb dieses Zeitraumes.

Auf diese Weise ergeben sich zwangsläufig aufschlußreiche Längs- und Querschnitte, beispielsweise im Hinblick auf durchgehend dominante Themen und Motive (etwa die in der deutschen Lyrik nie abgebrochene Tradition der Poesiethematik) oder im Hinblick auf die Vielfalt unterschiedlicher Themen und Motive etwa innerhalb eines Jahrzehnts oder einer Epoche; dasselbe gilt für den Bereich der Formgeschichte.

Die Texte werden im Wortlaut und unter der Jahreszahl ihres ersten Erscheinens wiedergegeben. Das eröffnet häufig überraschende rezeptionsästhetische Perspektiven, wenn man beispielsweise entdeckt, wie häufig lyrische Texte zunächst in einem epischen Kontext konzipiert und publiziert wurden; daß Teile von Goethes ‚West-östlichem Divan‘ zuerst im ‚Taschenbuch für Damen auf das Jahr 1817‘ erschienen oder mit welch heterogener Zusammenstellung von Autoren und Themen das Leserpublikum in den dreißiger Jahren des 19. Jahrhunderts in *einem* Jahrgang des vielgelesenen, von Adelbert v. Chamisso und Gustav Schwab herausgegebenen ‚Deutschen Musenalmanachs‘ bekanntgemacht wurde: eine wenigstens implizit enthaltene Aufforderung an den Leser dieser Auswahl, den Bedingungen der Rezeption lyrischer Texte anhand der Quellennachweise am einen oder anderen Beispiel einmal genauer nachzugehen. Der mit dem annalistischen Prinzip der Reihenfolge der Texte gegebene Verzicht auf den Versuch einer Anordnung nach Epochen wiederum ist nicht als ein Ausweichen vor dem „Epochenproblem" zu verstehen. Die Sammlung möchte vielmehr, indem sie eine Epochenzuordnung selbst nicht vorwegnimmt, gerade dadurch zur Reflexion und Diskussion überkommener Epochenbegriffe anregen. Als ein Arbeitsbuch und Hilfsmittel auch für die Einführung in die deutsche Lyrik im Schul- und Universitätsunterricht versucht die Auswahl, den hierbei sich ergebenden Fragestellungen Rechnung zu tragen: der Vergleich unterschiedlicher Auffassungen und Bearbeitungen desselben Themas bei Autoren aus verschiedenen Jahrhunderten (etwa der Kriegsthematik bei Andreas Gryphius und Georg Heym) oder ein Vergleich von Klopstocks Lied ‚Ich bin ein deutsches Mädchen' über Claudius' ‚Auch ein Lied' und Schubarts ‚Das gnädige Fräulein' bis zu Leons ‚Vaterlandslied' bieten sich an. Die Sammlung ermöglicht weiterhin die Gegenüberstellung verschiedener Fassungen eines Gedichts zur Erörterung von Problemen der Textkritik und Edition (etwa den Vergleich von Gryphius' ‚Trawrklage des verwüsteten Deutschlandes' mit ‚Threnen des Vatterlandes' oder der frühesten und der letzten Fassung von Goethes ‚Heideröslein'). Ferner wurde mit Bedacht eine Reihe von Textbeispielen aufgenommen, zu denen mehrere, methodisch unterschiedliche Interpretationen vorliegen, anhand derer sich also methodischer Ansatz und „Ergiebigkeit" verschiedener Verfahren der Textanalyse und Interpretation paradigmatisch demonstrieren und diskutieren lassen (z. B. bei Clemens Brentanos ‚Es sang vor langen Jahren ...' oder Goethes ‚Bräutigam'). Am Beispiel von Peter Huchels Gedicht ‚Winterpsalm' wiederum ließe sich die Problematik einer Selbstinterpretation durch den Autor erörtern.

Die Herausgeber waren sich bewußt, daß es außerordentlich schwierig, wenn nicht unmöglich ist, mit einer Auswahl von nur 325 Gedichten aus vier Jahrhunderten so verschiedenen Aspekten und Interessen gerecht werden zu können. Sie möchten mit dieser Sammlung eine handliche Einführung in die neuere deutsche Lyrik anbieten, in der Hoffnung, damit zu einer über sie hinausführenden Beschäftigung mit dem Gegenstand anzuregen. Die sechste Auflage wurde um Gedichte aus den Jahren 1981–1991 erweitert; dadurch ergibt sich nun ein sicher nicht unerwünschter Schwerpunkt der Sammlung für die Zeit nach dem Zweiten Weltkrieg.

Zu Textgestalt und Quellennachweis

Die Texte dieser Auswahl werden ohne normalisierende Eingriffe in Orthographie und Interpunktion buchstabengetreu nach den Erstdrucken wiedergegeben; das Quellenverzeichnis nennt, alphabetisch nach Autoren geordnet, die zur Auffindung der Quelle erforderlichen bibliographischen Angaben, gegebenenfalls ergänzt durch darüber hinaus notwendige knappe Erläuterungen.

In einigen Fällen mußte wegen ungünstiger Überlieferungslage vom Prinzip der Textwiedergabe nach dem Erstdruck abgewichen und eine spätere Gesamtausgabe als Druckvorlage herangezogen werden; der Quellennachweis gibt darüber im einzelnen Auskunft; das Gedicht wird gleichwohl unter dem Jahr seines ersten Erscheinens eingeordnet. In einigen wenigen, besonders gelagerten Fällen wurde eine spätere, endgültige Fassung eines Gedichts dem Erstdruck vorgezogen und das Gedicht unter dem Erscheinungsjahr der späteren Fassung eingeordnet; Erscheinungsort und -datum sowie gegebenenfalls der Titel der früheren (unvollständigen, fragmentarischen, vom Autor verworfenen) Fassung werden im Quellenvermerk nachgewiesen.

Ist ein Gedicht zuerst anonym oder unter einem Pseudonym publiziert worden, so wird dies im Text durch ein * beim Verfassernamen gekennzeichnet; den genauen Sachverhalt klärt wiederum der Quellennachweis.

Wenn ein Text im Erstdruck ohne Titel erschien oder unter einem anderen, späteren Titel bekannt geworden ist, so wird dieser Titel, gleich ob er vom Autor oder einem Herausgeber stammt, im Quellennachweis in eckigen Klammern aufgeführt und im alphabetischen Register der Überschriften mit einem Verweis genannt. In eckigen Klammern erscheinen im Quellennachweis weiterhin Zyklentitel, nicht jedoch Titel von Abteilungen in Gedichtsammlungen oder Gesamtausgaben etc. Auch die Zyklentitel werden im Register genannt.

Gänzlich verzichtet wurde auf Wort- und Sacherklärungen sowie auf alle den Text erläuternden Hinweise, die in Wörterbüchern, Lexika und Handbüchern oder durch eingehende Berücksichtigung des medialen Kontextes, in dem ein Gedicht zunächst publiziert wurde, aufgefunden werden können.

S. v. St.

Alphabetisches Verzeichnis der Autoren
mit Quellennachweis

AICHINGER, ILSE (*1921)
S. 299 – *Winteranfang:* Akzente, 7. Jg., München 1960, Nr. 2, S. 111.
S. 306 – *Durch und durch:* Ilse Aichinger, Verschenkter Rat, Frankfurt a. M. 1978, S. 57.

ANTON ULRICH VON BRAUNSCHWEIG-WOLFENBÜTTEL (1633–1714)
S. 24 – *Sterb-Lied:* [A. U. von Braunschweig-Wolfenbüttel], ChristFürstliches Davids-Harpfen-Spiel ..., Nürnberg 1667, S. 246 f. Anonym erschienen.

ARNDT, ERNST MORITZ (1769–1860)
S. 140 – *Lied der Rache:* [Ernst Moritz Arndt], Kurzer Katechismus für teutsche Soldaten, nebst einem Anhang von Liedern, St. Petersburg 1812, S. 60 f.

ARNIM, LUDWIG ACHIM VON (1781–1831)
S. 139 – *Mir ist zu licht zum Schlafen ...:* Armuth Reichthum Schuld und Buße der Gräfin Dolores ... aufgeschrieben von Ludwig Achim v. Arnim, Erster Band mit Melodien, Berlin [1809], S. 47.

ARTMANN, HANS CARL (*1921)
S. 293 – *Sah ein kleines Unicorn:* Akzente, 4. Jg., München 1957, Nr. 2, S. 139 ff.

ASTEL, HANS ARNFRIED (*1933)
S. 312 – *Zikaden:* Punktzeit, Deutschsprachige Lyrik der achtziger Jahre, hrsg. von M. Braun und H. Thill, Heidelberg 1987, S. 119.

AUSLÄNDER, ROSE (1907–1988)
S. 309 – *Was:* Rose Ausländer, mein Atem heisst jetzt, Frankfurt a. M. 1981, S. 94.

BACHMANN, INGEBORG (1926–1973)
S. 290 – *Römisches Nachtbild:* Akzente, 2. Jg., München 1955, Nr. 1, S. 44.

BÄCHLER, WOLFGANG (*1925)
S. 305 – *Ausbrechen:* Wolfgang Bächler, Ausbrechen, Gedichte aus dreißig Jahren, Frankfurt a. M. 1976, S. 193.

BAUER, WALTER (1904–1976)
S. 282 – *Wenn wir erobern die Universitäten:* Der Ruf, 1. Jg., München 1947, Nr. 12, S. 12.

BENN, GOTTFRIED (1886–1956)
S. 247 – *Kleine Aster* [Aus: Morgue]: Morgue und andere Gedichte von Gottfried Benn, Berlin-Wilmersdorf [1912], [o. S.].
S. 248 – *D-Zug:* Die Aktion, 3. Jg., Berlin 1913, Nr. 27, Sp. 647 f.
S. 288 – *Den jungen Leuten:* Gottfried Benn, Destillationen, Wiesbaden [1953], S. 20.

BERGENGRUEN, WERNER (1892–1964)
S. 279 – *Die Lüge:* Werner Bergengruen, Dies Irae, München [1945], S. 7.

BERGMANN, THEODOR
S. 199 – *An der Eisenbahn:* Demokratisches Taschenbuch für 1848, Leipzig 1848, S. 325.

BERNHARDI-TIECK, SOPHIE (1775–1833)
S. 121 – *Variationen:* Europa, Eine Zeitschrift, hrsg. von Friedrich Schlegel, 1. Bd., 1. St., Frankfurt a. M. 1803, S. 78 ff. Ersch. unter dem Namen A. W. Schlegels, die Variationen I. und IV. wurden jedoch von Sophie Bernhardi-Tieck verfaßt.

BIENEK, HORST (1930–1990)
S. 292 – *In den Gefängnissen ...*
[Aus: In den Gefängnissen]:
Akzente, 4. Jg., München
1957, Nr. 4, S. 302.

BIERBAUM, OTTO JULIUS (1865–1910)
S. 237 – *Rosen, Goethe, Mozart:*
Simplicissimus, 5. Jg., München 1900/01, Nr. 17,
S. 134.

BINGEL, HORST (*1933)
S. 303 – *Fragegedicht:* Horst Bingel, Lied für Zement,
Frankfurt a. M. 1975, S. 40–
42. Erste Fassung in: Frankfurter Allgemeine Zeitung,
30. 1. 1965.

BODENSTEDT, FRIEDRICH MARTIN
(1819–1892)
S. 219 – *Der Kampf um's Dasein:*
Neue Monatshefte für
Dichtkunst und Kritik,
hrsg. von Oscar Blumenthal, 1. Bd., Berlin 1875,
S. 3.

BRAUN, VOLKER (*1939)
S. 313 – *Das Leben:* Volker Braun,
Langsamer knirschender
Morgen, Frankfurt a. M.
1987, S. 49.

BRECHT, BERTOLT (1898–1956)
S. 260 – *Als sie ertrunken war ...*
[Später: Vom ertrunkenen
Mädchen]: Bertolt Brecht,
Baal, Potsdam 1922,
S. 74.
S. 265 – *Gegen Verführung:* Bertolt
Brechts Hauspostille, Berlin
1927, S. 133 f.
S. 274 – *Wie künftige Zeiten unsere
Schriftsteller beurteilen werden:* Die neue Weltbühne,
35. Jg., London u. a. 1939,
S. 843.
S. 276 – *An die Nachgeborenen:*
Bertolt Brecht, Svendborger
Gedichte, London 1939.
Abdruck nach: Bertolt
Brecht, Gedichte, Band 4,
Frankfurt a. M. 1961,
S. 143 ff.

BRENTANO, CLEMENS (1778–1842)
S. 112 – *Sprich aus der Ferne ...:*
[Clemens Brentano], Godwi oder Das steinerne Bild
der Mutter, Ein verwildeter
Roman von Maria, [1. Bd.],
Bremen 1801, S. 285 f. Verfassername Pseudonym.

S. 113 – *Zu Bacharach am Rheine
...:* [Clemens Brentano],
Godwi oder Das steinerne
Bild der Mutter, Ein verwildeter Roman von Maria,
2. Bd., hrsg. von den Freunden des Verstorbenen ...,
Bremen 1802, S. 392 ff. Verfassername Pseudonym.
Von Christian Brentano
u. d. T. ‚Lore Lay‘ in die
Gesammelten Schriften
(1852 ff.) seines Bruders
aufgenommen.

S. 127 – *Hör', es klagt die Flöte wieder ...:* Die Lustigen Musikanten, Singspiel von Clemens Brentano, Frankfurt
am Main 1803, S. 22 f. Bekannt geworden u. d. T.
‚Abendständchen‘, unter
dem Christian Brentano
diese Verse in die von ihm
hrsg. Gesammelten Schriften (1852 ff.) seines Bruders
aufnahm.

S. 154 – *Es sang vor langen Jahren
...* [Aus: Aus der Chronikka eines fahrenden Schülers]: Die Sängerfahrt, Eine
Neujahrsgabe für Freunde
der Dichtkunst und Mahlerey ... Gesammelt von
Friedrich Förster ..., Berlin
1818, S. 244 f. Bekannt geworden u. d. T. ‚Der Spinnerin Lied‘, unter dem
Christian Brentano das Gedicht in die vom ihm hrsg.
Ges. Schriften (1852 ff.) seines Bruders aufnahm.

S. 181 – *Wenn der lahme Weber
träumt ...:* Gockel, Hinkel,

Gakeleia, Mährchen, wieder erzählt von Clemens Brentano, Frankfurt 1838, S. 271 f.

S. 182 – *Erbarme Dich, Herr!:* Geistliche Blumenlese aus deutschen Dichtern von Novalis bis auf die Gegenwart ..., hrsg. von H. Kletke, Berlin 1841, S. 69 f.

S. 190 – *Lieb und Leid im leichten Leben ...:* Clemens Brentano's Frühlingskranz aus Jugendbriefen ihm geflochten, wie er selbst schriftlich verlangte [hrsg. von Bettina von Arnim], 1. Bd. [mehr nicht erschienen], Charlottenburg 1844, S. 259 f.

S. 206 – *Wo schlägt ein Herz, das bleibend fühlt?:* Clemens Brentano's Gesammelte Schriften, hrsg. von Christian Brentano, 2. Bd., Frankfurt a. M. 1852, S. 237.

BRITTING, GEORG (1891–1964)
S. 278 – *Der Tod an den Dichter* [Aus: Aus einem Totentanz]: Das Innere Reich, 10. Jg., München 1943/44, 4. H., S. 396.

BROCKES, BARTHOLD HEINRICH (1680–1747)
S. 38 – *Die Nachtigall / und derselben Wett-Streit gegen einander:* Herrn B. H. Brockes ... Irdisches Vergnügen in Gott ..., Hamburg 1721, S. 76 f.

S. 39 – *Ach Herr! eröffne mein Verständniß! ...:* Ebd., 2., verb. und verm. Aufl., Hamburg 1724, S. 2.

S. 40 – *Frühlings-Seufzer:* Ebd., 2. T., Hamburg 1727, S. 87.

BRUN, SOPHIE CHRISTIANE FRIEDERIKE (1765–1833)
S. 100 – *Ich denke dein:* Musen-Almanach fürs Jahr 1795, hrsg. von J. H. Voß, Hamburg [o. J.], S. 177 f.

BÜCHNER, GEORG (1813–1837)
S. 201 – *O meine müden Füße ...* [Aus: Leonce und Lena I, 3]: Nachgelassene Schriften von Georg Büchner, Frankfurt a. M. 1850, S. 163 f.

BÜRGER, GOTTFRIED AUGUST (1747–1794)
S. 69 – *Ballade:* Musen Almanach A 1774, [hrsg. von J. H. Voß], Göttingen [o. J.], S. 155 f.

S. 95 – *Straflied beim schlechten Kriegsanfange der Gallier:* Musen Almanach 1793, Göttingen [o. J.], S. 104 f.

BUSCH, WILHELM (1832–1908)
S. 218 – *Die Liebe war nicht geringe ...:* Kritik des Herzens von Wilhelm Busch, Heidelberg 1874, S. 47.

CELAN, PAUL (eig. Paul Antschel, 1920–1970)
S. 285 – *Todesfuge:* Paul Celan, Der Sand aus den Urnen, Wien 1948, Abdruck nach: Paul Celan, Mohn und Gedächtnis, Stuttgart [1952], S. 35 ff.

S. 291 – *Stilleben mit Brief und Wanduhr:* Akzente, 3. Jg., München 1956, Nr. 4, S. 300.

CHAMISSO, ADELBERT VON (1781–1838)
S. 173 – *Die alte Waschfrau:* Deutscher Musenalmanach für das Jahr 1835, hrsg. von A. v. Chamisso und G. Schwab, 6. Jg., Leipzig [o. J.], S. 162 ff.

CLAUDIUS, MATTHIAS (1740–1815)
S. 65 – *Auch ein Lied:* Der Wandsbecker Bothe, [hrsg. von M. Claudius], No. 65 vom 23. 4. 1771, [o. S.]. Anonym erschienen.

CONZ, KARL PHILIPP (1762–1827)
S. 93 – *Naturlaut:* Musen Almanach 1791, Göttingen [o. J.], S. 158 ff.

DACH, SIMON (1605–1659)
S. 12 – *Perstet amicitiae semper venerabile Faedus!:* Heinrich Albert, Ander Theil der Arjen oder Melodeyen ..., Königsberg 1640, Nr. 10.

DÄUBLER, THEODOR (1876–1934)
S. 265 – *Das Herz im Delta:* Die neue Rundschau, 36. Jg. der Freien Bühne, Berlin 1925, 2. Bd., S. 856 f.

DAHN, FELIX (1834–1912)
S. 221 – *Welt-Anschauung:* Deutsche Revue über das gesammte nationale Leben der Gegenwart, hrsg. von Richard Fleischer, 3. Jg., 1. Bd., Berlin 1879, S. 361 ff.

DAUTHENDEY, MAX (1867–1918)
S. 229 – *Gesänge der Düfte:* Moderner Musen-Almanach auf das Jahr 1894, hrsg. von Otto Julius Bierbaum, Ein Jahrbuch deutscher Kunst, 2. Jg., München [o. J.], S. 205 f.

DEHMEL, RICHARD (1863–1920)
S. 248 – *Deutschlands Fahnenlied:* Die neue Rundschau, 25. Jg. der Freien Bühne, Berlin 1914, 2. Bd., S. 1224.
S. 257 – *Lichter Augenblick:* Die neue Rundschau, 29. Jg. der Freien Bühne, Berlin 1918, 1. Bd., S. 540 f.

DINGELSTEDT, FRANZ FREIHERR VON (1814–1881)
S. 184 – *Weib, gib mir Dekkel, Spieß und Mantel* ... [Aus: Nachtwächters Stilleben]: [Franz Dingelstedt], Lieder eines kosmopolitischen Nachtwächters, I., Hamburg 1842, S. 3 f.

DROLLINGER, CARL FRIEDRICH (1688–1742)
S. 44 – *Uber die Tyranney der deütschen Dichtkunst:* Herrn Carl Friederich Drollingers ... Gedichte ..., Basel 1743, S. 296 f.

DROSTE-HÜLSHOFF, ANNETTE ELISABETH FREIIN VON (1797–1848)
S. 187 – *Im Grase:* Kölnische Zeitung Nr. 329, 24. Nov. 1844, [o. S.].
S. 202 – *Am letzten Tage des Jahres:* Das geistliche Jahr, Nebst einem Anhang religiöser Gedichte von Annette von Droste-Hülshoff, Stuttgart und Tübingen 1851, S. 250 ff.

EICH, GÜNTER (1907–1972)
S. 283 – *Inventur:* Deine Söhne, Europa, hrsg. von H. W. Richter, München 1947, S. 17.

EICHENDORFF, JOSEPH FREIHERR VON (1788–1857)
S. 142 – *Lied* [Später: Das zerbrochene Ringlein]: Deutscher Dichterwald von Justinus Kerner, Friedrich Baron de la Motte Fouqué, Ludwig Uhland und Andern, Tübingen 1813, S. 40. Unter dem Pseudonym Florens.
S. 147 – *Ach, von dem weichen Pfühle* ...: Ahnung und Gegenwart, Ein Roman von Joseph Freiherrn von Eichendorff, Mit einem Vorwort von de la Motte Fouqué, Nürnberg 1815, S. 86.
S. 147 – *Laue Luft kommt blau geflossen* ... [Später: Frische Fahrt]: Ebd., S. 192 f.
S. 148 – *Es ist schon spät* ... [Später: Waldgespräch]: Ebd., S. 285 f.
S. 148 – *Dämm'rung will die Flügel spreiten* ... [Später: Zwielicht]: Ebd., S. 314.
S. 153 – *Frühlingsfahrt* [Später: Die zwei Gesellen]: Frauentaschenbuch für das Jahr 1818 von de la Motte Fouqué, Nürnberg [o. J.], S. 339 f.
S. 166 – *Malers Morgenlied* [Später: Der Maler]: Berliner Musen-Almanach für 1831,

hrsg. von Moritz Veit, Berlin 1831, S. 39f.

S. 174 – *Freuden wollt' ich dir bereiten ...:* [Aus: Auf den Tod meines Kindes. Später: Auf meines Kindes Tod]: Deutscher Musenalmanach für das Jahr 1835, hrsg. von A. v. Chamisso und G. Schwab, 6. Jg., Leipzig [o. J.], S. 259 f.

S. 179 – *Der Einsiedler:* Deutscher Musenalmanach für das Jahr 1837, hrsg. von Adelbert von Chamisso, 8. Jg., Leipzig [o. J.], S. 242. Im selben Jahr auch erschienen in: Gedichte von Joseph Freiherrn von Eichendorff, Berlin 1837.

S. 179 – *Wünschelruthe:* Deutscher Musenalmanach für das Jahr 1838, hrsg. von A. v. Chamisso und G. Schwab, 9. Jg., Leipzig [o. J.], S. 287.

ENZENSBERGER, HANS MAGNUS (*1929)

S. 296 – *an alle fernsprechteilnehmer:* Hans Magnus Enzensberger, landessprache, Frankfurt a. M. 1960, S. 28 f.

S. 316 – *Aufbruchsstimmung:* Hans Magnus Enzensberger, Zukunftsmusik, Frankfurt a. M. 1991, S. 42 f.

FEUCHTERSLEBEN, ERNST FREIHERR VON (1806–1849)

S. 177 – *Es ist bestimmt in Gottes Rath ...* [Aus: Nach altdeutscher Weise]: Frauenlob. Taschenbuch für das Jahr 1835. Wien [o. J.], S. 164 f.

FLEMING, PAUL (1609–1640)

S. 16 – *An sich:* D. Paul Flemings Poetischer Gedichten ..., Hamburg 1641, D 8 a–b.

S. 16 – *Gedancken / über der Zeit:* D. Paul Flemings Teütsche Poemata, Lübeck [1642], S. 32 f.

FOLLEN, KARL (1795–1840)

S. 154 – *Turnbekenntniß:* Freye Stimmen frischer Jugend, Durch Adolf Ludwig Follen, Jena 1819, S. 14 f.
Zeile 6: „gegründet" im Erstdruck: gezündet.

FONTANE, THEODOR (1819–1898)

S. 214 – *Der 6. November 1632:* Der Salon für Literatur, Kunst und Gesellschaft, hrsg. von Julius Rodenberg, 10. Bd., Leipzig 1872, S. 285.

S. 219 – *Mittag:* Gedichte von Theodor Fontane, 2., vermehrte Auflage, Berlin 1875, S. 10.

FREILIGRATH, FERDINAND (1810–1876)

S. 171 – *Löwenritt:* Deutscher Musenalmanach für das Jahr 1835, hrsg. von A. v. Chamisso und G. Schwab, 6. Jg., Leipzig [o. J.], S. 91 ff.

S. 188 – *Hamlet:* Ein Glaubensbekenntniß, Zeitgedichte von Ferdinand Freiligrath, Mainz 1844, S. 253 ff.

FRIED, ERICH (1921–1988)

S. 292 – *Versuchung:* Akzente, 4. Jg., München 1957, Nr. 4, S. 359.

S. 298 – *Gedicht von den Gedichten:* Merkur, 14. Jg., Stuttgart 1960, Nr. 8, S. 722.

S. 309 – *Was es ist:* Erich Fried, Es ist was es ist, Berlin 1983, S. 43.

GEIBEL, EMANUEL (1815–1884)

S. 178 – *Rheinsage:* Deutscher Musenalmanach für das Jahr 1837, hrsg. von A. von Chamisso, 8. Jg., Leipzig [o. J.], S. 203 f.

S. 196 – *Hoffnung:* Juniuslieder von Emanuel Geibel, Stuttgart und Tübingen 1848, S. 136 f.

S. 212 – *Einst geschieht's, da wird die Schmach ...:* Gedichte und Gedenkblätter von

Emanuel Geibel, Stuttgart
1864, S. 23 f.

GELLERT, CHRISTIAN FÜRCHTEGOTT
(1715–1779)
S. 48 – *Die Nachtigall und die
    Lerche:* Fabeln und Erzäh-
    lungen von C. F. Gellert,
    Leipzig 1746, S. 1 f.
S. 55 – *Ein junger Mensch, der,
    wenn er Briefe schrieb ...:*
    Briefe, nebst einer Prakti-
    schen Abhandlung von dem
    guten Geschmacke in Brie-
    fen, von C. F. Gellert, Leip-
    zig 1751, S. 70.

GEORGE, STEFAN (1868–1933)
S. 226 – *Mühle lass die arme still ...*
    [Aus: Pilgerfahrten]: Blätter
    für die Kunst, 1. Bd., Okt.
    1892, S. 7. Abdruck nach:
    Blätter für die Kunst, Be-
    gründet von Stefan George,
    hrsg. von Carl August Klein
    1892–1919, Abgelichteter
    Neudruck, Zum Jubiläums-
    jahr 1968, Düsseldorf und
    München [1968].
S. 231 – *Komm in den totgesagten
    park ...* [Aus: Nach der le-
    se]: Ebd., 2. Folge, 5. Bd.,
    Februar 1895, S. 130.
S. 236 – *Nietzsche:* Ebd., 5. Folge,
    1900/01, S. 5 f. Gezeichnet
    mit den Initialen S. G.

GERHARDT, PAUL (1607–1676)
S. 17 – *Nun ruhen alle wälder/ ...:*
    Praxis Pietatis Melica ...,
    hrsg. von Johann Crüger,
    Berlin 1653, S. 33 ff.
S. 19 – *Sommergesang:* Praxis Pie-
    tatis Melica ..., hrsg. von
    Johann Crüger, Berlin 1653,
    S. 779 ff.

GLASSBRENNER, ADOLF (1810–1876)
S. 200 – *Gebet der belagerten Berli-
    ner* [Aus: Aus dem Tage-
    buche eines Berliner Arbei-
    ters]: März-Almanach von
    Adolf Brennglas. Leipzig
    1849, S. 89. Verfassername
    Anagramm.

GLEIM, JOHANN WILHELM LUDWIG
(1719–1803)
S. 47 – *Anakreon:* [J. W. L. Gleim],
    Versuch in Scherzhaften
    Liedern, Berlin [1744], S. 1.
    Abdruck nach: Neudrucke
    deutscher Literaturwerke
    N. F. 13, hrsg. von A. An-
    ger, Tübingen 1964, S. 5.
    Anonym erschienen.
S. 91 – *Auch Les Etats généraux:*
    Berlinische Monatsschrift,
    hrsg. von F. Gedike und
    J. E. Biester, 15. Bd., Berlin
    1790, S. 91.

GOETHE, JOHANN WOLFGANG (1749–
1832)
S. 73 – *Mir schlug das Herz ...*
    [Später: Willkommen und
    Abschied]: Iris, [hrsg. von
    J. G. Jacobi], 2. Bd., 3. St.,
    Düsseldorf 1775, S. 244 f.
    Anonym erschienen.
S. 80 – *Der Fischer:* Volks- und
    andere Lieder mit Beglei-
    tung des Forte Piano, hrsg.
    von S. v. Seckendorff, Wei-
    mar 1779, S. 4. Zugleich
    u. d. T. ‚Das Lied vom Fi-
    scher‘ in: Volkslieder, [hrsg.
    von J. G. Herder], 2. T.,
    Leipzig 1779, S. 3 f. (an-
    onym).
S. 81 – *Röschen auf der Heide:*
    Volkslieder, [hrsg. von J. G.
    Herder], 2. T., Leipzig
    1779, S. 151. Anonym er-
    schienen.
S. 89 – *Heidenröslein:* Goethe's
    Schriften, 8. Bd., Leipzig
    1790, S. 105 f.
S. 90 – *Gesang der Geister über
    den Wassern:* Ebd.,
    S. 187 f.
S. 93 – *Emsig wallet der Pilger ...
    Diese Gondel vergleich ich
    ...* [Aus: Sinngedichte. Spä-
    ter: Venetianische Epigram-
    me]: Deutsche Monat-
    schrift, Berlin 1791, 2. Bd.,
    S. 82.

S. 98 – *Erste Elegie* [Aus: Elegien. Später: Römische Elegien]: Die Horen eine Monatsschrift ... hrsg. von Schiller, 1. Jg., 2. Bd., 6. St., Tübingen 1795, S. 1 f.

S. 102 – *Nähe des Geliebten:* Musen-Almanach für das Jahr 1796, hrsg. von Schiller, Neustrelitz [o. J.], S. 5.

S. 104 – *Sprache; An den Dichter; Dilettant; Die Kunstschwätzer* [Aus: Tabulae votivae]: Musen-Almanach für das Jahr 1797, hrsg. von Schiller, Tübingen [o. J.], S. 177, 178 und 181. Die ‚Tabulae votivae' erschienen mit der Signatur „G. und S.".

S. 127 – *Nachtgesang:* Taschenbuch auf das Jahr 1804, hrsg. von Wieland und Goethe, Tübingen [o. J.], S. 120 f.

S. 130 – *Das Sonett:* Goethe's Werke, 1. Bd., Tübingen 1806, S. 95.

S. 151 – *Hegire:* [Aus: West-Östlicher Divan]: Taschenbuch für Damen auf das Jahr 1817, Von Goethe ... und Andern, Tübingen [o. J.], S. III f.

S. 152 – *Vollendung* [Später: Selige Sehnsucht] [Aus: West-Östlicher Divan]: Ebd., S. XVI.

S. 156 – *Freudig war, vor vielen Jahren* ... [Später: Parabase]: Zur Naturwissenschaft überhaupt, besonders zur Morphologie, Von Goethe, Stuttgart und Tübingen 1820, 1. Bd., 3. H., S. 258.

S. 156 – *Zwischen beyden Welten:* Über Kunst und Alterthum, Von Goethe, Stuttgard 1820, 2. Bd., 3. H., S. 31.

S. 159 – *Eins und Alles:* Zur Naturwissenschaft überhaupt, besonders zur Morphologie,

Von Goethe, Stuttgart und Tübingen 1823, 2. Bd., 1. H., S. 123 f.

S. 163 – *Warnung, eigentlich und symbolisch zu nehmen:* Über Kunst und Alterthum, Von Goethe, 6. Bd., 1. H., Stuttgart 1827, S. 216. Im selben Jahr in: Goethe's Werke, Vollständige Ausgabe letzter Hand, Bd. 3.

S. 163 – *Aussöhnung* [Aus: Trilogie der Leidenschaft]: Goethe's Werke, Vollständige Ausgabe letzter Hand, 3. Bd., Stuttgart und Tübingen 1828, S. 30.

S. 164 – *Der Bräutigam:* Chaos, [hrsg. von Ottilie von Goethe], 1. Jg., Nr. 3, [Weimar 1829], S. 10.

S. 165 – *Vermächtniß* [Aus: Wilhelm Meisters Wanderjahre ...]: Goethe's Werke, Vollständige Ausgabe letzter Hand, 22. Bd., Stuttgart und Tübingen 1829, S. 261 f.

S. 171 – *Dornburg, September 1828:* Deutscher Musenalmanach für das Jahr 1833, hrsg. von A. v. Chamisso und G. Schwab, 4. Jg., Leipzig [o. J.], S. 6.

GOLL, IVAN (1891–1950)
S. 256 – *O die ihr nie auf Gipfeln ...:* Das junge Deutschland, 1. Jg., Berlin 1918, S. 13.

GOTTSCHED, JOHANN CHRISTOPH (1700–1766)
S. 43 – *Lehrgedichte. Daß der Mensch selbst an seiner Verdammung Schuld ist ...:* Herrn Johann Christoph Gottscheds ... Gedichte, ges. und hrsg. von Johann Joachim Schwabe, Leipzig 1736, S. 583 f.

GRASS, GÜNTER (*1927)
S. 290 – *Polnische Fahne:* Akzente, 2. Jg., München 1955, Nr. 6, S. 535.

S. 297 – *Goethe:* Akzente, 7.Jg., München 1960, Nr. 3, S. 265.

S. 300 – *In Ohnmacht gefallen:* Günter Grass, Ausgefragt, Neuwied und Berlin 1967, S. 58.

GREIFFENBERG, CATHARINA REGINA VON (1633–1694)

S. 28 – *Erklärung des Kupferbilds:* Catharina Regina von Greiffenberg, Zwölf andächtige Betrachtungen ..., Nürnberg 1672, S. 297.

GRIMMELSHAUSEN, HANS JACOB CHRISTOFFEL VON (1621/22–1676)

S. 26 – *Komm Trost der Nacht/O Nachtigal/ ...:* Der Abentheurliche Simplicissimus Teutsch ... Von German Schleifheim von Sulsfort, Monpelgart 1669, S. 26 f. Verfassername Anagramm.

GRYPHIUS, ANDREAS (1616–1664)

S. 11 – *Trawrklage des verwüsteten Deutschlandes:* Andreae Gryphii, Sonnete, Lissa [1637], S. 47–49.

S. 17 – *Threnen des Vatterlandes:* Andreae Gryphii Sonnete, Leyden 1643, A 3 b.

S. 18 – *Abend:* Andreas Griphen Teutsche Reim-Gedichte ..., Franckfurt a.M. 1650, S. 170.

GÜNTHER, JOHANN CHRISTIAN (1695–1723)

S. 35 – *Abschied von seiner ungetreuen Liebsten:* Abdruck nach: Johann Christian Günthers Sämtliche Werke, Hist.-krit. Gesamtausgabe, hrsg. von W. Krämer, 1. Bd., Leipzig 1930, S. 70.

S. 37 – *Studentenlied:* Ebd., S. 285. Wegen der ungünstigen Überlieferung der Gedichte Günthers wurden die beiden Gedichte nach der Werkausgabe abgedruckt.

HAGEDORN, FRIEDRICH VON (1708–1754)

S. 49 – *An die Dichtkunst:* [F. v. Hagedorn], Oden und Lieder in fünf Büchern, Hamburg 1747, 1. Buch, S. 3 f. Anonym erschienen.

HALLER, ALBRECHT VON (1708–1777)

S. 40 – *Morgen-Gedanken:* [A. v. Haller], Versuch Schweizerischer Gedichten, Bern 1732, S. 28. Anonym erschienen.

HARDENBERG, FRIEDRICH LEOPOLD FREIHERR VON (1772–1801)

S. 116 – *An Tieck:* Musenalmanach für das Jahr 1802, hrsg. von A. W. Schlegel und L. Tieck, Tübingen 1802, S. 35 ff. Unter dem Pseudonym Novalis.

S. 118 – *Hymne* [Aus: Geistliche Lieder]: Ebd., S. 202 ff. Unter dem Pseudonym Novalis.

HARTLEBEN, OTTO ERICH (1864–1905)

S. 224 – *Wohin Du horchst ...:* Moderne Dichter-Charaktere, hrsg. von Wilhelm Arent, Leipzig [1885], S. 204 f.

HASENCLEVER, WALTER (1890–1940)

S. 258 – *Die Mörder sitzen in der Oper!:* Das junge Deutschland, 2.Jg., Berlin 1919, S. 97 f.
Anmerkung der Redaktion: Geschrieben 1917.

HAUFS, ROLF (*1935)

S. 310 – *Bildnis Peter Huchel:* Rolf Haufs, Juniabschied, Reinbek 1984, S. 48 f.

HEBBEL, FRIEDRICH (1813–1863)

S. 184 – *Unsere Zeit* [Aus: Ein Buch Sonette]: Gedichte von Friedrich Hebbel, Hamburg 1842, S. 229.

S. 192 – *Ballade:* Sonntags-Blätter, Redacteur Dr. L. A. Frankl, 5.Jg., Wien 18. Jan. 1846, S. 52.

S. 208 – *Die alten Naturdichter Brockes, Geßner und ihre modernen Nachzügler Stifter, Kompert u.s.w.* [Aus: Neue Epigramme]: Deutscher Musenalmanach, hrsg. von Christian Schad, 3. Jg., Würzburg 1853, S. 55.

S. 211 – *Herbstbild:* Gedichte von Friedrich Hebbel, Gesammt-Ausgabe stark vermehrt und verbessert, Stuttgart und Augsburg 1857, S. 168.

HEINE, HEINRICH (1797–1856)

S. 157 – *Die Grenadier:* Gedichte von H. Heine, Berlin 1822, S. 77 f.

S. 158 – *Mir träumte wieder der alte Traum* ... [Aus: Vierzehn Lieder von H. Heine, (Gedichtet im Herbste)]: Der Gesellschafter oder Blätter für Geist und Herz, hrsg. von F. W. Gubitz, Berlin 9. Okt. 1822, S. 762.

S. 160 – *Sie saßen und tranken am Theetisch* ... [Aus: Lyrisches Intermezzo]: Tragödien, nebst einem lyrischen Intermezzo, Von H. Heine, Berlin 1823, S. 111 f.

S. 161 – *Ich weiß nicht, was soll es bedeuten* ...: Der Gesellschafter oder Blätter für Geist und Herz, hrsg. von F. W. Gubitz, Berlin 26. März 1824, S. 242 f.

S. 162 – *Der Tod das ist die kühle Nacht* ... [Aus: Die Heimkehr. (1823–1824.)]: Reisebilder von H. Heine, 1. T., Hamburg 1826, S. 79.

S. 194 – *Der Asra:* Morgenblatt für gebildete Leser, Stuttgart und Tübingen, 40. Jg., Nr. 210, 2. Sept. 1846, S. 837.

S. 209 – *Babylonische Sorgen:* Vermischte Schriften von Heinrich Heine, 1. Bd., Hamburg 1854, S. 134 f.

HEISSENBÜTTEL, HELMUT (*1921)

S. 291 – *das Sagbare sagen* ...: Helmut Heißenbüttel, Topographien, Gedichte 1954/55, Eßlingen 1956, S. 13.

HERDER, JOHANN GOTTFRIED (1744–1803)

S. 68 – *U. L. F. Litteratura* [Aus: Bilder, Gallerie H. Später: Unsere liebe Frau Litteratura]: Deutscher, sonst Wandsbecker Bothe, [hrsg. von M. Claudius], 4. Jg., Nr. 24, 11. Febr. 1774. Anonym erschienen.

HERWEGH, GEORG (1817–1875)

S. 186 – *Wiegenlied:* [Georg Herwegh], Gedichte eines Lebendigen, 2. T., Zürich und Winterthur 1843, S. 88 f. Anonym erschienen.

S. 220 – *Groß. Mai 1872:* Neue Gedichte von Georg Herwegh, hrsg. nach seinem Tode, Zürich 1877, S. 218 f.

HESSE, HERMANN (1877–1962)

S. 269 – *Das Glasperlenspiel:* Die neue Rundschau, 45. Jg. der Freien Bühne, Berlin und Leipzig 1934, 2. Bd., S. 637.

S. 274 – *Der letzte Glasperlenspieler:* Die neue Rundschau, 49. Jg. der Freien Bühne, Berlin 1938, 1. Bd., S. 105.

HEYM, GEORG (1887–1912)

S. 246 – *Die Dämonen der Städte:* Die Aktion, 1. Jg., Berlin 1911, Nr. 2, Sp. 50 f.

S. 254 – *Der Krieg:* Die Schaubühne, 10. Jg., Berlin 1914, 1. Bd., S. 329.

HEYSE, PAUL (1830–1914)

S. 208 – *Euch beneid' ich, ihr Lacerten* ... [Aus: Lieder aus Sorrent]: Argo, Belletristisches Jahrbuch für 1854, hrsg. von Theodor Fontane und Franz Kugler, Dessau 1854, S. 346 f.

HÖCK, THEOBALD (1573–um 1621)
S. 7 – *Von Art der Deutschen Poeterey:* Schönes Blumenfeldt ... Durch Othebladen Öckhen, Lignitz im Elsas 1601, Bl. 19b–20b. Verfassername Anagramm.

HÖLDERLIN, JOHANN CHRISTIAN FRIEDRICH (1770–1843)
S. 107 – *An unsre Dichter:* Musen-Almanach für das Jahr 1799, hrsg. von Schiller, Tübingen [o.J.], S. 208f.

S. 108 – *An die Parzen:* Taschenbuch für Frauenzimmer von Bildung auf das Jahr 1799, hrsg. von C. L. Neuffer, Stuttgart [o.J.], S. 166.

S. 109 – *Sonnenuntergang:* Taschenbuch für Frauenzimmer von Bildung auf das Jahr 1800, hrsg. von C. L. Neuffer, Stuttgart [o.J.], S. 245.

S. 109 – *Der Zeitgeist:* Ebd., S. 246f.

S. 110 – *Abendphantasie:* Brittischer Damenkalender und Taschenbuch für das Jahr Achtzehenhundert, Frankfurt a. M. 1800, S. 94.

S. 111 – *Heidelberg:* Aglaja, Jahrbuch für Frauenzimmer auf 1801, hrsg. von N. P. Stampeel, Frankfurt a. M. [o.J.], S. 320ff.

S. 130 – *Hälfte des Lebens:* Taschenbuch für das Jahr 1805, Der Liebe und Freundschaft gewidmet, Frankfurt am Main [o.J.], S. 85.

S. 131 – *Die Heimat:* Würtembergisches Taschenbuch auf das Jahr 1806 für Freunde und Freundinnen des Vaterlandes, Ludwigsburg [o.J.], S. 72f.

S. 136 – *Die Nacht:* Musenalmanach für das Jahr 1807, hrsg. von Leo Freiherrn von Sekkendorf, Regensburg [o.J.],

S. 90f. Erste Strophe der Elegie ,Brod und Wein', die als Ganzes erstmals 1894 gedruckt wurde.

HÖLTY, LUDWIG CHRISTOPH HEINRICH (1748–1776)
S. 66 – *An die Phantasie:* Musenalmanach 1773, Göttingen [o.J.], S. 136ff.

S. 78 – *Das Landleben:* Musen Almanach für 1777, [hrsg. von J. H. Voß], Hamburg [o.J.], S. 138ff.

HOFFMANN VON FALLERSLEBEN, AUGUST HEINRICH (1798–1874)
S. 181 – *Schlafe! was willst du mehr?:* Unpolitische Lieder von Hoffmann von Fallersleben, Hamburg 1840, S. 24.

S. 190 – *Michel-Enthusiast* [Aus: Diavolini]: Deutsches Taschenbuch, 1. Jg., Zürich und Winterthur 1845, S. 11f.

S. 211 – *Bundeszeichen:* Deutschland über Alles! Zeitgemäße Lieder von Hoffmann von Fallersleben, Leipzig 1859, S. 7.

HOFMANNSTHAL, HUGO VON (1874–1929)
S. 232 – *Die Stunden! wo wir auf das helle Blauen* ... [Aus: Terzinen von Loris]: PAN, 1. Jg., Berlin 1895/96, 2. H., S. 86. Verfassername Pseudonym.

S. 232 – *Zuweilen kommen niegeliebte Frauen* ... [Aus: Terzinen von Loris]: Ebd., S. 87. Verfassername Pseudonym.

S. 233 – *Ballade des äusseren lebens:* Blätter für die Kunst, 3. Folge, 1. Bd., Jan. 1896, S. 12. Abdruck nach: Blätter für die Kunst, Begründet von Stefan George, hrsg. von Carl August Klein 1892–1919, Abgelichteter Neudruck, Zum Jubiläums-

jahr 1968, Düsseldorf und
München [1968].

S. 263 – *Ein Knabe:* Die neue
Rundschau, 35. Jg. der
Freien Bühne, Berlin u.
Leipzig 1924, 1. Bd., S. 143 f.
Erstdruck in: Hugo von
Hofmannsthal, Rodauner
Nachträge, Erster Teil, Zü-
rich, Leipzig u. Wien 1918.

HOFMANN VON HOFMANNSWALDAU,
CHRISTIAN (1617–1679)
S. 29 – *Sonnet. Vergänglichkeit
der schönheit:* Herrn von
Hoffmannswaldau und
andrer Deutschen ... Ge-
dichte, [hrsg. von B. Neu-
kirch], Leipzig 1695, S. 13.
Hofmannswaldaus Gedich-
te sind in dieser Sammlung
durch die Initialen C. H.
v. H. gekennzeichnet.

S. 30 – *An Lauretten:* Ebd., S. 327.

HOLZ, ARNO (1863–1929)
S. 225 – *Ihr Dach stieß fast bis an
die Sterne* ... [Aus: Phanta-
sus]: Das Buch der Zeit,
Lieder eines Modernen,
Von Arno Holz, Zürich
1886, S. 394 f.

S. 227 – *Alter Garten:* Moderner
Musen-Almanach auf das
Jahr 1893, hrsg. von Otto
Julius Bierbaum, ein Sam-
melbuch deutscher Kunst,
München [o. J.], S. 78 f.

S. 234 – *Lachend in die Siegesallee*
... [Aus: Lyrik aus einem
neuen Cyklus: Phantasus]:
PAN, 3. Jg., [Berlin] 1897/
98, 2. H., S. 82.

HUCHEL, PETER (1903–1981)
S. 289 – *Chausseen, Chausseen:*
Sinn und Form, 7. Jg., Ber-
lin 1955, H. 2, S. 212.

S. 300 – *Winterpsalm:* Sinn und
Form, 14. Jg., Berlin 1962,
H. 5/6, S. 870.

JANDL, ERNST (*1925)
S. 301 – *zwei bräute: ein deutsches
denkmal:* Ernst Jandl,

sprechblasen, Neuwied und
Berlin 1968, S. 56.

S. 306 – *von einen sprachen:* Literatur und Kritik, Nr. 122,
Salzburg März 1978, S. 90.

JORDAN, WILHELM (1819–1904)
S. 213 – *Reichslied. 10. Juli 1870:*
Strophen und Stäbe, Von
Wilhelm Jordan, Frankfurt
a. M. 1871, S. 178 ff.

KÄSTNER, ABRAHAM GOTTHELF
(1719–1800)
S. 56 – *Über einige Pflichten eines
Dichters:* Vermischte Schrif-
ten von Abraham Gotthelf
Kästner, Altenburg 1755,
S. 82 ff.

KÄSTNER, ERICH (1899–1974)
S. 266 – *Zeitgenossen, haufenweise:*
Die Weltbühne, 24. Jg., Ber-
lin 1928, 2. Bd., S. 960.

S. 281 – *Die Jugend hat das Wort:*
Die Weltbühne. Neu hrsg.
von Maud von Ossietzky,
1. Jg., Berlin 1946, Nr. 6,
S. 185.

KELLER, GOTTFRIED (1819–1890)
S. 191 – *Willkommen, klare Sommernacht* ... [Aus: Nacht.
Aus: Lieder eines Autodi-
dakten]: Deutsches Ta-
schenbuch, 1. Jg., Zürich
und Winterthur 1845,
S. 181 f.

S. 195 – *Arm in Arm und Kron an
Krone* ... [Aus: Sommer.
III. Im Wald]: Gedichte
von Gottfried Keller, Heidelberg 1846, S. 43 ff.

S. 201 – *Wie schlafend unter'm Flügel* ... [Aus: Gaselen.
1847]: Neuere Gedichte
von Gottfried Keller,
Braunschweig 1851, S. 73.

S. 202 – *Wenn schlanke Lilien wandelten* ... [Aus: Gaselen.
1847]: Ebd., S. 75.

KEMPNER, FRIEDERIKE (1836–1904)
S. 217 – *Die Poesie:* Gedichte von
Friederike Kempner, Leip-
zig 1873, S. 90.

S. 218 – *Dem Kaiser Wilhelm:*
Ebd., S. 129.
KERNER, JUSTINUS (1786–1862)
S. 141 – *Alphorn:* Deutscher Dichterwald von Justinus Kerner, Friedrich Baron de la Motte Fouqué, Ludwig Uhland und Andern, Tübingen 1813, S. 39.
S. 205 – *Im Eisenbahnhofe:* Der letzte Blütenstrauß von Justinus Kerner, Stuttgart und Tübingen 1852, S. 62 ff.
KIRSCH, SARAH (*1935)
S. 315 – *Krähengeschwätz:* Sarah Kirsch, Schneewärme, Stuttgart 1989, S. 74.
KIRSTEN, WULF (*1934)
S. 313 – *stimmenschotter:* Punktzeit, Deutschsprachige Lyrik der Achtziger Jahre, hrsg. von M. Braun und H. Thill, Heidelberg 1987, S. 62 f.
KIWUS, KARIN (*1942)
S. 305 – *An die Dichter:* Karin Kiwus: Von beiden Seiten der Gegenwart, Frankfurt a. M. 1976, S. 67.
KLEIST, HEINRICH VON (1777–1811)
S. 143 – *Germania an ihre Kinder:* Rußlands Triumph, Oder das erwachte Europa, 3. H., Deuschland 1813, S. 1 ff. Eine anderslautende Fassung des Gedichts erschien im selben Jahr als Separatdruck in Berlin, hrsg. vermutlich von Kleists Freund Pfuel.
KLOPSTOCK, FRIEDRICH GOTTLIEB (1724–1803)
S. 51 – *Elegie* [Später: Die künftige Geliebte]: Neue Beyträge zum Vergnügen des Verstandes und Witzes, [hrsg. von Karl Christian Gärtner], 4. Bd., 6. St., Bremen und Leipzig 1748, S. 446 ff. Anonym erschienen.
S. 53 – *Zweyte Ode von der Fahrt auf der Zürcher See* [Später:

Der Zürchersee]: Oden von Klopstock, Zürich 1750, S. 369 ff. Abdruck nach: Sammlung Vermischter Schriften, v. d. Verfassern der Bremischen neuen Beyträge zum Vergnügen des Verstandes und Witzes, 2. Bd., 5. Stück, Leipzig 1751.
S. 58 – *ODE über die ernsthaften Vergnügungen des Landlebens* [Später: Die Frühlingsfeier]: Der Nordische Aufseher, hrsg. von J. A. Cramer, 2. Bd., 94. Stück, Kopenhagen und Leipzig 1759, S. 311 ff.
S. 64 – *Lied von Klopstock* [Später: Vaterlandslied]: Unterhaltungen, 10. Bd., 6. Stück, Hamburg 1770, S. 534 f.
S. 66 – *Die Sommernacht:* [F. G. Klopstock], Oden, Hamburg 1771, S. 211. Anonym erschienen.
S. 85 – *Unsre Sprache:* Musen Almanach für 1785, hrsg. von Voß und Goeking, Hamburg [o. J.], S. 101 f.
S. 88 – *Les Etats Generaux:* Neues Deutsches Museum, hrsg. von Heinrich Christian Boie, 1. Bd., 1. St., Juli 1789, Leipzig 1789, S. 1.
KÖRNER, THEODOR (1791–1813)
S. 145 – *Das Lützowsche Freicorps:* Drei Deutsche Gedichte von Theodor Körner Jäger beim Lützowschen Freicorps, Berlin 1813, [o. S.]. Möglicherweise in einem früheren Druck im selben Jahr erschienen.
KROLOW, KARL (*1915)
S. 280 – *An den Frieden:* Der Ruf, 1. Jg., Nr. 4, München 1. Okt. 1946, S. 12.
KRÜGER, MICHAEL (*1943)
S. 308 – *Über die Hoffnung:* Michael Krüger, Diderots Katze, München 1978, S. 32.

KUNERT, GÜNTER (*1929)
S. 287 – *Gedicht:* Sinn und Form,
2. Jg., Potsdam 1950, H. 2,
S. 94 ff.

S. 302 – *Gedicht zum Gedicht:*
Günter Kunert, Warnung
vor Spiegeln, München
1970, S. 28.

KUNZE, REINER (*1933)
S. 302 – *Das Ende der Kunst:* Reiner Kunze, Sensible Wege,
Reinbek 1969, S. 14. Erste
Fassung unter dem Titel
‚Prolog‘ erschienen in: Reiner Kunze, Aber die Nach-
tigall jubelt, Halle (Saale)
1962.

KUSZ, FITZGERALD (*1944)
S. 314 – *Literatur:* Fitzgerald Kusz,
Irrhain, München 1987,
S. 14.

LASKER-SCHÜLER, ELSE (1869–1945)
S. 242 – *Weltende:* E. Lasker-Schüler, Der siebente Tag, Berlin
1905, S. 42.

S. 245 – *Ein alter Tibetteppich:* Der
Sturm, 1. Jg., Nr. 41, Berlin
8. Dez. 1910, S. 328.

LAVATER, JOHANN KASPAR (1741–
1801)
S. 62 – *Wilhelm Tell:* [J. K. Lava-
ter], Schweizerlieder, Von
einem Mitgliede der helveti-
schen Gesellschaft zu
Schinznach, Bern 1767,
S. 15 ff.. Anonym erschienen. Das Druckfehlerver-
zeichnis der Erstausgabe
gibt an für Zeile 38: „Und
Tell wär frey vom Joch.“;
für Zeile 66: „Und Tell sah
es mit Lust.“

LENAU, NIKOLAUS S. NIEMBSCH

LENZ, JAKOB MICHAEL REINHOLD
(1751–1792)
S. 77 – *An das Herz:* Musen Al-
manach für 1777, [hrsg. von
J. H. Voß], Hamburg [o.J.],
S. 28.

LEON, GOTTLIEB VON (1757–1832)
S. 79 – *Vaterlandslied:* Wieneri-

scher Musenalmanach auf
das Jahr 1779, Wien [o.J.],
S. 103 f.

LESSING, GOTTHOLD EPHRAIM (1729–
1781)
S. 56 – *Die verschlimmerten Zeiten:* [G. E. Lessing], Kleinigkeiten, Frankfurt und
Leipzig 1751, S. 24. An-
onym erschienen.

LICHTWER, MAGNUS GOTTFRIED
(1719–1783)
S. 50 – *Der Mohr und der Weisse:*
[M. G. Lichtwer], Vier Bü-
cher Aesopischer Fabeln
…, Leipzig 1748, S. 31 f.
Anonym erschienen.

LILIENCRON, FRIEDRICH FREIHERR
VON [d.i. Detlev von Liliencron]
(1844–1909)
S. 227 – *Acherontisches Frösteln*
[Aus: Sicilianen]: Moderner
Musen-Almanach auf das
Jahr 1893, hrsg. von Otto
Julius Bierbaum, Ein Sam-
melbuch deutscher Kunst,
München [o.J.], S. 11 f.

S. 227 – *Vorfrühling am Waldrand*
[Aus: Sicilianen]: Ebd.,
S. 12.

LOERKE, OSKAR (1884–1941)
S. 268 – *Opfer:* Die neue Rundschau, 43. Jg. der Freien
Bühne, Berlin und Leipzig
1932, 2. Bd., S. 110 f.

LOGAU, FRIEDRICH VON (1604–1655)
S. 20 – *Poeterey [usw.]:* Salomons
von Golaw Deutscher Sinn-
Getichte Drey Tausend,
Breßlaw [1654], I, 5, 10; I,
5, 15; I, 5, 17; I, 5, 22; I, 5,
30; I, 5, 37; I, 5, 45; I, 5, 49;
II, 1, 100; II, Zu-Gabe, 49;
III, 5, 56; III, 8, 57; III, 8,
59; III, 10, 8. Verfassername
Anagramm.

LUDWIG VON ANHALT-KÖTHEN
(1579–1650)
S. 13 – *Wenige anleitung zu der
Deutschen Reim-kunst:*
[L. von Anhalt-Köthen],

Kurtze Anleitung Zur Deutschen Poesi oder Reim-Kunst ..., Cöthen 1640, S. 5 ff. Anonym erschienen.

MATTHISSON, FRIEDRICH VON (1761–1831)
S. 87 – *Elegie, am Genfersee geschrieben, 1788:* Musen Almanach für 1789, hrsg. von J. H. Voß, Hamburg [o.J.], S. 33 ff.

MAYRÖCKER, FRIEDERIKE (*1924)
S. 311 – *Begegnung mit Vogelstück:* Friederike Mayröcker, Winterglück, Gedichte 1981–1985, Frankfurt a. M. 1986, S. 105.

MEINHOLD, WILHELM (1797–1851)
S. 204 – *Das Preußische Hurrah-Lied. 1848:* Deutscher Musen-Almanach für das Jahr 1852, hrsg. von O. F. Gruppe, Berlin [o.J.], S. 222 f.

MEISSNER, AUGUST GOTTLIEB (1753–1807)
S. 79 – *Unter Lessings Bildniß:* Taschenbuch für Dichter und Dichterfreunde, 4. Bd., 10. Abt., Leipzig 1779, S. 90.

MENCKE, JOHANN BURKHARD (1674–1732)
S. 33 – *Wieder die unmäßigen Lobes-Erhebungen der Poeten:* Philanders von der Linde Schertzhaffte Gedichte ..., Leipzig 1706, S. 64 ff. Anonym erschienen.

MEYER, CONRAD FERDINAND (1825–1898)
S. 224 – *Fülle:* Gedichte von Conrad Ferdinand Meyer, Leipzig 1882, S. 3.
S. 224 – *Der römische Brunnen:* Ebd., S. 125. Eine frühere Fassung erschien unter dem Titel ‚Der schöne Brunnen‘ in: Romanzen und Bilder von C. F. Meyer, Leipzig 1870, S. 39.

MÖRIKE, EDUARD (1804–1875)
S. 164 – *Um Mitternacht:* Morgenblatt für gebildete Stände, Stuttgart und Tübingen, 22. Jg., Nr. 124, 23. Mai 1828, S. 495.
S. 168 – *Früh, wenn die Hähne krähn* ... [Später: Das verlassene Mägdlein]: Maler Nolten, Novelle in zwei Theilen von Eduard Mörike, Stuttgart 1832, 1. T., S. 266.
S. 168 – *Frühling läßt sein blaues Band* ...: Ebd., 2. T., S. 330.
S. 169 – *Scheiden von Ihr:* Ebd., S. 559 f.
S. 170 – *Wenn ich, von deinem Anschaun tief gestillt* ... [Später: An die Geliebte]: Ebd., S. 603.
S. 180 – *Gesang Weyla's:* Gedichte von Eduard Mörike, Stuttgart und Tübingen 1838, S. 190.

MORGENSTERN, CHRISTIAN (1871–1914)
S. 244 – *Ecce Germania:* Die Schaubühne, 3. Jg., Berlin 1907, 1. Bd., S. 345.
S. 245 – *Palmström:* Ebd., 4. Jg., Berlin 1908, 1. Bd., S. 356.

MÜCHLER, KARL (1763–1857)
S. 135 – *An die Deutschen:* Minerva, Ein Journal historischen und politischen Inhalts, hrsg. von J. W. v. Archenholz ..., Juni 1806, Hamburg [o.J.], S. 551 ff.

MÜHSAM, ERICH (1878–1934)
S. 243 – *Symbole:* Die Fackel, 7. Jg., Wien 1905/06, Nr. 200, 3. April 1906, S. 16 f.
S. 244 – *Pädagogik:* Simplicissimus, 11. Jg., München 1906/07, Nr. 8, 21. Mai 1906, S. 126.

MÜLLER, WILHELM (1794–1827)
S. 159 – *Der Lindenbaum* [Aus: Wanderlieder; Die Winterreise. In 12 Liedern]: Ura-

nia, Taschenbuch auf das
Jahr 1823, N. F., 5. Jg.,
Leipzig 1823, S. 214 f.

NEUMARK, GEORG (1621–1681)
  S. 22 – *Als Er Jhr Fürstl. Gnaden
    ...:* G. Neumarks von
    Mühlhausen ... Fortge-
    pflanztztes Musikalisch-Poe-
    tisches Lustwaldes Zweite
    Abtheilung ..., Jehna 1657,
    S. 150 f.

NIEMBSCH EDLER VON STREHLENAU,
NIKOLAUS FRANZ (1802–1850)
  S. 170 – *Bitte* [Aus: Lieder der
    Sehnsucht]: Gedichte von
    Nicolaus Lenau, Stuttgart
    und Tübingen 1832, S. 61.
    Verfassername Pseudo-
    nym.
  S. 180 – *Die drei Zigeuner* [Aus:
    Gestalten]: Neuere Gedich-
    te von Nicolaus Lenau
    (Nic. Niembsch von Streh-
    lenau), Stuttgart 1838,
    S. 76 f.

NIETZSCHE, WILHELM FRIEDRICH
(1844–1900)
  S. 230 – *Vereinsamt (1884):* Das
    Magazin für Litteratur,
    63. Jg., hrsg. von Otto Neu-
    mann-Hofer, Berlin 1894,
    Nr. 45, 10. Nov. 1894,
    Sp. 1431.

NOVAK, HELGA M. (*1935)
  S. 306 – *dunkle Seite Hölderlins:*
    Helga M. Novak, Margare-
    te mit dem Schrank, Berlin
    1978, S. 59 f.

NOVALIS s. HARDENBERG, GEORG
PHILIPP FRIEDRICH FREIHERR VON

OPITZ VON BOBERFELD, MARTIN
(1597–1639)
  S. 9 – *Liedt:* Martinii Opicii,
    Teutsche Poëmata ...,
    Straszburg 1624, S. 100.
  S. 11 – *Jhr/Himmel/Lufft vnd
    Wind/ ...:* Martini Opitii
    Buch von der Deutschen
    Poeterey ..., Breßlaw 1624.
    Abdruck nach: Martini
    Opitii, Acht Bücher, Deut-

scher Poematum ..., Breß-
law 1625, S. 221.
Nach Pierre de Ronsard:
Amours de Cassandre,
LXVI.

PASTIOR, OSKAR (*1927)
  S. 310 – *Kein Grund zum Aufhören
    ...:* Oskar Pastior/Frances-
    co Petrarca, 33 Gedichte,
    München 1983, S. 141 f.

PLATEN, AUGUST GRAF VON (1796–
1835)
  S. 156 – *Das Sonett an Goethe*
    [Aus: Sonette 1818. 1821.]:
    Lyrische Blätter. No. I,
    Von August Graf von Pla-
    ten Hallermünde, Leipzig
    1821, S. 8.
  S. 162 – *Aus Tristan und Isolde*
    [Aus: Lyrische Stücke, aus
    ungedruckten Dramen]:
    Morgenblatt für gebildete
    Stände, Stuttgart und Tü-
    bingen, 19. Jg., Nr. 218,
    12. Sept. 1825, S. 869.
  S. 167 – *Loos des Lyrikers* [Aus:
    Oden]: Musenalmanach für
    das Jahr 1832, hrsg. von
    Amadeus Wendt, 3. Jg.,
    Leipzig [o. J.], S. 81 f.

POSTEL, CHRISTIAN HENRICH (1658–
1705)
  S. 32 – *Aus des ... D. Luis de Gon-
    gora seinen Getichten das
    IX. Sonnet ...:* Die Listige
    Juno ... in Teutschen
    Versen vorgestellt ...
    Durch Christian Henrich
    Postel ..., Hamburg 1700,
    S. 530.

PRUTZ, ROBERT EDUARD (1816–1872)
  S. 200 – *Der zehnte November
    1848:* Neue Gedichte von
    Robert Prutz, Mannheim
    1849, S. 179 f.

RAUMER, KARL GEORG VON (1753–
1833)
  S. 92 – *Auch les Etats généraux.
    An Hrn. Kanonikus Gleim:*
    Berlinische Monatsschrift,
    hrsg. von F. Gedike und

J. E. Biester, 15. Bd., Berlin
1790, S. 152 ff.

REICHARD, ELIAS CASPAR (1714–
1791)
S. 45 – *Die Verbindung der Dichtkunst mit der Gottesfurcht
und Weltweisheit:* Elias
Caspar Reichards ... Pro-
ben deutscher Gedichte,
Altona [1744], S. 184 ff.

RILKE, RAINER MARIA (1875–1926)
S. 241 – *Der Panther:* Deutsche Ar-
beit, 2. Jg., München und
Prag 1902/03, H. 12, S. 985.
S. 242 – *Die Städte aber wollen nur
das ihre* ... [Aus: Das Buch
von der Armuth und vom
Tode. (1903)]: Rainer Maria
Rilke, Das Stunden-Buch,
Leipzig 1905, S. 96. Ab-
druck nach: Insel-Alma-
nach auf das Jahr 1907,
Leipzig [o. J.], S. 84 f.
S. 261 – *Die dritte Elegie:* Rainer
Maria Rilke, Duineser Ele-
gien, Leipzig 1923, S. 14 ff.

RODENBERG, JULIUS LEVY (1831–
1914)
S. 210 – *Das Leben der Nacht:*
Deutscher Musenalmanach,
hrsg. von Christian Schad,
6. Jg., Würzburg 1856,
S. 347 f.

RÜCKERT, FRIEDRICH (1788–1866)
S. 146 – *Der Mann ist wacker* ...
[Aus: Geharnischte Sonet-
te]: Deutsche Gedichte von
Freimund Raimar, [Heidel-
berg] 1814, S. 33. Verfasser-
name Pseudonym.
S. 155 – *Grammatische Deutschheit*
[Aus: Buntes aus einem Ta-
gebuche, Von Friedrich
Rückert, (Freimund Rei-
mar.)]: Urania, Taschen-
buch auf das Jahr 1819,
N. F., 1. Jg., Leipzig 1819,
S. 400.
S. 171 – *Wer Philolog und Poet ist
...:* Deutscher Musenalma-
nach für das Jahr 1833, hrsg.

von A. v. Chamisso und
G. Schwab, 4. Jg., Leipzig
[o. J.], S. 26.
S. 217 – *Du bist ein Schatten am
Tage ...:* Friedrich Rük-
kert's Kindertodtenlieder,
Aus seinem Nachlasse,
Frankfurt a. M. 1872,
S. 19.

RÜHMKORF, PETER (*1929)
S. 294 – *Hymne:* Peter Rühmkorf,
Irdisches Vergnügen in g,
Hamburg 1959, S. 51 f.
Das Gedicht ist im Erst-
druck in Frakturschrift ge-
setzt.

SACHS, NELLY (1891–1970)
S. 284 – *Chor der Geretteten:* Nelly
Sachs, In den Wohnungen
des Todes, Berlin 1947,
S. 60.

SALIS-SEEWIS, JOHANN GAUDENZ VON
(1762–1834)
S. 83 – *Einladung auf das Land:*
Musen Almanach, [hrsg.
von Karl Reinhard], Göt-
tingen [o. J.], S. 173 ff.
S. 86 – *Herbstlied:* Musen Almanach für 1786, hrsg. von
Voß und Goeking, Ham-
burg [o. J.], S. 34 ff.

SCHADE, JOHANN CASPAR (1666–
1698)
S. 31 – *GOTT/du bist mein
GOTT:* Christliches Ehren-
Gedächtnüß, Des ... Jo-
hann Caspar Schadens ...,
Leipzig 1698, S. 52.

SCHEDE, PAUL (1539–1602)
S. 9   – *Lied:* Martinii Opicii,
Teutsche Poëmata ...,
Straszburg 1624, S. 165 f.
Verfassername Paulus Me-
lissus.

SCHILLER, FRIEDRICH (1759–1805)
S. 82 – *Hymne an den Unendlichen:* Anthologie auf das
Jahr 1782, [hrsg. von
F. Schiller], Gedrukt in
der Buchdrukerei zu To-
bolsko [Stuttgart 1782],

S. 126 f. Anonym erschienen mit der Signatur Y.

S. 99 – *Die Dichter der alten und neuen Welt:* Die Horen eine Monatsschrift ..., hrsg. von Schiller, 1. Jg., 4. Bd., 12. St., Tübingen 1795, S. 56 f.

S. 100 – *Die Macht des Gesanges:* Musen-Almanach für das Jahr 1796, hrsg. von Schiller, Neustrelitz [o. J.], S. 1 ff.

S. 102 – *Das Mädchen aus der Fremde:* Musen-Almanach für das Jahr 1797, hrsg. von Schiller, Tübingen [o. J.], S. 17 f.

S. 103 – *Der epische Hexameter; Das Distichon; Die achtzeilige Stanze:* Ebd., S. 67.

S. 104 – *Sprache; An den Dichter; Dilettant; Die Kunstschwätzer* [Aus: Tabulae votivae]: Ebd., S. 177, 178 und 181. Die ‚Tabulae votivae‘ erschienen mit der Signatur „G. und S.“.

S. 108 – *Nänie:* Gedichte von Friederich Schiller, 1. T., Leipzig 1800, S. 325 f.

S. 120 – *An **** [Später: Der Antritt des neuen Jahrhunderts. An ***.]: Taschenbuch für Damen auf das Jahr 1802, hrsg. von Huber, Lafontaine, Pfeffel und andern, Tübingen [o. J.], S. 167 f.

SCHLAF, JOHANNES (1862–1941)
S. 233 – *Spätherbst:* PAN, 3. Jg., [Berlin] 1897/98, 1. H., S. 27.

SCHLEGEL, AUGUST WILHELM (1767–1845)
S. 121 – *Variationen:* Europa. Eine Zeitschrift, hrsg. von Friedrich Schlegel, 1. Bd., 1. St., Frankfurt a. M. 1803, S. 78 ff. Erschienen unter dem Namen A. W. Schlegels, die Variationen I. u. IV.

wurden jedoch von Sophie Bernhardi-Tieck verfaßt.

S. 125 – *Die Sylbenmaaße:* Ebd., [2. St.], S. 117 f.

SCHLEGEL, FRIEDRICH (1772–1829)
S. 136 – *Spruch:* Dichter-Garten, Erster Gesang, Violen, hrsg. von Rostorf [K. G. A. von Hardenberg], Würzburg 1807, S. 48.

S. 140 – *Weise des Dichters:* Friedrich Schlegels Gedichte, Berlin 1809, S. 3.

SCHNEIDER, REINHOLD (1903–1958)
S. 279 – *Kein Wort erreicht Dich ...* [Aus: Am Abend der Geschichte]: Reinhold Schneider, Die letzten Tage, Zürich 1945. Abdruck nach der Ausgabe Baden-Baden 1946, S. 38.

SCHOCH, JOHANN GEORG (1627–1690?)
S. 23 – *An sein Vaterland* [Aus: Erstes Hundert Liebes-Sonnet.]: Johann-Georg Schochs Neuerbaueter Poetischer Lust- u. Blumen-Garten ..., Leipzig 1660, S. 14 f.

SCHUBART, CHRISTIAN FRIEDRICH DANIEL (1739–1791)
S. 75 – *Ich bin ein teutsches Mädchen!* ... [Später: Das gnädige Fräulein]: Teutsche Chronik aufs Jahr 1776 von Schubart, Ulm, 3. Jg., 9. St., 29. Jan. 1776, S. 70 ff. Anonym erschienen.

S. 82 – *Der Bettelsoldat:* Schwäbischer Musenalmanach auf das Jahr 1784, hrsg. von Gotthold Friedrich Stäudlin, Tübingen [o. J.], S. 168 f. Anonym erschienen mit der Signatur T. d. ä.

SCHÜTT, BODO (1906–1982)
S. 278 – *Kompanieführer* [Aus: Bilder des Krieges]: Das Innere Reich, 8. Jg., München 1941, 1. Bd., S. 144.

SCHWITTERS, KURT (1887–1948)
S. 259 – *An Anna Blume:* Der
Sturm, 10. Jg., Berlin 1919,
H. 5, S. 72.

SEUME, JOHANN GOTTFRIED (1763–
1810)
S. 96 – *Der Wilde:* Neue Thalia,
hrsg. von Schiller, 3. Bd.,
3. St., Leipzig 1793,
S. 255 ff.
S. 131 – *Der Bourbonide fiel durchs
Beil ...:* Mein Sommer
1805, J. G. Seume, [Leipzig]
1806, S. 129 f.
S. 133 – *Die Zeit der Dichtung ist
vorbey ...:* Ebd., S. 146 ff.

STADLER, ERNST (1883–1914)
S. 255 – *In Dir:* Der Aufbruch, Gedichte, Leipzig 1914, S. 40.

STOLBERG, FRIEDRICH LEOPOLD
GRAF ZU (1750–1819)
S. 71 – *Mein Vaterland:* Musen-
almanach 1775, [hrsg. von
J. H. Voß], Göttingen und
Gotha [o. J.], S. 100 ff.
S. 74 – *Homer:* Der Teutsche
Merkur vom Jahr 1776,
1. Vj., Weimar Jan. 1776,
S. 4 f.

STORM THEODOR (1817–1888)
S. 207 – *Octoberlied:* Gedichte von
Theodor Storm, Kiel 1852,
S. 1 f.
S. 207 – *Die Stadt:* Ebd., S. 129.

STRAMM, AUGUST (1874–1915)
S. 249 – *Die Menschheit:* Der
Sturm, 5. Jg., Berlin 1914,
Nr. 6, S. 58 ff.

THOMA, LUDWIG (1867–1921)
S. 238 – *Protestversammlung:* Simplicissimus, 6. Jg., München
1901/02, Nr. 36, S. 283. Signiert: Peter Schlemihl.

TIECK, JOHANN LUDWIG (1773–1853)
S. 105 – *Waldeinsamkeit* ... [Aus:
Der blonde Eckbert]:
Volksmährchen hrsg. von
Peter Leberecht, 1. Bd.,
Berlin 1797, S. 209, S. 226,
S. 240. Verfassername Pseu-
donym.

S. 107 – *Herbstlied:* Musen-Almanach für das Jahr 1799, hrsg.
von Schiller, Tübingen
[o. J.], S. 26 f.
S. 117 – *An Novalis:* Musen-Almanach für das Jahr 1802, hrsg.
von A. W. Schlegel und
L. Tieck, Tübingen 1802,
S. 187 f.
S. 128 – *Mondbeglänzte Zaubernacht ...:* Kaiser Octavia-
nus, Ein Lustspiel in zwei
Theilen von Ludwig Tieck,
Jena 1804, S. 496 ff.

TOLLER, ERNST (1893–1939)
S. 256 – *Marschlied:* Die Aktion,
8. Jg., Berlin 1918, H. 13/14,
Sp. 172.

TRAKL, GEORG (1887–1914)
S. 255 – *Grodek:* Der Brenner,
5. Jg., 1915, S. 14. 2. Fassung des Gedichts; die erste
Fassung ist verschollen.

TUCHOLSKY, KURT (1890–1935)
S. 267 – *50% Bürgerkrieg:* Die
Weltbühne, Der Schaubüh-
ne 26. Jg., Berlin 1930,
1. Bd., S. 754. Signiert:
Theobald Tiger.

TUMLER, FRANZ (*1912)
S. 269 – *An Deutschland:* Das Innere Reich, 3. Jg., München
1936/37, 2. Bd., S. 822 f.

UHLAND, LUDWIG (1787–1862)
S. 149 – *Am 18. Oktober 1816:*
[Ludwig Uhland], Sechs
vaterländische Gedichte,
Würtemberg 1816, S. 14 ff.
Anonym erschienen.
S. 175 – *Wanderung:* Der Freimü-
thige, oder : Berliner Con-
versations-Blatt, 32 Jg., No.
239, 1. Dez. 1835, S. 959 f.
Zeile 66: Im späteren
Druck „Bundestag" er-
gänzt.

UNBEKANNTER VERFASSER
S. 215 – *Nachtwächterlied.* Histori-
sche Volkslieder der Zeit
von 1756 bis 1871, 2. Bd.,
Aus fliegenden Blättern,

handschriftlichen Quellen und dem Volksmunde gesammelt und hrsg. von Franz Wilhelm Freiherrn von Ditfurth, Berlin 1871/72, S. 212 f.

VEGESACK, SIEGFRIED VON (1888–1974)
S. 264 – *Deutscher Okkultismus:* Die Weltbühne, Der Schaubühne 21. Jg., Berlin 1925, Bd. 1, S. 559.

VOSS, JOHANN HEINRICH (1751–1826)
S. 70 – *Deutschland:* Musen Almanach A 1774, [hrsg. von J. A. Voß], Göttingen [o.J.], S. 185 ff.

S. 138 – *Klingsonate:* Jenaische Allgemeine Literaturzeitung, Nr. 131, 4. Juni 1808, Sp. 440.

WACKENRODER, WILHELM HEINRICH (1773–1798)
S. 105 – *Erstes Bild: Die heilige Jungfrau* [Aus: Zwey Gemähldeschilderungen]: [Wilhelm Heinrich Wakkenroder und Ludwig Tieck], Herzensergießungen eines kunstliebenden Klosterbruders, Berlin 1797, S. 91 ff. Anonym erschienen.

WALSER, ROBERT (1878–1956)
S. 235 – *Helle:* Die Insel, hrsg. von Otto Julius Bierbaum, Alfred Walter Heymel, Rudolf Alexander Schröder, 1. Jg., [Brüssel] 1899/1900, 1. Bd., S. 358.

S. 237 – *Glück:* Ebd., 1. Jg., Berlin 1899/1900, 2. Bd., S. 67.

WECKHERLIN, GEORG RODOLF (1584–1653)
S. 15 – *Sonnet. An das Teutschland:* Georg Rodolf Weck-

herlins Gaistliche und Weltliche Gedichte, Amsterdam 1641, S. 155.

WEINHEBER, JOSEF (1892–1945)
S. 270 – *Hymnus auf die Heimkehr:* Das Innere Reich, 5. Jg., München 1938/39, 1. Bd., S. 113 ff.

WEISE, CHRISTIAN (1642–1708)
S. 25 – *Poeten müssen verliebet seyn:* [C. Weise], Der grünen Jugend uberflüssige Gedancken ... vorgestellet von D. E., Amsterdam 1668, S. A 12b–B 1b I, 9. Initialen Pseudonym.

WERNER, ZACHARIAS (1768–1823)
S. 137 – *Zwei Sonnette:* Musenalmanach für das Jahr 1808, hrsg. von Leo Freiherrn von Seckendorf, Regensburg [o.J.], S. 178 f.

WERNICKE, CHRISTIAN (1661–1725)
S. 31 – *An unsre teutsche Poëten:* [C. Wernicke], Uberschriffte Oder Epigrammata ..., Amsterdam 1697, S. 45 f. Anonym erschienen.

WITTIG, LUDWIG
S. 197 – *Auf dem Bau:* Demokratisches Taschenbuch für 1848, Leipzig 1847, S. 321 ff.

WÜHR, PAUL (*1927)
S. 315 – *Genau:* Paul Wühr, Sage, Ein Gedicht, München 1988, S. 75.

ZINZENDORF, NIKOLAUS LUDWIG GRAF VON (1700–1760)
S. 41 – *Abend-Gedancken:* Graf Ludwigs von Zinzendorff Teutscher Gedichte Erster Theil, Herrnhuth 1735, S. 15 f. Datiert 1721.

Überschriften und Gedichtanfänge

Die Herausgeber und der Verlag danken den im folgenden aufgeführten Inhabern von Urheberrechten für die freundliche Genehmigung zum Abdruck der Gedichte von:

Alchinger, Ilse: S. Fischer Verlag GmbH, Frankfurt

Artmann, H. C.: Suhrkamp Verlag, Frankfurt

Astel, Hans Arnfrid: Hans Arnfrid Astel, Saarbrücken

Ausländer, Rose: S. Fischer Verlag GmbH, Frankfurt

Bachmann, Ingeborg: Piper Verlag GmbH, München

Bächler, Wolfgang: S. Fischer Verlag GmbH, Frankfurt

Bauer, Walter: Ragnar Tessloff, Hamburg

Benn, Gottfried: Verlag Klett-Cotta, Stuttgart

Bergengruen, Werner: Dr. N. Luise Hackelsberger, Neustadt

Bienek, Horst: Carl Hanser Verlag, München

Bingel, Horst: Horst Bingel, Frankfurt

Braun, Volker: Suhrkamp Verlag, Frankfurt

Brecht, Bertolt: Suhrkamp Verlag, Frankfurt

Britting, Georg: Ingeborg Schuldt-Britting, Höhenmoos

Celan, Paul (Todesfuge): Deutsche Verlags-Anstalt GmbH, Stuttgart

Celan, Paul (Stilleben mit Brief und Wanduhr): Eric Celan, Paris

Däubler, Theodor: Dr. Friedhelm Kemp, München

Eich, Günter: Suhrkamp Verlag, Frankfurt

Enzensberger, Hans Magnus: Suhrkamp Verlag, Frankfurt

Fried, Erich (Versuchung): Claassen Verlag GmbH, München

Fried, Erich (Gedicht von den Gedichten): Carl Hanser Verlag, München

Fried, Erich (Was es ist): Verlag Klaus Wagenbach GmbH, Berlin

George, Stefan: Verlag Klett-Cotta, Stuttgart

Goll, Ivan: alle Rechte bei und vorbehalten durch Wallstein Verlag, Göttingen

Grass, Günter: Steidl Verlag, Göttingen

Hasenclever, Waker: Akademie der Wissenschaften und der Literatur, Mainz

Haufs, Rolf: Rolf Haufs, Berlin

Heißenbüttel, Helmut: Verlag Klett-Cotta, Stuttgart

Hesse, Hermann: Suhrkamp Verlag, Frankfurt

Hofmannsthal, Hugo von: Insel Verlag, Frankfurt

Holz, Arno: Klaus M. Rarisch, Berlin

Huchel, Peter: S. Fischer Verlag GmbH, Frankfurt

Jandl, Ernst: Verlagsgruppe Random House, Luchterhand Literaturverlag, München

Kästner, Erich: Atrium Verlag und Thomas Kästner

Kirsch, Sarah: Deutsche Verlags-Anstalt GmbH, Stuttgart

Kirsten, Wulf: Wulf Kirsten, Weimar

Kiwus, Karin: Suhrkamp Verlag, Frankfurt

Krolow, Karl: Lucie Krolow, Darmstadt

Krüger, Michael: Carl Hanser Verlag, München

Kunert, Günter: Carl Hanser Verlag, München

Kunze, Reiner: Rowohlt Verlag GmbH, Reinbek bei Hamburg

Kusz, Fitzgerald: Fitzgerald Kusz, Nürnberg

Lasker-Schüler, Else: Suhrkamp Verlag, Frankfurt

Loerke, Oskar: Margret Loerke, Kettwig

Mayröcker, Friederike: Suhrkamp Verlag, Frankfurt

Mühsam, Erich: Verlag Volk und Welt, Berlin

Novak, Helga M.: Rotbuch Verlag GmbH, Berlin

Pastior, Oskar: Carl Hanser Verlag, München

Rilke, Rainer Maria: Insel Verlag, Frankfurt

Rühmkorf, Peter: Peter Rühmkorf, Hamburg

Sachs, Nelly: Suhrkamp Verlag, Frankfurt

Schlaf, Johannes: Hildegard Bäte, Osnabrück

Schneider, Reinhold: Insel Verlag, Frankfurt

Schütt, Bodo: Monika Schütt, Kampen

Schwitters, Kurt: Arche Verlag AG Raabe und Vitali, Zürich

Toller, Ernst: Carl Hanser Verlag, München

Tucholsky, Kurt: Rowohlt Verlag GmbH, Reinbek bei Hamburg

Tumler, Franz: Franz Tumler, Berlin

Vegesack, Siegfried von: Christoph von Vegesack, Halsbach

Walser, Robert: Suhrkamp Verlag, Frankfurt

Weinheber, Josef: Christian Weinheber-Janota, Kirchstetten (Österreich)

Wühr, Paul: Verlag Klaus G. Renner, München

Klassische Anthologien
in <u>dtv</u>-Originalausgaben

Deutsche Lyrik vom Barock bis zur Gegenwart
Hg. v. Gerhard Hay und
Sibylle von Steinsdorff
ISBN 978-3-423-**12397**-6

Nicht nur zur Osterzeit
Ein Frühlings-Lesebuch
Hg. v. Gudrun Bull
ISBN 978-3-423-**20885**-7

Ostern
Ein Spaziergang rund um
die Welt
Hg. v. Ulf Diederichs
ISBN 978-3-423-**20692**-1

Melancholie oder Vom Glück, unglücklich zu sein
Ein Lesebuch
Hg. v. Peter Sillem
ISBN 978-3-423-**13012**-7

Die Kunst des Wanderns
Ein literarisches Lesebuch
Hg. v. Alexander Knecht und
Günter Stolzenberger
ISBN 978-3-423-**20030**-1

Vom Glück des Reisens
zu Lande, zu Wasser und in
der Luft
Hg. v. Ulf Diederichs
Illustr. v. Lucia Obi
ISBN 978-3-423-**20528**-3

Tausendundeine Nacht
Nach der ältesten arabischen
Handschrift in der Ausgabe
von Muhsin Mahdi ins
Deutsche übertragen von
Claudia Ott
ISBN 978-3-423-**13526**-9

Italienische Volksmärchen
Hg. v. Felix Karlinger
ISBN 978-3-423-**20804**-8

Russische Volksmärchen
Hg. v. Ulf Diederichs
ISBN 978-3-423-**20662**-4

Indische Märchen und Götterlegenden
Hg. v. Ulf Diederichs
ISBN 978-3-423-**13506**-1